权威·前沿·原创

皮书系列为
"十二五""十三五""十四五"时期国家重点出版物出版专项规划项目

BLUE BOOK

智库成果出版与传播平台

河南省社会科学院哲学社会科学创新工程试点项目

河南蓝皮书
BLUE BOOK OF HENAN

河南社会发展报告
（2025）

ANNUAL REPORT ON SOCIAL DEVELOPMENT OF HENAN (2025)

健全社会治理体系
Improving the Social Governance System

主　编／李同新　陈东辉
副主编／张　侃　潘艳艳

社会科学文献出版社
SOCIAL SCIENCES ACADEMIC PRESS (CHINA)

```
图书在版编目(CIP)数据

河南社会发展报告.2025:健全社会治理体系/李
同新,陈东辉主编;张侃,潘艳艳副主编.--北京:
社会科学文献出版社,2024.12.--(河南蓝皮书).
ISBN 978-7-5228-4764-1

Ⅰ.D676.1
中国国家版本馆 CIP 数据核字第 20240V65M9 号
```

河南蓝皮书
河南社会发展报告（2025）
——健全社会治理体系

主　　编 / 李同新　陈东辉
副 主 编 / 张　侃　潘艳艳

出 版 人 / 冀祥德
组稿编辑 / 任文武
责任编辑 / 方　丽　张丽丽
文稿编辑 / 李小琪
责任印制 / 王京美

出　　版 / 社会科学文献出版社·生态文明分社（010）59367143
　　　　　　地址：北京市北三环中路甲29号院华龙大厦　邮编：100029
　　　　　　网址：www.ssap.com.cn
发　　行 / 社会科学文献出版社（010）59367028
印　　装 / 天津千鹤文化传播有限公司

规　　格 / 开　本：787mm×1092mm　1/16
　　　　　　印　张：22.75　字　数：340千字
版　　次 / 2024年12月第1版　2024年12月第1次印刷
书　　号 / ISBN 978-7-5228-4764-1
定　　价 / 128.00元

读者服务电话：4008918866

版权所有 翻印必究

河南蓝皮书系列（2025）
编委会

主　任　王承哲

副主任　李同新　王玲杰　郭　杰

委　员（按姓氏笔画排序）

　　　　　万银锋　马子占　王宏源　王新涛　邓小云
　　　　　包世琦　闫德亮　李　娟　李立新　李红梅
　　　　　杨　波　杨兰桥　宋　峰　张福禄　陈东辉
　　　　　陈明星　陈建魁　赵西三　赵志浩　袁金星
　　　　　高　璇　唐金培　曹　明

主要编撰者简介

李同新 河南省社会科学院党委副书记。长期从事社会科学研究和管理工作，组织的学术活动研究综述数十次被省委、省政府领导批示肯定，多项决策建议被采纳应用。编撰著作多部，发表研究成果30余万字，个人学术成果多次获省级以上奖励。

陈东辉 河南省社会科学院人口与社会发展研究所所长、研究员。享受河南省政府特殊津贴专家，河南省学术技术带头人、河南省宣传文化系统"四个一批"人才，兼任中国社会学会常务理事。发表论文80余篇，多篇论文被中国人民大学复印报刊资料全文转载或被《求是》《新华文摘》摘编；独著和参与完成学术著作10余部；独立和参与完成的成果获省部级优秀成果奖10余项；主持国家社科基金项目2项、省部级课题13项；多次参与省委、省政府重要文件起草工作，省委、省政府组织的省情调研活动以及中纪委、中组部的调研活动；20多项成果获省部级以上领导批示。

摘 要

本书由河南省社会科学院主持编撰，系统概括了近年来尤其是2024年河南社会建设领域所取得的主要成就，全面梳理了当前河南社会发展的形势和特点，剖析了河南社会发展面临的热点、难点及焦点问题，并对河南2025年社会发展态势进行分析并提出了对策建议。

《河南社会发展报告（2025）》依据党的二十大、二十届三中全会精神，省第十一次党代会、十一届七次全会以及省"两会"精神，以健全社会治理体系为主线，对河南省的民生建设、社会治理、乡村振兴、人口老龄化等重大理论与实践问题进行了全面深入系统的解读。

全书由总报告、城市治理篇、乡村治理篇、公共服务篇、案例篇五大部分组成。总报告由河南省社会科学院"河南社会发展报告课题组"撰写，代表本书对河南社会发展形势分析与研判的基本观点。2024年是新中国成立75周年，是全面贯彻落实党的二十大精神、冲刺实现"十四五"规划目标的关键一年。一年来，全省坚持以习近平新时代中国特色社会主义思想为指导，在省委、省政府的坚强领导下，扎实有效推进社会建设领域重要改革，不断激发社会经济发展活力，使经济运行态势持续好转、社会事业高质量推进、民生福祉水平稳步提高、社会治理体系进一步健全，现代化河南建设迈出新的步伐。但河南社会发展仍面临一些不容忽视的问题和挑战，如居民收支失衡下消费拉动经济动力不足、少子化老龄化与人口外流问题叠加导致劳动力供给问题日益突出、结构性就业矛盾依旧存在、公共安全面临多重挑战等。展望2025年，面对深刻变化的外部环境和艰巨繁重的发展任务，

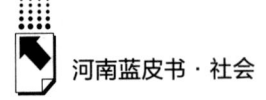

河南要锚定"两个确保"，深入实施"十大战略"，全面推进"十大建设"，不断深化收入分配制度改革，健全人口发展支持和服务体系，促进高质量充分就业，健全公共服务与社会保障体系，完善公共安全治理机制，以历史担当和战略定力奋力谱写中国式现代化建设河南实践新篇章。

全书的城市治理篇、乡村治理篇、公共服务篇、案例篇四大板块，邀请省内外专家学者从不同研究视角对现代化河南建设进程中的重大事项进行深入剖析，客观反映了近年来尤其是2024年河南社会发展的基本现状、面临的问题与挑战，展望了2025年河南社会发展的态势和趋向，提出了健全社会治理体系、推动社会事业高质量发展、助推现代化河南建设进程的对策建议。

关键词： 社会建设　社会治理　现代化河南

目　录

Ⅰ　总报告

B.1 持续健全社会治理体系，扎实推进现代化河南建设
　　——2024~2025年河南社会发展报告
　　………………………… 河南社会发展报告课题组 / 001

Ⅱ　城市治理篇

B.2 提升河南乡村治理能力的对策与路径研究…… 洪佩丹　崔学华 / 039

B.3 社会治理现代化助推河南省平安建设的分类指导路径研究
　　……………………………………………………… 李文姣 / 050

B.4 新时期河南省社区工作者队伍建设的实践现状、机遇挑战
　　与提升路径………………………………………… 潘艳艳 / 064

B.5 河南构建数字化社会治理体系的实践探索与优化路径研究
　　………………………………………………………… 邓　欢 / 077

B.6 河南省高校青年志愿者参与社区治理的困境及路径研究
　　………………………………………………………… 叶亚平 / 089

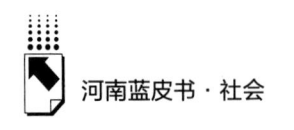

Ⅲ 乡村治理篇

B.7 河南省乡村治理的时代困境与未来发展……… 田丰韶　汪心怡 / 101

B.8 数字技术赋能河南乡村治理的实践探索研究…………… 李三辉 / 114

B.9 "社工小院"建设：河南省农村社会服务提供的一种新路径
………………………… 殷玉如　张起平　张宗浩　张旭阳 / 126

B.10 河南推进乡村文化治理的实践探索研究 ………… 王思琪 / 141

Ⅳ 公共服务篇

B.11 乡村振兴背景下河南基层公共文化服务体系建设研究
……………………………………………………… 王静宜 / 154

B.12 河南省志愿服务高质量发展研究 ………… 郑州大学课题组 / 168

B.13 河南教育治理发展报告 ………………………… 张　侃 / 186

B.14 河南省文体康养融合发展研究 ………………… 冯庆林 / 204

B.15 河南省推进高标准人力资源市场体系建设的现状、问题
　　与对策分析 ………………… 张晓欣　陈向英　韩晓明 / 216

B.16 河南基层应急管理能力建设现状与对策研究 ………… 郝莹莹 / 228

Ⅴ 案例篇

B.17 河南省城市社区矛盾纠纷化解模式创新研究
　　——以郑州市高新区紫锦社区为例 ……… 徐京波　荣滢滢 / 239

B.18 网络谣言的特点及规制路径
　　——以河南辟谣平台所辟谣言为例 ……………… 殷　铬 / 251

目录

B.19 社会组织参与基层社会治理的河南实践研究
　　——以郑州市为例
　　　……………………… 王　莹　李　航　高　迪　左佳惠子 / 259

B.20 大型易地扶贫搬迁社区集体意识建构路径研究
　　——以河南省卢氏县W社区为例
　　　………………………………… 刘　风　郭彦博　王博昆 / 273

B.21 协同治理视域下技术嵌入居家养老服务转型研究
　　——基于河南省的实践 ………………………… 闫　慈 / 288

B.22 2024年河南青少年心理健康工作现状及对策研究 …… 张　舒 / 299

B.23 郑州市银发经济产业可持续发展研究
　　………………………………………………… 河南省社会科学院
　　　郑州市民政局（郑州市民政事业发展中心）课题组 / 313

Abstract ……………………………………………………………… / 324
Contents ……………………………………………………………… / 326

皮书数据库阅读**使用指南**

总 报 告

B.1
持续健全社会治理体系，
扎实推进现代化河南建设
——2024~2025年河南社会发展报告

河南社会发展报告课题组*

摘　要： 2024年，是新中国成立75周年，是全面贯彻落实党的二十大精神、冲刺实现"十四五"规划目标的关键一年。一年来，全省坚持以习近平新时代中国特色社会主义思想为指导，在省委、省政府的坚强领导下，扎实有效推进社会建设领域重要改革，不断激发社会经济发展活力，使经济运行态势持续好转、社会事业高质量推进、民生福祉水平稳步提高、社会治理体系进一步健全，现代化河南建设迈出新的步伐。但河南社会发展仍面临一些不容忽视的问题和挑战，如居民收支失衡下消费拉动经济动力不

---

* 课题组负责人：陈东辉。执笔人：潘艳艳，河南省社会科学院人口与社会发展研究所助理研究员，主要研究方向为社会治理；张舒，河南省社会科学院人口与社会发展研究所助理研究员，主要研究方向为社会心理学；郝莹莹，河南省社会科学院人口与社会发展研究所研究实习员，主要研究方向为城乡社会学；邓欢，河南省社会科学院人口与社会发展研究所研究实习员，主要研究方向为乡村治理。

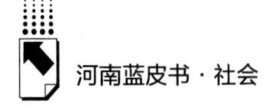

足、少子化老龄化与人口外流问题叠加导致劳动力供给问题日益突出、结构性就业矛盾依旧存在、公共安全面临多重挑战等。展望2025年，面对深刻变化的外部环境和艰巨繁重的发展任务，河南要锚定"两个确保"，深入实施"十大战略"，全面推进"十大建设"，不断深化收入分配制度改革，健全人口发展支持和服务体系，促进高质量充分就业，健全公共服务与社会保障体系，完善公共安全治理机制，以历史担当和战略定力奋力谱写中国式现代化建设河南实践新篇章。

关键词： 社会建设　民生事业　社会治理　现代化河南

一　2024年河南社会发展形势与特点分析

2024年，是新中国成立75周年，也是党的二十届三中全会召开之年，这一年对全面贯彻落实党的二十大精神、冲刺实现"十四五"规划目标至关重要。一年来，全省上下坚持以习近平新时代中国特色社会主义思想为指导，在省委、省政府的坚强领导下，紧抓构建新发展格局、推动高质量发展的时代机遇，深入推进社会领域重要改革，聚力攻坚求突破，强基固本谋新篇，推动全省经济发展活力明显增强、社会预期持续向好、社会治理体系进一步健全、民生福祉水平稳步提升，以社会经济的高质量发展助推现代化河南建设迈出新的步伐。

（一）经济运行态势持续好转，发展质效显著提升

2024年，河南积极贯彻落实党中央、国务院和省委、省政府决策部署，强化宏观政策引导，锚定"两个确保"，深入实施"十大战略"，推动全省经济发展稳中有进、持续向好，城乡社区加快发展，收入差距不断缩小。尽管当前河南经济发展面临一些压力，但育新质、转动能，增强经济发展活力，巩固和增强经济回升向好态势依然是现阶段全省工作

的主题。

一是经济发展总体向好。从经济总量看，2024年上半年，实现地区生产总值（GDP）31231.44亿元，同比增长4.9%，经济总量继续保持上升态势，经济发展趋势持续稳定向好。但2019~2023年河南省地区生产总值占全国的比重在不断下降（见图1），增速低于全国平均水平。从农业生产看，河南生产形势总体向好。2024年上半年，河南夏粮总产量为378.57亿公斤，稳居全国第一位，比上年同期增加23.57亿公斤，同比增长6.6%。经济作物产量实现平稳增长，蔬菜及食用菌产量3368.01万吨、同比增长2.9%，瓜果类产量389.74万吨、同比增长3.0%。[①] 从工业生产看，2024年上半年，河南工业生产加快增长，规模以上工业增加值同比增长7.8%，高于全国1.8个百分点。全省40个工业行业大类中，有34个行业增加值实现同比增长，85.0%的行业保持增长态势；规模以上制造业增加值同比增长8.9%，拉动规模以上工业增长7.0个百分点，贡献率达90.2%，制造业支

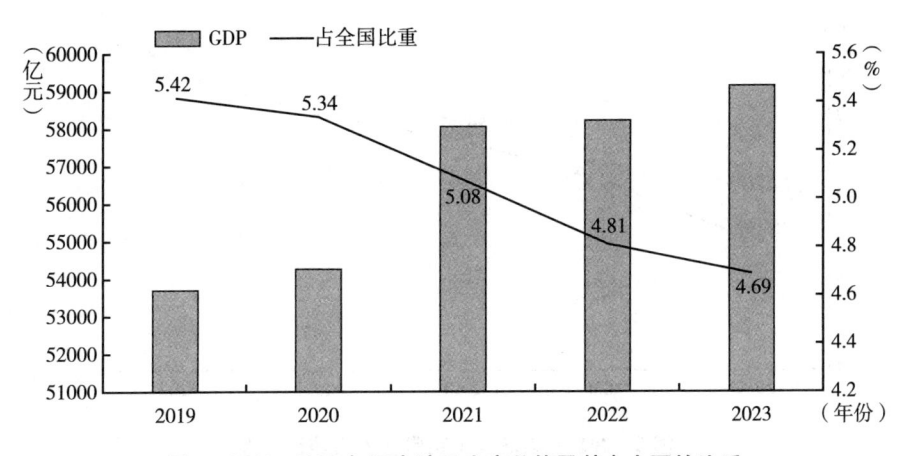

图1 2019~2023年河南地区生产总值及其占全国的比重

资料来源：《2023年河南省国民经济和社会发展统计公报》《河南统计年鉴（2023）》《中国统计年鉴（2023）》，以及2023年河南省经济运行情况新闻发布会上公布的数据。

[①]《2024年上半年全省经济运行情况》，河南省统计局网站，2024年7月18日，https://tjj.henan.gov.cn/2024/07-17/3023397.html。

撑作用显著增强。同时，新型工业化发展动能显著增强，新型制造业加速增长，新领域投资较快增长，推动产业结构优化升级。2024年上半年，河南工业战略性新兴产业、高技术制造业增加值占全省规模以上工业增加值的比重分别为22.4%、12.0%，高技术制造业投资占全省固定资产投资的比重为5.1%。

二是新型城镇化稳步推进。截至2023年底，河南共有常住人口9815万人，其中城镇常住人口5701万人，乡村常住人口4114万人，城镇化率58.08%，比上年提高1.01个百分点（见图2）。随着河南人口城镇化水平不断升高，以人为核心的城镇化建设更为迫切。因此，河南积极顺应新形势、新任务，不断健全新型城镇化发展体制机制，大力实施城市更新行动。研究建立城市更新"1+1+N+X"政策标准体系，扎实开展城市体检、规划编制、精细化治理、建筑业转型等重点任务，探索多元化投融资模式，全力打造美丽、宜居的现代城市。

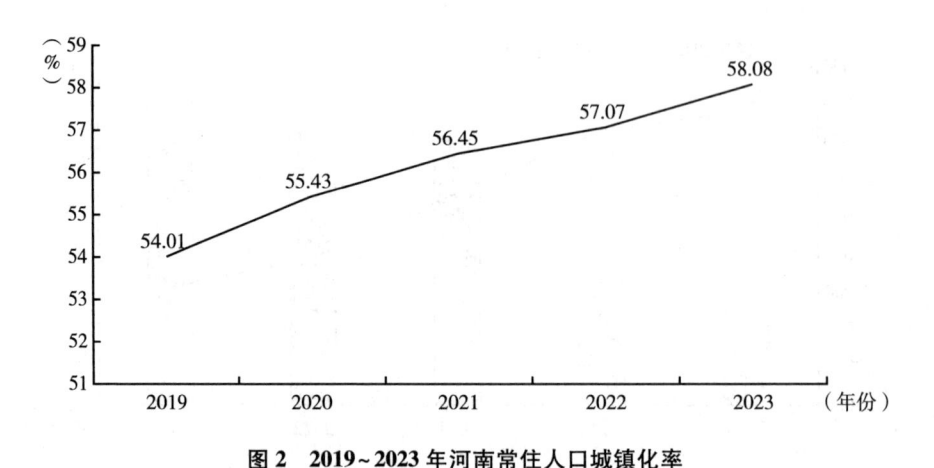

图2　2019~2023年河南常住人口城镇化率

资料来源：《2023年河南省国民经济和社会发展统计公报》《河南统计年鉴（2023）》。

三是城乡居民收入差距不断缩小。2023年，河南居民人均可支配收入29933元，比上年增长6.1%；城镇居民人均可支配收入40234元，比上年增长4.5%；农村居民人均可支配收入20053元，比上年增长7.3%。城乡居民收入稳步提升，农村居民人均可支配收入增速持续快于城镇居民，城乡居民收入差距逐步缩小。如图3所示，城乡居民人均可支配收入比值从2019年的2.26缩小到2023年的2.01，2023年比2022年缩小0.05。2024年上半年，全省居民人均可支配收入14962元，同比增长5.7%，增速高于全国平均水平0.3个百分点。城镇居民人均可支配收入20975元，同比增长4.6%；农村居民人均可支配收入9285元，同比增长6.8%。城乡居民人均可支配收入增速与全国平均水平持平，城乡居民人均可支配收入比值低于全国平均水平。

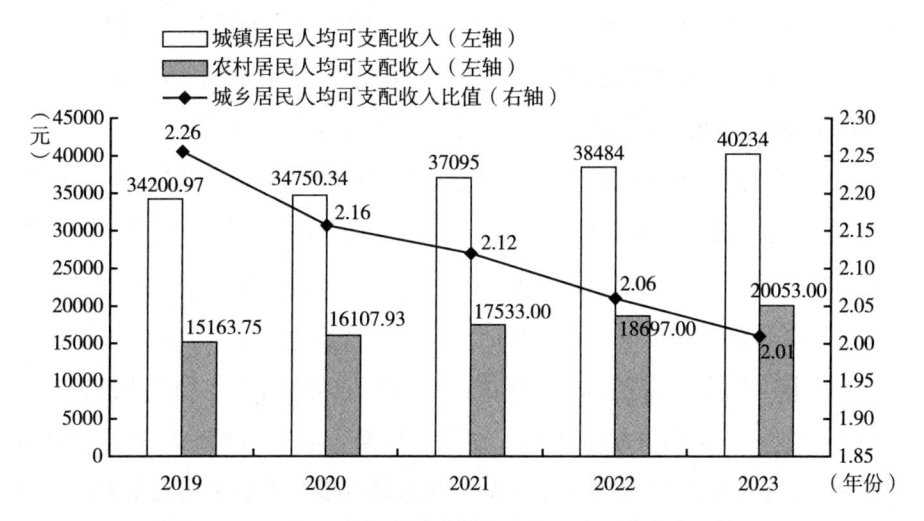

图3 2019~2023年河南城乡居民人均可支配收入水平情况

资料来源：2019~2023年《河南省国民经济和社会发展统计公报》。

（二）消费市场活力加速释放，消费价格呈现温和上涨

2024年，河南积极发挥政策组合拳力量，持续扩大消费政策措施，着力引导消费预期，释放消费潜力。实践表明，促消费政策措施持续发力，消费市场持续扩大，需求持续释放，消费活力逐步恢复。

一是居民消费需求稳步释放，社会消费品零售总额持续增加。2023年，河南省居民人均消费支出21011元，比上年增长10.5%；城镇居民人均消费支出25570元，比上年增长8.6%；农村居民人均消费支出16638元，比上

年增长12.2%。随着消费市场的有序恢复，农村居民在外就餐、购物等消费意愿不断增强，消费支出快速增长。其中，食品烟酒支出同比增长19.0%、衣着支出同比增长15.8%、教育文化娱乐支出同比增长12.0%。[1]虽然居民消费需求偏弱，但是消费市场在逐步回暖。2023年，河南社会消费品零售总额达到26004.40亿元，同比增长6.5%。其中，城镇消费品零售额21633.55亿元，同比增长6.4%；乡村消费品零售额4370.90亿元，同比增长7.2%。[2]乡村消费品零售额占全省社会消费品零售总额的比重为16.8%，同比提高0.1个百分点，城乡消费市场活力协同提升。2024年1~8月，全省社会消费品零售总额达到17451.96亿元，同比增长5.7%。其中，限额以上单位消费品零售额4473.52亿元，同比增长7.1%。[3]

二是居民消费价格温和上涨，部分品类需求快速增长。2024年上半年，河南省居民消费价格同比上涨0.1%，与全国平均水平持平，居民消费价格总体平稳。其中，其他用品及服务、医疗保健、教育文化娱乐、衣着、生活用品及服务价格同比上涨，食品烟酒、交通通信价格同比下降，居住价格同比持平。社会消费品零售总额、限额以上单位消费品零售额保持同比增长。2024年上半年，河南省粮油食品、饮料、烟酒等居民基本生活类商品消费增势明显，金银珠宝、体育娱乐用品、化妆品等部分升级类商品消费需求增速加快，线上互联网数据服务、供应链管理服务等新业态加速发展。特别是，以旧换新政策效应持续显现，全省限额以上单位通信器材、新能源汽车、智能家用电器和音像器材类商品需求加快释放，同比分别增长29.0%、23.0%、12.1%。[4]可见，全省消费市场活力持续恢复，商品消费需求稳步

---

[1] 《农业农村经济稳中有进 农民生活质量不断提高》，河南省统计局网站，2024年1月27日，https：//tjj.henan.gov.cn/2024/01-26/2893149.html。
[2] 《2023年河南省国民经济和社会发展统计公报》，河南省统计局网站，2024年4月2日，https：//tjj.henan.gov.cn/2024/04-02/2972887.html。
[3] 《2024年8月份全省社会消费品零售额增长6.7%》，河南省统计局网站，2024年9月18日，https：//tjj.henan.gov.cn/2024/09-18/3063985.html。
[4] 《2024年上半年全省经济运行情况》，河南省统计局网站，2024年7月18日，https：//tjj.henan.gov.cn/2024/07-17/3023397.html。

释放。

三是消费市场恢复态势趋好，市场活跃度不断提升。经济运行恢复常态以来，线下客流量、货物运输量逐步回升，交通运输、快递业持续发力，带动服务消费较快恢复。数据显示，2023年，河南货物运输总量、货物运输周转量分别为28.17亿吨、11892.48亿吨公里，同比分别增长8.9%、4.3%；旅客运输总量、旅客运输周转量分别为5.90亿人次、1662.29亿人公里，同比分别增长119.2%、138.4%；机场旅客吞吐量为2788.83万人次，同比增长158.4%。[1] 特别是，2024年以来，随着全民旅游的兴起，文旅产业实现蓬勃发展。外省访豫游客量及出省游客量均明显增多，促进全省文旅市场快速发展。2024年清明节、劳动节、端午节、国庆节假期，全省接待国内游客分别达到1906.9万人次、6168.1万人次、1443.4万人次、7991.6万人次，旅游收入分别为112.5亿元、354.2亿元、64.5亿元、565.9亿元。

同时，随着线下物流、人流的活跃，线上新业态消费模式也正在向多领域不断拓展。例如，2023年，全省快递业务总量达60.46亿件，同比增长35.8%。2024年上半年，河南省快递业务量达40.60亿件，同比增长40.0%，全省月均快递业务量超6.7亿件。[2] 2024年1~7月，快递业务量累计完成47.81亿件，同比增长38.98%；快递业务收入42.12亿元，同比增长22.96%。[3] 快递业务量、快递业务收入同比增速均高于全国平均水平，河南消费市场正在加速恢复，市场活跃度不断提升。

（三）就业形势保持总体稳定，高质量充分就业体制机制逐步健全

就业是最大的民生，也是经济发展的基本支撑。2024年，在经济运行

---

[1] 《2023年河南省国民经济和社会发展统计公报》，河南省统计局网站，2024年4月2日，https：//tjj.henan.gov.cn/2024/04-02/2972887.html。
[2] 《服务业经济持续向好 新质生产力培育壮大》，河南省统计局网站，2024年8月2日，https：//tjj.henan.gov.cn/2024/08-02/3031171.html。
[3] 《2024年7月份河南省邮政行业运行情况》，河南省邮政管理局网站，2024年8月19日，http：//ha.spb.gov.cn/hnsyzglj/c100062/c100149/202408/bb910b3b2a1244b19f9f18781929e657.shtml。

风险挑战增多、重点人群就业压力较大的背景下，积极做好就业工作，稳定整体就业局势成为重点工作之一。河南不断健全高质量充分就业体制机制，聚焦青年人群、农民工、就业困难人员等重点群体就业，持续强化就业优先导向，强化稳岗、扩岗政策支持，推动全省就业形势继续保持总体稳定。

一是就业形势稳中向好，创业带动就业效能增强。2024年上半年，河南城镇新增就业71.82万人，城镇失业人员再就业18.07万人，就业困难人员就业5.75万人，零就业家庭实现就业1324人，安置城乡公益性岗位15241个。新增农村劳动力转移就业38.97万人，新增返乡创业11.46万人，带动就业59.39万人。① 针对困难就业群体，开展就业援助月活动，分层分类做好社会救助工作。发展以工代赈工程项目，用好就业帮扶车间、工业岗位等渠道，积极吸纳农民工、脱贫人口就业。2024年上半年，全省脱贫人口（含监测对象）外出务工228.2万人，其中，省外务工77.9万人、省内县外务工28.6万人、县内务工121.7万人。

二是强化就业优先导向，全力扩大市场就业容量。完善就业优先政策。制定出台《关于做好2024年稳就业工作的通知》《关于开展2024年"百日千万招聘专项行动"的通知》《关于延续实施失业保险援企稳岗有关政策的通知》《关于支持高校毕业生等青年就业创业工作的通知》《关于做好2024年国有企业招收高校毕业生工作的通知》等政策，强化政策引导，扎实推动就业。同时，积极开展职业技能培训，加大"人人持证、技能河南"建设力度，持续增强就业能力。2024年上半年，全省共完成职业技能培训163.45万人次、新增技能人才（取证）166.70万人、新增高技能人才（取证）82.21万人，分别完成年度目标任务的81.73%、111.13%、91.34%。② 统筹开展城乡培训，完成农村劳动力职业技能培训57.86万人。深化产教融合、推行校企合作，促进人才与产业升级、经济结构需求相适应，促进人才

---

① 《〈2024年政府工作报告〉重点工作上半年落实情况》，河南省人力资源和社会保障厅网站，2024年8月29日，https://hrss.henan.gov.cn/2024/08-29/3056249.html。
② 《关于2024年上半年省重点民生实事进展情况的通报》，河南省人民政府网站，2024年7月23日，https://www.henan.gov.cn/2024/07-23/3025832.html。

就业。

三是提升就业公共服务水平，支撑更高质量更加充分就业。截至2023年底，河南各类人力资源服务机构超过3500家、从业人员突破4万人、全年营业收入达到876亿元，同比分别增长16.4%、10.9%、8.4%。[1] 积极发挥人力资源服务市场化、社会化就业服务作用，积极为劳动者提供高质量的就业、择业与对接服务。2023年，全省各类人力资源服务机构共举办现场招聘会1.49万场次，通过网络招聘发布岗位信息1242万余条，服务用人单位达50.65万家次，服务劳动者1046万人次。[2] 推进公共就业服务向基层下沉，建设300多个高质量充分就业社区，规范500多家零工市场，构建全省零工市场服务体系，推行"15分钟就业服务圈"。完善社会保障体系，以新业态、灵活就业人员为重点扩大社会保险覆盖范围，提升参保人员待遇水平。全省基本养老保险参保人数7868.47万人、失业保险参保人数1143.05万人、工伤保险参保人数1109.88万人。提高退休人员基本养老金和城乡居民基本医疗保险财政补助标准，惠及全省590万退休人员。[3]

（四）公共服务供给持续优化，民生福祉水平稳步提高

近年来，河南民生事业得到全面发展和进步，全省民生福祉水平不断提高。2024年，站在新的发展起点上，河南依然坚持加强民生建设，突出解决人民群众呼声较高的职业技能、基层医疗、老年助餐等重点民生实事，注重解决老百姓关切的急难愁盼问题，着力满足人民对美好生活的向往。

一是财政投入力度加大，推动服务供给持续优化。2022~2023年，全省一般公共预算支出恢复增长（见图4），支出力度不断加大。2023年，全省

---

[1] 《实录丨河南省第三届职业技能大赛暨第一届人力资源服务业博览会新闻发布会》，河南省人力资源和社会保障厅网站，2024年8月31日，https://hrss.henan.gov.cn/2024/08-31/3056982.html。

[2] 《〈2024年政府工作报告〉重点工作上半年落实情况》，河南省人力资源和社会保障厅网站，2024年8月29日，https://hrss.henan.gov.cn/2024/08-29/3056249.html。

[3] 《〈2024年政府工作报告〉重点工作上半年落实情况》，河南省人力资源和社会保障厅网站，2024年8月29日，https://hrss.henan.gov.cn/2024/08-29/3056249.html。全省

一般公共预算支出11062.6亿元，同比增长3.9%。同时，2022~2023年全省民生支出同样呈现恢复性增长趋势，2023年，全省民生支出8081.5亿元，比2019年高237亿元。受上年同期基数较高、减税政策翘尾减收、房地产市场持续低迷等因素影响，2024年，全省财政总收入下降，一般公共预算收入与支出也出现下降。① 2024年上半年，全省一般公共预算收入2528.5亿元，同比下降5%；全省一般公共预算支出5681亿元，同比下降2.3%。但是，全省坚持"紧日子保基本、调结构保战略"，始终以人民为中心，持续惠民生、暖民心、解民忧，实现2019~2023年财政支出中用于民生支出的部分连续保持在70%以上，推动全省民生大局保持稳定。

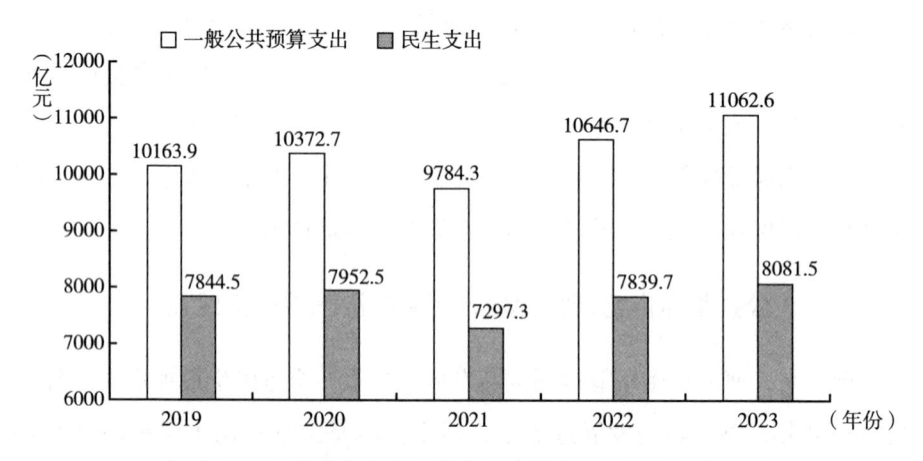

图4　2019~2023年河南一般公共预算支出、民生支出情况

资料来源：《关于河南省2023年预算执行情况和2024年预算草案的报告》以及2019~2022年河南全省及省级财政收支决算情况。

2024年，财政民生支出进一步聚焦新型城镇化、农业农村稳定发展、稳就业促就业、人民健康、社会保障、教育文化、安全能力等方面，强化公共服务供给体系建设，为民生事业发展做出稳定贡献。2024年上半年，全省社保及就业、城乡社区、农林水、住房保障等重点及民生支出保障较好。

---

① 《2024年6月预算执行简要分析》，河南省财政厅网站，2024年9月10日，https://czt.henan.gov.cn/2024/09-10/3061350.html。

其中，城乡社区、社会保障和就业、住房保障等支出同比分别增长13.1%、3.3%、2.4%①，城乡社区支出增长速度高于全国5.1个百分点。

二是重点民生实事高质量落实，民生福祉水平不断提高。自2005年以来，河南每年都坚持办好省重点民生实事，坚持在发展中不断增进民生福祉。近20年来，已经办成了一大批惠民生、暖民心、顺民意的好事实事，河南民生保障持续改善，改革成果逐步更多更好地惠及人民群众。2024年2月，河南发布了包含职业技能、义务教育、基层医疗、城镇老旧小区、充电设施、农村道路、老年助餐等10项内容的《2024年河南省重点民生实事工作方案》，继续解决好人民群众的急难愁盼问题。

2024年上半年，河南重点民生实事取得重要进展，不少民生实事超额完成阶段任务。在改善义务教育学校办学条件上，已开工223所学校，完成年度目标任务的74.33%。在提升基层医疗卫生服务能力上，已完成15.45万名基层卫生技术人员在线培训，完成年度目标任务的98.03%，并按计划开展了209个家庭医生团队（共840人）线下培训；行政村卫生室基本运行经费补助拨付至各区（县、市）。在开展城镇老旧小区改造上，已新开工改造城镇老旧小区1727个，涉及居民22.98万户，完成年度目标任务的89.78%。在加快推动"四好农村路"高质量发展上，已累计新、改建农村公路3687公里，改造危旧桥梁457座，实施安防工程490公里，分别完成年度目标任务的73.74%、91.40%、98.00%。在推进城镇非居民用户"瓶改管"改造上，已完成11.57万户城镇非居民用户液化石油气"瓶改管"改造，完成年度目标任务的96.38%。在推进充电基础设施建设上，已新建公共服务领域充电桩13149个，完成年度目标任务的62.61%。在开展农村道路交通安全隐患排查治理上，已全面完成6000个存在安全隐患的路口和600个发生过伤亡交通事故的重点隐患路口排查工作，其中1205个存在安全隐患的路口和77个发生过伤亡交通事故的重点隐患路口已完成治理；已

---

① 《2024年上半年全省经济运行情况》，河南省统计局网站，2024年7月18日，https://tjj.henan.gov.cn/2024/07-17/3023397.html。

开展"美丽乡村行"交通安全巡回宣讲活动970场次，完成年度目标任务的64.67%。在积极发展老年助餐服务上，已建成4138个老年助餐场所，完成年度目标任务的56.68%。在提高妇女、儿童和青少年健康保障水平上，宫颈癌筛查、乳腺癌筛查分别完成年度目标任务的85.81%、87.96%；免费产前筛查覆盖率达到93.79%，新生儿"两病"筛查率达到98.55%，新生儿听力筛查率达到98.62%，分别高于年度目标任务28.79个、3.55个、3.62个百分点；34809名残疾儿童得到康复救助，完成年度目标任务的100.51%；已开展青少年心理健康科普、团辅活动3075场次，覆盖青少年12.3万余人次，完成年度目标任务的61.5%，开展线下青少年个案心理咨询13166人次，通过河南省12355青少年服务热线开展线上咨询5779人次，分别完成年度目标任务的65.83%、96.32%，培训青少年心理健康工作者1378人次，完成年度目标任务的45.03%。[1] 总的来看，2024年河南聚焦重点领域短板弱项，突出人民群众的新期待、新需求的民生实事工作取得了显著进展。

（五）构建共建共治共享治理格局，基层治理效能不断提升

基层治理是国家治理体系的末梢神经，与人民群众生活联系最为紧密，基层治理的有序有效关系着社会大局稳定和经济社会可持续发展。党的二十届三中全会对"健全社会治理体系"做出专项部署，并提出"加强党建引领基层治理"，"坚持和发展新时代'枫桥经验'，健全党组织领导的自治、法治、德治相结合的城乡基层治理体系"，将基层治理提到了新的高度。近年来，河南始终坚持党建引领，不断健全工作机制，创新治理模式，持续推动基层减负增效，促进多元主体共同参与基层治理，共建共治共享的基层治理新格局基本形成。

一是社会治理领域机构改革发生重大调整。2024年2月以来，中共河

---

[1] 《关于2024年上半年省重点民生实事进展情况的通报》，河南省人民政府网站，2024年7月23日，https://www.henan.gov.cn/2024/07-23/3025832.html。

南省委社会工作部以及各地各级社会工作部门陆续挂牌成立，将人民信访、基层治理、"两企三新"党建、社会工作与志愿服务纳入职能范围，旨在全面加强对人民信访、基层政权建设、基层治理、社会工作人才培养等方面的统筹指导，开创了党建引领基层治理的新局面。成立各级社会工作部门是适应新时代我国社会形势发展变化而做出的重要改革举措，是社会治理体系的创新和完善，对于破解现阶段基层治理"碎片化""多头管理"的困境，提高基层治理的科学化、系统化、现代化水平有深远意义。

二是党对基层治理的领导持续加强。河南自2022年以来，在全省4.7万个村、4822个城市社区组织开展"五星"支部创建工作，在农村以"支部过硬、产业兴旺、生态宜居、平安法治、文明幸福"为标准，在城市社区以"支部过硬、共建共享、平安法治、幸福和谐、宜业兴业"为标准，全面加强基层党组织建设，以实现建强支部、抓牢基层、夯实基础。2023年，全省农村创成"五星"支部1110个、"四星"支部6349个、"三星"支部18544个，"三星"及以上支部占比达55.49%。[①] 同时，各地重视基层干部队伍建设，严格按照标准村选拔培育优秀村支书及社区书记，注重从返乡创业人员、大学毕业生、退役军人等人群中选优选强进入社区（村）领导班子，深入实施"育苗计划"锻造专职人才队伍，基层党组织的组织力、号召力和引领力得到进一步强化。

三是基层民主实践焕发新活力。河南在基层治理中积极践行"全过程人民民主"，不断完善城乡基层群众性自治制度，创新发展民主议事、民主协商、民主监督等各项工作机制，丰富基层民主实践形式，激发多元主体参与基层治理，赋能基层治理效能提升。漯河郾城区探索建立"居民代表、栋（巷）长、网格员、网格长、社区第一书记五方共议，每月召开一次会议，推动建立党群关系零距离"的"510"圆桌议事机制，将治理责任落实到网格，将矛盾化解在基层。鹤壁鹤山区探索"廊亭议事"工作法，利用

[①] 中共河南省委组织部：《开展"五星"支部创建　全面推进乡村振兴》，《党建研究》2024年第4期。

村（社区）的长廊、凉亭、广场等区域搭建说事议事平台，建立由包村干部、老党员、老教师、网格员、法律顾问、社区民警、致富能人等组成的说事评理员人才库，为一站式回应群众诉求和解决治理难题提供了新路径。

四是基层减负工作取得显著成效。近年来，河南坚决落实党中央政策要求，将基层减负工作作为基层治理体制机制改革的关键内容，持续深入推进整治形式主义为基层减负，对文山会海、督检查过多过频、"滥挂牌"、"指尖形式主义"等群众反映强烈的突出问题进行重点突破，不断加大整治整改力度，推动各项减负措施落地见效。2024年，河南省委组织部、省委社会工作部列出了破解基层治理"小马拉大车"等突出问题的37项重点任务，编制了《河南省村级综合服务设施挂牌指导目录》《河南省村级组织证明事项指导目录》《河南省村级组织工作事务指导目录》，对村级组织的工作事务、机制牌子和证明事项进行了明确规范，切实为基层减负。截至2024年8月，全省此项工作进度已完成99.3%，清理各类不在目录内的标牌标识18.7万个。①

（六）乡村振兴战略全面推进，农业农村发展呈现新面貌

河南是重要的农业大省，"三农"工作一直是全省经济社会稳定发展的基础支撑。2023年，省委一号文件《关于做好2023年全面推进乡村振兴重点工作的实施意见》提出加快建设农业强省的总目标，2024年，省委一号文件《关于学习运用"千村示范、万村整治"工程经验 有力有效推进乡村全面振兴的实施意见》进一步明确了加快农业强省建设的"路线图"和"任务书"，为新时期的"三农"工作提供了指导方向。河南立足发展实际，聚焦乡村发展、乡村建设、乡村治理的具体问题，全面实施乡村振兴战略，推动农业经济持续快速发展、农村环境明显改善，农民生活水平稳步提升，当前河南已经步入农业农村现代化发展的新阶段。

---

① 《为"大车"减负让"小马"快跑 河南破解基层治理难题》，中国发展网，2024年7月28日，http://www.chinadevelopment.com.cn/news/zj/2024/07/1904935.shtml。

一是全方位夯实粮食安全根基。2024年以来，河南牢牢扛稳粮食安全的重要责任，锚定粮食丰收目标，扎实做好春耕备耕、田间管理、夏粮生产各项工作，确保粮食生产实现增产增效。在建成8585万亩高标准农田基础上，高质高效建设高标准农田示范区378万亩，探索形成高标准农田"投融建运管"一体化市场化推进机制和良田、良种、良法、良机、良制"五良"融合高产模式，大大提高了粮食生产综合能力。① 2024年上半年，全省夏粮总产量为378.57亿公斤，较上年同期增加23.57亿公斤，同比增长6.6%，占全国夏粮增量的65.0%，夏粮总产量持续保持全国第一。②

二是脱贫攻坚成果进一步巩固。近年来，河南牢牢守住不发生规模性返贫的底线，多措并举推动巩固拓展脱贫攻坚成果同乡村振兴有效衔接，促进了脱贫人口收入持续稳定增长，帮扶地区经济发展内生动力显著增强。截至2023年底，全省脱贫人口、监测对象人均纯收入分别达到18251元、13634元，监测对象人均享受帮扶措施5.1个，全省消除返贫致贫风险人数占比49.6%。53个脱贫县都逐步形成了2~3个特色主导产业，衔接资金用于产业发展的比例为69.97%。全省实施帮扶产业项目4126个，带动106万户次实现增收。③ 2024年7月4日，召开全省2024年巩固拓展脱贫攻坚成果同乡村振兴有效衔接工作会议，会议强调要强化责任担当，优化帮扶举措，持续巩固拓展脱贫攻坚成果，并对下一阶段推动巩固拓展脱贫攻坚成果同乡村振兴有效衔接工作进行再部署。

三是农村人居环境持续优化。河南学习运用"千万工程"经验，以"设计河南·美丽乡村"为引领，持续开展"治理六乱、开展六清"活动，加快推进宜居宜业和美乡村建设，农村人居环境实现质的飞跃。农村污水治理水平不断提高，全省农村生活污水治理（管控）率由2018年的17.9%提

---

① 《粮食如何稳产保供——"一号文件中的任务清单"系列解读报道之一》，河南省人民政府网站，2024年5月2日，https：//www.henan.gov.cn/2024/05-02/2986256.html。
② 《河南夏粮再夺冠，"四良融合"破解丰收密码》，映象网，2024年7月17日，http：//news.hnr.cn/snxw/article/1/1813391815541469186。
③ 《数说河南巩固拓展脱贫成果这一年》，人民网，2024年1月9日，http：//henan.people.com.cn/BIG5/n2/2024/0109/c351638-40707941.html。

升至2024年的41.7%，其中，郑州、洛阳、济源等地达到60.0%以上。[①]持续推进农村改厕工作，农村卫生厕所普及率进一步提升。健全农村生活垃圾收运处置体系，在2024年河南省地方经济社会调查队对全省343个行政村和涉农社区进行的调研中，开展村容村貌整治工作、改善村庄公共环境以及生活垃圾集中分类处理的调研合格率均达到了90.0%以上。[②]经过农村人居环境综合整治，2.72万个行政村形成了村庄规划初步成果，全省建成"美丽小镇"500多个、"四美乡村"1万多个，越来越多的农村整体环境实现华丽"蜕变"。[③]

四是乡村治理水平不断提升。河南始终将乡村治理作为实施乡村振兴战略的主要内容和有力抓手，深入推进农村"五星"支部创建工作、"三零"创建工作，不断完善党组织领导下自治、法治、德治、数治"四治融合"的乡村治理体系，切实维护乡村秩序和谐稳定。深化数字乡村建设，持续完善乡村网络信息基础设施，构建网格化管理、精细化服务、信息化支撑的基层治理平台，推动乡村治理数字化转型，目前全省4.5万个行政村已经全部实现5G网络全覆盖。持续推动农村移风易俗，各地通过修订村规民约、建立红白事群众性组织、开展形式多样的乡村文化活动等方式抵制陈规陋俗，倡导文明新风。截至2024年7月，全省95%的村完成了村规民约的制修订任务，并健全了红白理事会等群众性组织[④]，形成了洛阳懈寺村的"百姓食堂"、禹州方岗镇段村的"爱心蛋糕"行动、商丘睢县西陵寺镇的"幸福西陵"工程等亮点突出的地方实践，为全省乡村精神文明建设添光增彩。

[①]《因"村"施策 夯实"里子"河南农村人居环境整治常态长效开展》，河南省统计局网站，2024年8月27日，https：//tjj.henan.gov.cn/2024/08-27/3055212.html。

[②]《因"村"施策 夯实"里子"河南农村人居环境整治常态长效开展》，河南省统计局网站，2024年8月27日，https：//tjj.henan.gov.cn/2024/08-27/3055212.html。

[③]《孙巍峰参加2024年中国农民丰收节新闻发布会》，河南省农业农村厅网站，2024年8月30日，https：//nynct.henan.gov.cn/2024/08-30/3056874.html。

[④]《广袤田畴间 缕缕新风来——河南推进移风易俗工作综述》，《河南日报》（农村版）2024年7月23日。

（七）平安河南建设向纵深发展，社会治安防控能力明显增强

社会治安是社会稳定的基石，事关百姓安居乐业和地方繁荣发展，更事关党的执政根基稳固和中国式现代化建设全局。党的二十大报告提出，要"建设更高水平的平安中国，以新安全格局保障新发展格局"[①]，为新时期的平安建设工作指明了方向。近年来，河南深入贯彻落实习近平总书记关于国家安全的重要论述精神，全面推进平安河南建设向纵深发展，构建完善的社会治安防控体系，防范化解社会建设领域的各类风险隐患，以河南一方安定为维护国家大局稳定筑牢基础。

一是"三零"创建工作取得新成效。近年来，全省共有5.2万个村（社区）、93.3万家企事业单位积极参与"三零"创建工作，汇聚了"河南之治"的最大合力。到2024年，实现"零上访、零事故、零案件"的村（社区）数量占比达到89.9%，群众安全感明显提升。2023年以来，河南省政法委"中原盾"微信公众号开设"新时代'枫桥经验'的河南实践"专栏，推出了焦作山阳区楼院"微治理"模式、洛阳"三清两建"专项行动、安阳龙安区"婆婆妈妈话家常"机制、济源济水街道"四员三方"工作法、长葛"诉源治理工作站"等亮点突出的地方实践，展示了各地因地制宜创新矛盾纠纷化解机制，推广"三零"创建工作的主要做法和突出成效，为积极践行新时代"枫桥经验"，加快建设更高水平的平安河南奠定了良好基础。

二是持续推进立体化、信息化的社会治安防控体系建设。近年来，河南各地坚持党政统筹一体推进，技术赋能、社会共治双轮驱动，全面开展社会治安防控体系建设工作。不断加大社会面治安防控力度，严格落实公安武警武装联勤巡逻和"135分钟"快速响应等机制，构建形成点线面结合、全域协同的立体化治安防控网络。持续深化"一村一警"工作机制，推动警网

[①]《建设更高水平的平安中国》，求是网，2023年1月12日，http：//www.qstheory.cn/dukan/hqwg/2023-01/12/c_1129277576.htm。

融合，截至2024年8月，全省共配备社区民警1.2万余人、社区辅警（含警务助理）6万余人；建成标准化警务室8700余个、警务工作站4.4万个；所有行政村、城市社区实现村村有警、格格见警。①2023年12月，公安部命名首批"全国社会治安防控体系建设示范城市"，鹤壁成为全省唯一成功入选的城市。

三是严厉打击重点领域违法犯罪行为。河南进一步规范涉众型经济犯罪案件侦办，严惩商贸、烟草、职业虚假诉讼、新型合同诈骗等重点领域经济犯罪行为，常态化推进打击涉税犯罪。2023年以来，全省共破获危害税征征管案件576起，抓获嫌疑人1113人，挽回税款损失28亿余元，依法维护了良好市场经济秩序和企业合法权益。②深入推进反腐工作，开展"猎狐"专项行动，坚持追逃、防逃、追赃一体化推进，先后从全球16个国家和地区抓获境外逃犯38名。③针对网络造谣、舆情敲诈等网络违法行为，河南全省公安机关开展打击整治网络谣言专项行动，梳理核查5800余条相关网络谣言，侦办相关案件2000余起，依法查处3000余名造谣传谣网民。同时，对互联网平台、网络账号加大监督整治力度，累计开展互联网安全监督检查4200余次，关停违法违规账号254个，清理网络违法信息5.2万余条④，有力地净化了网络空间，维护了网络秩序。

（八）黄河流域生态保护治理深入实施，全省生态环境不断改善

2024年是黄河流域生态保护和高质量发展座谈会召开五周年，也是黄河流域生态保护和高质量发展国家战略实施五周年。9月12日，习近平总

---

① 《奋力书写新时代公安工作"平安答卷"——河南公安五年工作综述》，《河南日报》2024年8月3日。
② 《河南：严打突出经济犯罪，护航高质量发展》，河南长安网，2024年5月16日，http://www.hapa.gov.cn/news.html？aid=194685。
③ 《河南：严打突出经济犯罪，护航高质量发展》，河南长安网，2024年5月16日，http://www.hapa.gov.cn/news.html？aid=194685。
④ 《严打网络水军 河南依法查处逾3000余名造谣传谣网民》，网易网，2024年9月12日，https://www.163.com/dy/article/JBT52G880514R9OJ.html。

书记在甘肃兰州主持召开全面推动黄河流域生态保护和高质量发展座谈会并发表重要讲话，强调"以进一步深化改革为动力，开创黄河流域生态保护和高质量发展新局面"[①]，为新时期全面推动黄河流域生态保护和高质量发展提供了重要工作遵循。五年来，河南以习近平生态文明思想和习近平关于黄河流域生态保护和高质量发展重要讲话精神为指引，坚持"抓好大保护、推进大治理"的战略导向，积极践行"绿水青山就是金山银山"的理念，深入实施"十大治理工程"，全省生态环境保护治理取得了重大进展，生态环境质量稳定向好，为推动黄河流域高质量发展和高水平建设现代化河南奠定了坚实的生态基础。

一是黄河流域生态保护和高质量发展先行区实现"增量扩容"。河南大力实施美丽河南示范区创建工程，积极培育发展先行样本。截至2024年2月，全省已有7个县、市被国家命名为"绿水青山就是金山银山"实践创新基地，19个县（市、区）被命名为国家生态文明建设示范区，45个县（市、区）获得省级生态县命名[②]，形成了一批具有引领、示范作用的生态样板。

二是污染防治攻坚战取得新成效。河南深入实施"推动生态环境质量稳定向好三年行动"，以蓝天保卫战为重点，统筹推进碧水、净土保卫战，促进了空气、水源、土壤质量显著改善。全省PM_{10}、$PM_{2.5}$浓度分别从2019年的96微克/米^3、59微克/米^{3}下降至2023年的73.8微克/米^3、45.3微克/米^3，城市空气优良天数比例从2019年的52.7%提高到2023年的68.0%[③]，蓝天白云成为常态。全省160个国考断面Ⅰ~Ⅲ类水质占比83%，优于国家目标8.0个百分点，黄河干流水质保持Ⅱ类，南水北调中线工程陶岔取水口及总干渠水质稳定保持Ⅱ类及以上，确保了"一河清水出中原"。

---

① 《习近平主持召开全面推动黄河流域生态保护和高质量发展座谈会强调：以进一步全面深化改革为动力开创黄河流域生态保护和高质量发展新局面》，河南省人民政府网站，2024年9月12日，https：//www.henan.gov.cn/2024/09-12/3062516.html。
② 《2024年全省生态环境保护工作会议召开》，《河南日报》2024年2月2日。
③ 《黄河流域生态保护和高质量发展的河南探索》，《河南日报》2024年9月14日。

土壤和地下水质量总体保持稳定，农村生活污水治理率达41.7%，位居中西部省份前列①，人民群众生产和饮水安全得到了有效保障。

三是绿色低碳转型推动产业结构优化升级。河南深入践行"双碳"目标，一体化推进控煤、稳油、增气、引电、扩新，大力发展绿色低碳产业，全面提升资源利用效率。2023年，河南规模以上工业单位增加值能耗下降4.5%，"十四五"规划实施以来，全省规模以上工业单位增加值能耗累计降低11.35%，截至2024年8月，累计目标完成率为63.06%。②光伏、风电等可再生能源产业快速发展，发电量和装机量均实现新突破，能源结构得到进一步优化。2023年可再生能源发电量近1000亿千瓦时，同比增长21%，约占全社会用电量的1/4；可再生能源发电装机达6776万千瓦，进入全国前五。③

四是黄河流域生态廊道建设持续推进。河南持续完善"一带三屏三廊多点"生态保护格局，统筹推进黄河沿岸山水林田湖草沙一体化修复治理，黄河流域生态系统功能进一步强化，生态系统多样性、稳定性显著增强。截至2023年底，河南已建成沿黄河1200多公里复合型生态廊道，干流右岸全线贯通，西起三门峡、东至开封的绿色廊道成为当地百姓的生态廊道、致富廊道、幸福廊道。④

二 2024年河南社会发展面临的问题与挑战

2024年，河南面临复杂的国内发展环境，影响经济增长的因素较以往更为复杂，新领域、新挑战和未知因素增加，新旧产业结构深度调整，这给河南社会经济高质量发展带来了一系列的问题与挑战。

---

① 《2024年全省生态环境保护工作会议召开》，《河南日报》2024年2月2日。
② 《"绿动""碳息"，河南向绿而行》，河南省人民政府网站，2024年8月14日，https：//www.henan.gov.cn/2024/08-14/3050262.html。
③ 《黄河流域生态保护和高质量发展的河南探索》，《河南日报》2024年9月14日。
④ 《保障"一河清水出中原"河南建成沿黄1200多公里复合型生态廊道》，大河网，2023年11月30日，https：//news.dahe.cn/2023/11-30/1339980.html。

（一）居民收支不平衡，消费拉动经济增长动力偏弱

近年来，河南经济明显恢复，2024上半年，河南GDP为31231.44亿元，重回经济第五大省位置。但全省居民整体收入水平偏低的问题仍未解决，收入不均衡的问题依旧存在。首先，河南居民收入水平整体偏低，与全国居民平均收入水平相比有不小的差距。2024上半年，河南居民人均可支配收入13322元，比上年同期增加587元，同比增长4.6%，是全国平均水平的64.26%；城镇居民人均可支配收入19124元，比上年同期增加637元，同比增长3.4%，是全国平均水平的69.39%；农村居民人均可支配收入8091元，比上年同期增加396元，同比增长5.1%，是全国平均水平的71.78%[1]（见图5）。河南居民收入水平在稳步提高，但增长动力略显不足，长期在经济发展水平、产业结构、就业状况以及区域差异等方面缺少优势，难以短期成长为经济强省。其次，收入不均衡问题仍然存在。城乡之间居民的收入差距较大。2023年，河南城镇居民人均可支配收入40234元，同比增长4.5%；农村居民人均可支配收入20053元，同比增长7.3%（见图6）。根据2014年采用新口径统计的城乡居民人均可支配收入数据，虽然河南城乡居民人均可支配收入比值从2014年的2.4缩小至2023年的2.01，但收入差距依旧较大。最后，居民消费支出与收入不平衡。2023年，全省居民人均消费支出21011元，同比增长10.5%。城镇居民人均消费支出25570元，同比增长8.6%；农村居民人均消费支出16638元，同比增长12.2%，可见人均收入增速低于人均消费支出增速，说明居民的财务健康状况出现问题，长此以往居民会出现入不敷出的情况，消费结构升级是否与产业结构升级相匹配有待考证，如果收入和支出得不到动态平衡，经济则难以实现可持续的发展。

---

[1] 《2024年上半年居民收入和消费支出情况》，国家统计局网站，2024年7月15日，https：//www.stats.gov.cn/sj/zxfb/202407/t20240715_1955615.html；《2024年河南经济"半年报"出炉呈现稳中有进、持续向好态势》，河南省人民政府网站，2024年7月19日，https：//www.henan.gov.cn/2024/07-19/3024150.html。

河南蓝皮书·社会

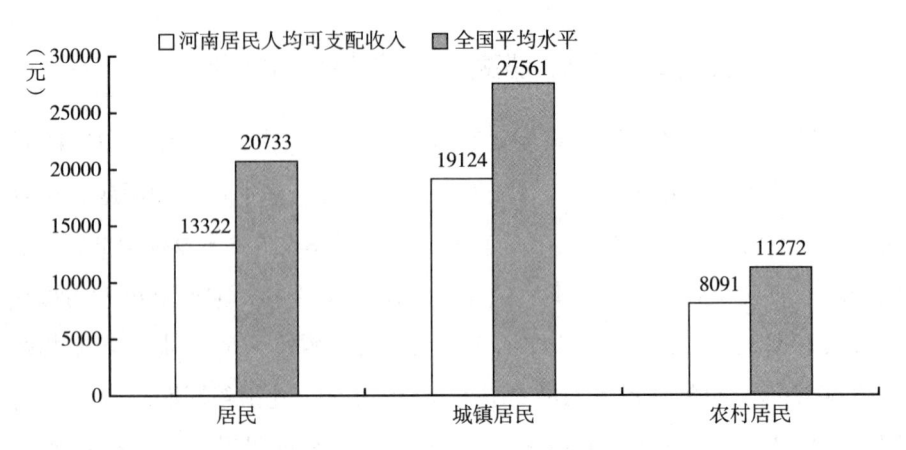

图5　2024年上半年河南居民人均可支配收入与全国平均水平比较

资料来源：笔者根据河南省统计局和国家统计局数据整理。

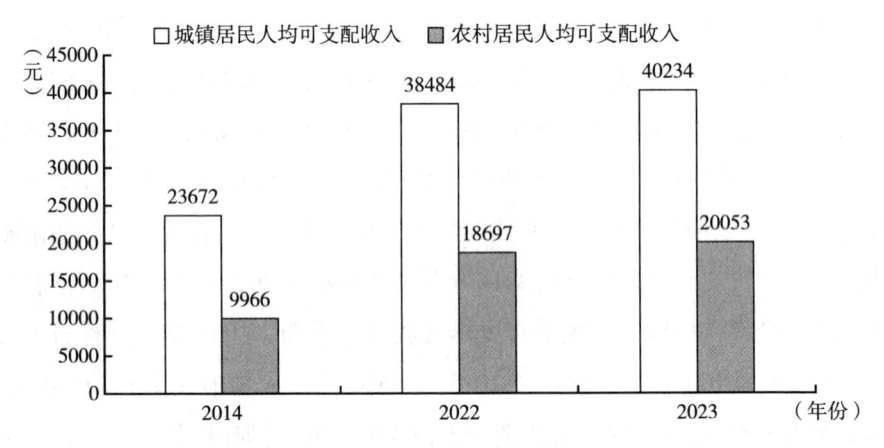

图6　部分年份河南城镇居民和农村居民人均可支配收入

资料来源：笔者根据部分年份《河南统计年鉴》数据整理。

《2023年河南城市居民消费状况及2024年消费意愿调查报告》显示，超50%的消费者定位"理性消费"，30.24%的受访者认可"能省则省"，45.81%的消费者为有计划性消费（包括27.77%的"一边消费一边打算"和18.04%的"全部计划好再消费"），仅有23.92%的消费者为"想消费就消费"的无计划消费者，有近半数的消费者更倾向于未来一年将家庭余钱用于储蓄。① 这不仅说明居民意识到理性消费的重要性，而且显示了以消费拉动经济增长的动力受到了限制。尤其是房地产行业近年来持续低迷，2024年1~7月，河南房地产开发新建商品房销售面积和销售额同比分别下降18.3%和21.7%，商品房待售面积同比增长11.6%，住宅待售面积同比增长16.3%，房地产投资减少、施工放缓、销售低迷、库存积压和资金紧张等多重问题共同说明消费拉动经济增长的动力不足问题在短期内难以解决。

（二）人口老龄化加深、生育率下降，劳动力供给问题日益突出

当前我国正处于人口结构变化的重大转折点，老龄化遇到低出生率，已成为不容忽视的"灰犀牛"。河南作为人口大省不可避免要面临人口发展的多重挑战，尤其是人口老龄化持续加深、出生率接连下降、人口外流伴随劳动年龄人口比重不断降低等问题。

首先，河南老龄化程度持续加深。截至2023年末，河南60岁及以上人口达到1966万人，占比超过20%；65岁及以上人口达到1462万人，占比14.9%。② 根据人口老龄化社会的国际通用标准，60岁及以上的老年人口在总人口中的比例超过10%，或65岁及以上的老年人口在总人口中的比例超过7%，则可判定进入深度老龄化社会，而河南老年人口比例已远超这一标准，因此，河南的老龄化问题需要重点关注。

其次，河南生育率多年连续下滑。2023年，全省出生人口69.5万人，人口出生率为7.06‰；死亡人口78.7万人，人口死亡率为8.00‰；人口自然增长率为-0.94‰。③ 相较2022年，全省出生人口减少3.8万人，人口出生率下降0.36个千分点，全省死亡人口增加4.7万人，人口死亡率上升0.50个千分点。从2014~2023年河南的人口出生率和人口自然增长率情况

---

① 《2023河南城市居民消费状况及2024年消费意愿调查报告》，河南民生频道网站，2024年3月14日，https://share.hntv.tv/news/0/1768189660889825282。
② 《2023年河南省国民经济和社会发展统计公报》，河南省统计局网站，2024年4月2日，https://tjj.henan.gov.cn/2024/04-02/2972887.html。
③ 《2023年河南省国民经济和社会发展统计公报》，河南省统计局网站，2024年4月2日，https://tjj.henan.gov.cn/2024/04-02/2972887.html。

可以看出，2014~2016年，河南人口处于较为平缓的加速增长时期，2016年达到峰值后开始逐年下降，直到2022年人口自然增长率出现了负值，2023年依旧是负增长（见图7）。人口下降受到多重因素共同影响，涉及社会经济、文化观念、政策环境以及生理医学等。在现代社会中，许多年轻家庭面临房贷、车贷、教育成本升高等多重经济压力，与此同时，女性在职场中的地位随着社会的进步和开放而逐渐提升，女性更加注重个人发展，对婚姻和生育的看法也更加理性和自主。人口老龄化与人口出生率下降同时出现，不仅会直接导致社会保障体系的超负荷运转，而且极易触发连锁的社会经济挑战，包括劳动力资源匮乏、消费市场缩减等更深层次的社会问题。

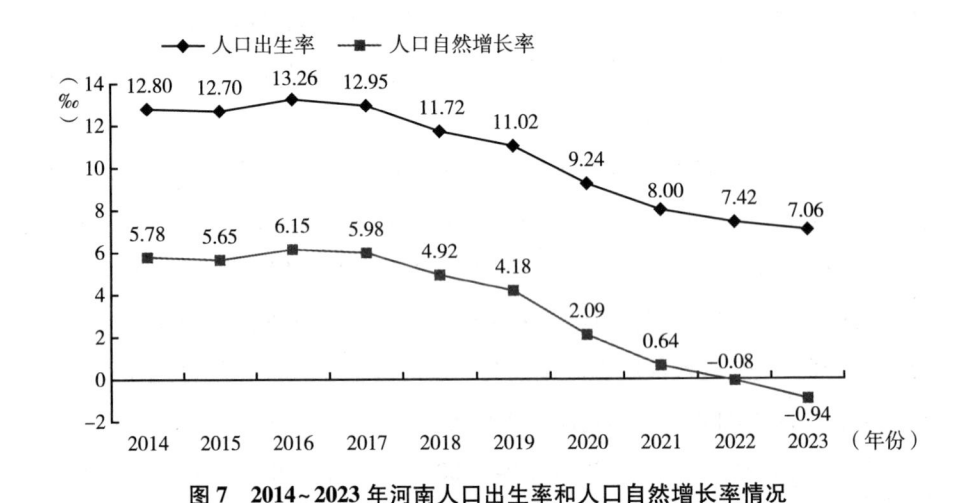

图7 2014~2023年河南人口出生率和人口自然增长率情况

资料来源：笔者根据2014~2023年《河南统计年鉴》数据整理。

最后，人口外流以及劳动年龄人口比重下降导致劳动力供给不足的问题日渐显露。一方面，河南人口基数大，劳动力资源丰富，但传统劳动年龄人口的占比却相对较低。2023年末16~59岁传统劳动年龄人口为5682万人[1]，占比为57.9%，低于全国3.4个百分点。另一方面，中部地区人口下滑现象明显且河南

---

[1] 《2023年河南省国民经济和社会发展统计公报》，河南省统计局网站，2024年4月2日，https://tjj.henan.gov.cn/2024/04-02/2972887.html。

最为突出。2023年，我国中部六省（湖北、湖南、安徽、江西、山西、河南）常住人口数量均出现下滑，共计减少超133万人。其中，2023年河南全省常住人口9815万人，全年出生人口69.5万人，人口出生率为7.06‰；死亡人口78.7万人，人口死亡率为8.00‰；人口自然增长率为-0.94‰（见图8）。2023年河南常住人口较2022年减少了57万人①，常住人口的减少数量为中部六省之最。河南作为劳务输出大省，2023年人口流出的数量较之前有所拉升，扣除人口自然增长因素，2023年河南流出47.8万人，在目前已公布数据的28个省（区、市）中，河南人口流出数量居首。常年大规模的人口流出，必然带来一系列人口结构失衡和劳动力供给不足的问题，对河南及中部地区的经济增长、劳动生产率、消费和储蓄需求、社会保障体系等产生深远影响。

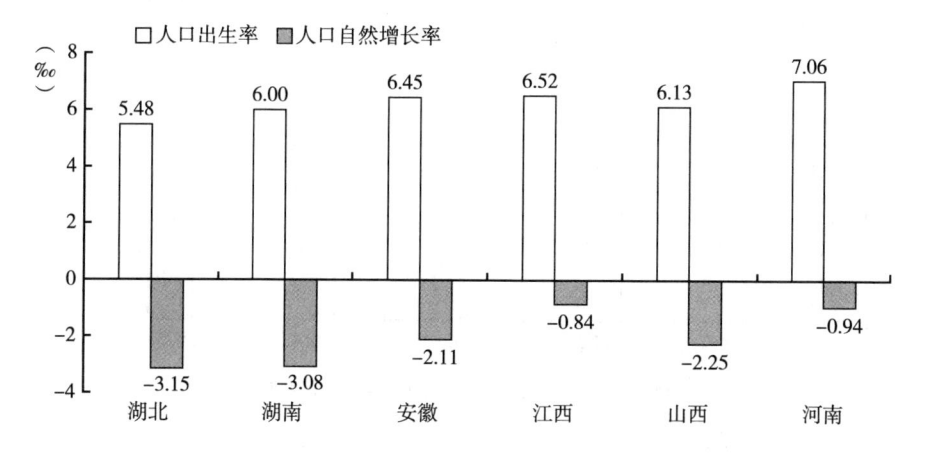

图8　2023年我国中部六省人口出生率和人口自然增长率情况

资料来源：笔者根据中部六省政府网站数据整理。

（三）结构性就业矛盾依旧存在，教育体制机制改革亟待深化

2024年，随着国民经济运行好转，稳就业政策落地见效，就业相对稳定，但结构性就业矛盾依旧存在。首先，就业数量是首要压力。近几年河南高校

---

① 《中部六省2023年常住人口变动情况均已出炉》，澎湃新闻网，2024年3月30日，https://www.thepaper.cn/newsDetail_forward_26873574。

毕业生人数屡创新高，以河南大学为例，2021年毕业生总人数为12678人、2022年为13129人、2023年为13595人、2024年为13930人，2025年官方预计毕业生人数为13819人，五年间增长近9.0%[1]（见图9）。除高校毕业生外，中职中专技校毕业生、农村待转移劳动力、下岗失业困难群体等的就业需求同样不容忽视。其次，失业率依旧不容乐观。2024年上半年，全国城镇调查失业率平均值为5.1%，虽然较上年同期下降0.2个百分点，但整体失业率依旧保持在5.0%[2]，就业形势依旧严峻。最后，人才供需不平衡。随着河南产业升级和技术进步，市场对高素质、高技能人才的需求不断增加，然而，部分毕业生的技能水平无法满足市场需求，这在一定程度上加剧了结构性就业矛盾。

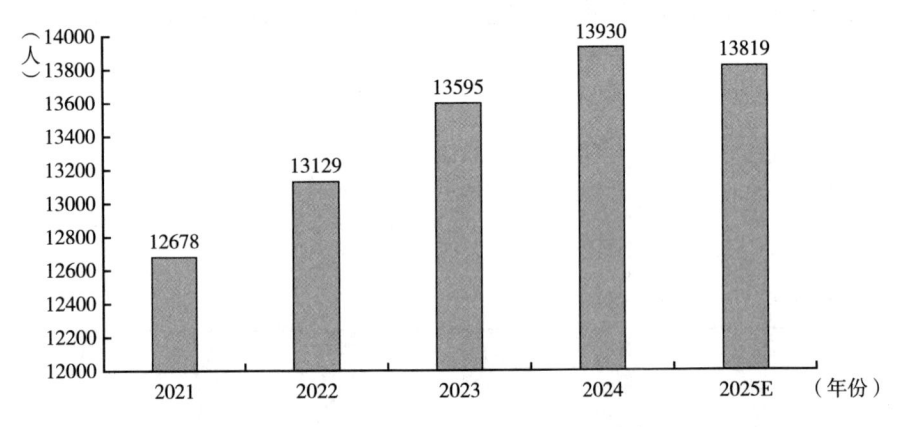

图9 2021~2025年河南大学毕业生人数

资料来源：河南大学就业创业信息网。

河南的教育体制机制改革亟待深化。首先，省内高校的数量与质量并不对等。截至2024年初，河南共有高校168所[3]，数量在全国范围内处领先地位，但存在"双一流"高校数量相对较少、教育资源分配不均、教育投入

---

[1] 《河南大学毕业生源信息表》，河南大学就业创业信息网，https://henu.goworkla.cn/module/newslist/id-1025/nid-8971。
[2] 《上半年就业形势总体稳定》，国家统计局网站，2024年7月15日，https://www.stats.gov.cn/sj/sjjd/202407/t20240715_1955607.html。
[3] 《政府工作报告｜河南高校总数达到168所》，大象新闻网，2024年1月28日，https://www.hntv.tv/rdyyb/article/1/1751401077735522305。

不足、高等教育与产业发展脱节等问题。与人口数量相当的山东和江苏相比，河南的"双一流"高校数量明显较少，2024年山东的"双一流"高校有5所，包括山东大学、中国海洋大学、中国石油大学（华东）、山东大学（威海）、哈尔滨工业大学（威海）；江苏的"双一流"高校多达16所，包括2所985高校（南京大学、东南大学）和9所211高校（如南京航空航天大学、南京理工大学等），以及5所极具特色的"双一流"高校（南京信息工程大学、南京邮电大学、南京医科大学、南京中医药大学、南京林业大学）。"双一流"高校建设数量不足可能意味着河南在吸引高端人才、进行高水平科研和提升教育质量方面面临困境。其次，高校专业建设趋同化严重。自1999年中国高等教育扩张以来，全国高校数量增加但学科建设普遍趋向综合性，出现"千校一面"缺少特色学科的情况，这就很难为社会输送多样人才。最后，人才培养与产业脱钩。在目前普通高校13个学科大类的招生中，工科类、管理类与艺术类专业招生人数排名前三。这是由于管理类专业的入学门槛低、名声响，艺术类则是入学门槛低、学费高，均不是以社会职业需求而设立，难以为新产业、新业态培养合格的应用型人才，使毕业生所学知识无法转化到产业端，出现基础研究做得好，但距离产业远而无法与当前的社会需求相匹配的情况。因此，如何深化教育模式改革，适应社会快速发展是当下急需解决的现实问题。

（四）公共服务供给不足，多层次社会保障体系有待完善

河南一直致力于完善公共服务基础设施建设，并取得良好效果，但在养老供给、医疗服务等方面仍存在不足。尽管2023年河南省内有12个国家区域医疗中心，且105个县域医疗中心全部达到二级甲等水平[1]，但与庞大的人口基数相比，优质医疗资源的人均供给仍显不足，难以满足人民群众日益增长的健康需求。例如，截至2023年底，郑州常住人口是济南的1.38倍，

---

[1] 《河南列出"任务清单"推动优质医疗资源下沉》，澎湃新闻网，2024年2月4日，https://www.thepaper.cn/newsDetail_forward_26262890。

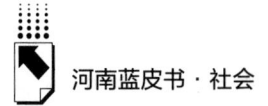

拥有的医疗卫生机构数却仅为济南的75.02%（见图10）①，显示了相对于其他地区，河南在公共医疗供给方面仍存在不足。

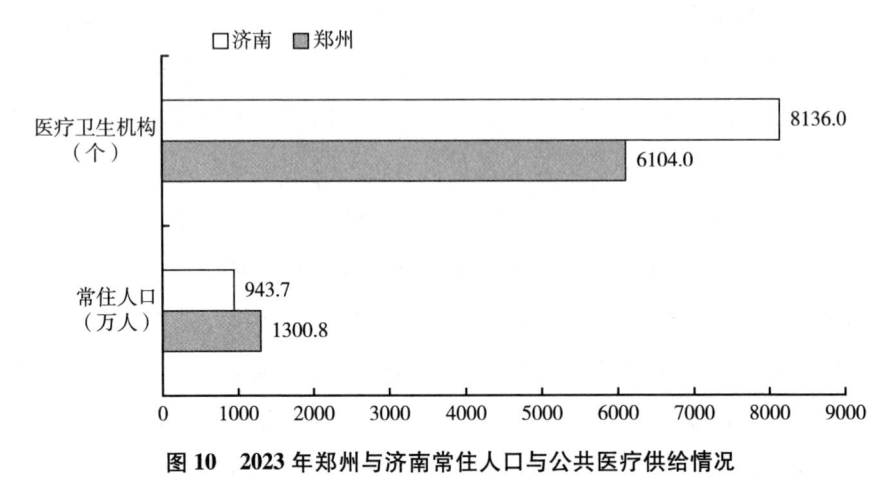

图10　2023年郑州与济南常住人口与公共医疗供给情况

资料来源：笔者根据郑州市人民政府网站和济南市人民政府网站数据整理。

公共服务供给不足在一定程度上影响河南多层次社会保障体系的完善。河南当前的社会保障体系虽然在不断完善，但多个方面仍需优化，尤其是当下面临经济下行压力，使社会保障体系出现覆盖面不足、保障水平降低、可持续发展动力减弱等问题。首先，虽然河南城镇职工基本养老保险、基本医疗保险、失业保险和工伤保险的参保人数均达到一定规模，但如何持续扩大参保覆盖面，特别是吸引更多灵活就业人员、新就业形态劳动者（如网约车司机、快递员等）参保的问题有待解决。2023年末，全省城镇职工基本养老保险参保人数为2578.18万人，占总人口的26.27%；城镇职工基本医疗保险参保人数为1433.82万人，占总人口的14.61%；失业保险参保人数为1147.80万人，占总人口的11.69%；工伤保险参保人数为1128.25万人，

---

① 《2023年郑州市医疗卫生机构、床位、人员数》，郑州市卫生健康委员会网站，2024年4月4日，https://public.zhengzhou.gov.cn/D12Y/8550510.jhtml；《截至2023年底，济南市共有医疗卫生机构8136所，实有床位8.25万张》，舜网，2024年4月12日，https://news.e23.cn/jnyc/2024-04-12/2024041200339.html。

占总人口的11.50%。总参保人数占总人口的64.07%，参保覆盖面需要进一步扩大。其次，随着人口老龄化加剧，养老保险支付压力持续增大。在2023年河南城镇职工基本养老保险参保人员中，在职职工有1987.70万人、离退休人员有590.48万人；在城镇职工基本医疗保险参保人员中，在职职工有997.49万人、退休人员有436.32万人。① 参保在职职工人数多于参保离退休人员人数，随着退休潮的到来，会有更多养老保险需要支付。如何缓解养老金支付压力和增加养老金收入成为亟待解决的问题。大龄农民工群体作为城市化建设的主力军，普遍从事高强度工作，长期"离土又离乡"，导致他们返乡养老难以保障。最后，社会保障水平仍需提高。2024年全国31个省（区、市）居民基础养老金标准中，河南基础养老金标准为123元，比基础养老金标准最低的云南高20元，比基础养老金标准最高的上海低1367元（见图11），只有上海基础养老金标准的8.26%。② 此外，农村低保对象和特困人员的保障人数远多于城市，2023年河南发放城市低保金13.12亿元，保障城市低保对象30.58万人，发放农村低保金75.70亿元，保障农村低保对象275.75万人，保障农村特困人员47.05万人。③ 如何缩小城乡差距，实现高质量社会保障的公平性和普惠性，是一个值得关注的重要问题。

（五）公共安全面临多方挑战，城市应急管理效能有待提升

2024年，河南在公共安全方面整体保持稳定，但随着社会复杂程度加剧，社会整体面临安全生产、自然灾害等方面的风险挑战。一方面，安全生

---

① 《2023年河南省国民经济和社会发展统计公报》，河南省人民政府网站，2024年3月30日，https://www.henan.gov.cn/2024/03-30/2967853.html。
② 《2024年，全国31省市城乡居民基础养老金标准是什么？来看看》，腾讯网，2024年8月28日，https://new.qq.com/rain/a/20240825A02TVG00。
③ 《2024年，全国31省市城乡居民基础养老金标准是什么？来看看》，腾讯网，2024年8月28日，https://new.qq.com/rain/a/20240825A02TVG00；《2023年河南省国民经济和社会发展统计公报》，河南省人民政府网站，2024年3月30日，https://www.henan.gov.cn/2024/03-30/2967853.html。

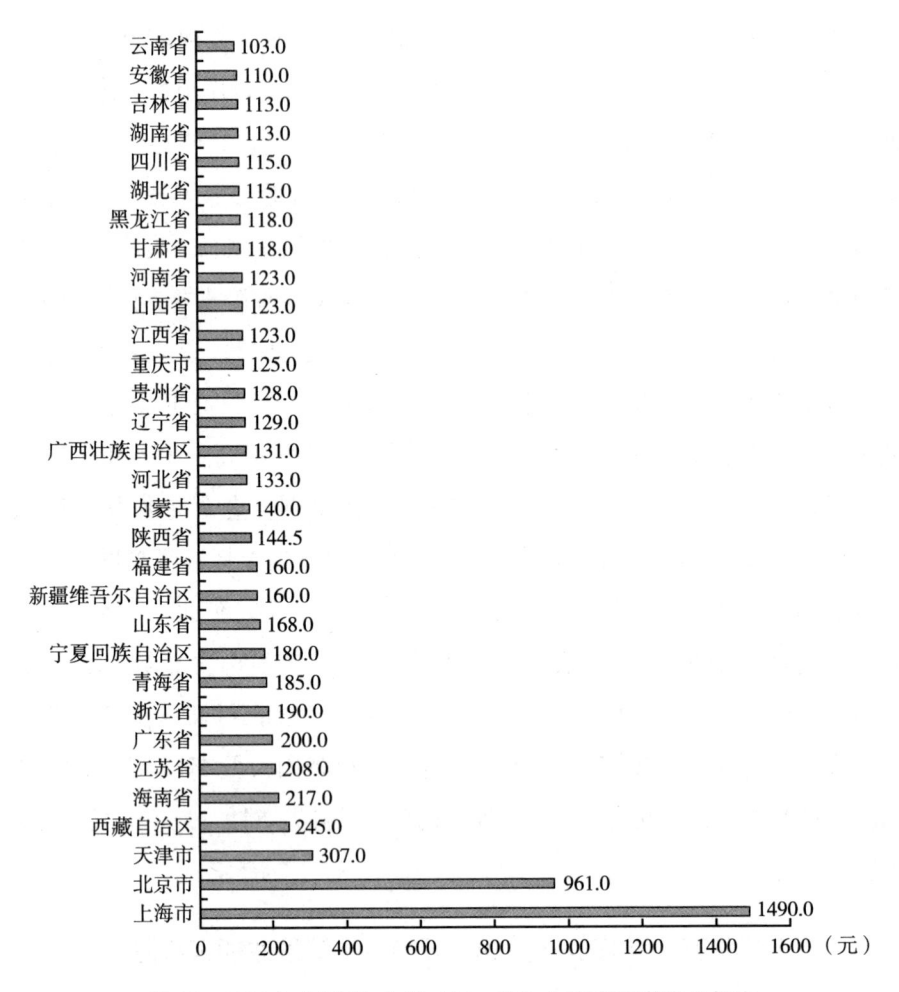

省份	金额（元）
云南省	103.0
安徽省	110.0
吉林省	113.0
湖南省	113.0
四川省	115.0
湖北省	115.0
黑龙江省	118.0
甘肃省	118.0
河南省	123.0
山西省	123.0
江西省	123.0
重庆市	125.0
贵州省	128.0
辽宁省	129.0
广西壮族自治区	131.0
河北省	133.0
内蒙古	140.0
陕西省	144.5
福建省	160.0
新疆维吾尔自治区	160.0
山东省	168.0
宁夏回族自治区	180.0
青海省	185.0
浙江省	190.0
广东省	200.0
江苏省	208.0
海南省	217.0
西藏自治区	245.0
天津市	307.0
北京市	961.0
上海市	1490.0

图11　2024年全国31个省（区、市）居民基础养老金标准

资料来源：笔者根据全国31省（区、市）政府网站数据整理。

产挑战。河南在2024年上半年实现了地区生产总值的稳健增长，虽然第二产业同比增长7.5%，但随着生产规模的扩大，工业事故风险也相应增加。化工、矿山等高风险领域的安全生产问题始终是重要关注点。另一方面，自然灾害频发导致公共安全受到挑战。例如，2024年7月，全国共出现7次强降雨过程，平均降水量132.9毫米，较往年同期偏多11%，其中河南南阳社旗县突破历史极值；7月中旬，河南南阳、周口等地遭遇极端强降雨，南阳社旗县、唐河县等地严重受灾。① 说明河南正面临多重公共安全风险。

在多重公共安全风险挑战下，城市应急管理能效有待提升。随着工业化、城镇化持续推进，各类承灾体的暴露度、集中度、脆弱度大幅增加，灾害事故更具隐蔽性、复杂性、耦合性。全球化、信息化、网络化的快速发展，使灾害事故影响的广度和深度持续提升，给城市应急管理带来了更大压力。部分行业主管部门在应急管理工作中存在"敲边鼓""打下手"的心态，混淆综合管理和行业管理职责，导致部门之间工作衔接不紧、信息共享渠道不畅。一些基层单位在应急管理工作中存在责任落实不到位的问题，导致应急管理工作难以有效推进。例如，城市生命线系统（如供水、供电、供气等）出现故障或遭受破坏，若得不到及时处理就可能引发连锁反应，影响城市的正常运转和居民的生活。2023年12月，中央第二生态环境保护督察组在督察河南时发现，洛阳、濮阳、信阳、驻马店等部分地区水环境基础设施建设推进不力，污水直排问题依然突出。洛阳城区多座污水处理厂长期超负荷运行，且部分污水处理厂扩建工程未按时启动或建成投运②，这些问题导致部分地区供水质量和水环境受到影响。

三 2025年河南社会发展态势与对策建议

2024年，是实现"十四五"规划目标任务的关键一年，河南牢记习近平总书记"奋勇争先、更加出彩"的殷殷嘱托，坚定推进中国式现代化建设河南实践，取得了显著成效。展望2025年，面对深刻变化的外部环境和艰巨繁重的发展任务，河南要深入贯彻落实党的二十大和二十届三中全会精神，锚定"两个确保"，深入实施"十大战略"，全面推进"十大建

---

① 《国家防灾减灾救灾委员会办公室 应急管理部 发布2024年7月全国自然灾害情况》，中华人民共和国应急管理部网站，2024年8月8日，https://www.mem.gov.cn/xw/yjglbgzdt/202408/t20240808_497247.shtml。
② 《河南洛阳等市水环境基础设施建设推进不力》，中国青年网，2023年12月15日，https://news.youth.cn/jsxw/202312/t20231215_14966314.htm。

设",以历史担当和战略定力,奋力谱写中国式现代化建设河南实践新篇章。

(一)深化收入分配制度改革,充分释放居民消费潜力

2020年以来,河南经济持续回暖,经济运行呈现稳中向好、持续向好的发展态势,但居民收入增长势头有待实质性恢复,特别是中低收入群体大多倾向于将有限的收入用于基本生活需要与预防性储蓄,消费需求不足。展望2025年,河南应持续深化收入分配制度改革,优化收入分配结构,助推居民消费潜力得到更大释放。

第一,完善社会保障体系,增加居民安全感,减少居民预防性储蓄,提振居民消费信心。完善城乡居民基本医疗保险制度,扩大医保报销范围,提高医保报销比例。完善基本养老保险制度,稳步提高城乡居民基本养老保险的基础养老金和福利养老金标准,推动个人商业养老保险、企业年金等养老保险体系建设。加强失业保险制度建设,做好失业人员登记工作,提高失业保险金发放标准,扩大失业保险金辐射范围,给予失业人员更多再就业创业支持。完善住房保障制度,增加保障性租赁住房供应。第二,完善企业职工工资分配制度,提高居民收入水平,促进居民消费。加强对企业工资分配的宏观指导,促使企业建立与人力资源市场供求关系和企业经济效益相适应的工资决定机制和职工工资正常增长机制,科学设定员工绩效评估制度,完善职工绩效奖励制度,不断提高职工福利待遇。改革完善企业内部管理制度,提升企业运转效率,增加企业利润,保障收入分配制度的执行效果。第三,改革财税制度,优化财富再分配,释放居民消费潜力。调整个人所得税征收标准,适度提升个人所得税起征点,减轻中低收入群体的税收负担。根据各地区情况调整资源税税率,避免统一税率给企业造成结构性负担。第四,深化供给侧结构性改革,增加居民收入,提高居民购买力。支持高新技术产业发展,鼓励支持传统产业转型升级,推进科技创新与技术进步,提升产业竞争力与企业盈利能力,进而提高居民工资收入。大力推动文化创意、信息技术等服务业发展,为居民就业提供更多就业创业机会,并提高服务业收入水平。发展现代农业，推动农业产业转型升级，提升农产品附加值，增加农民收入。鼓励民间资本投入消费领域，丰富消费品种类，提升消费品质量，降低消费品价格，满足居民多元化消费需求。

（二）健全人口发展支持和服务体系，促进人口高质量发展

随着经济社会发展水平的不断提升、医疗卫生服务条件的改善、受教育水平的提高、生育观念的转变，以及其他因素的综合作用，可以预见的是，2025年，河南将继续保持人口老龄化、人口出生率低的发展态势。而人口因素会对区域经济社会发展产生极为重要的影响，有必要根据当前河南人口发展形势完善人口发展支持和服务体系，促进河南人口长期均衡发展，夯实中国式现代化建设河南实践的人口支撑。

一方面，针对少子化，完善生育支持政策体系和激励机制。从完善产假、哺乳假、育儿假等生育休假制度，做好城乡居民医保参保人员生育医疗费用保障工作，给予婴幼儿照护个人所得税专项附加扣除、房屋租赁与购买等支持性政策，加强普惠性幼儿园、义务教育学校的建设，保障女性就业合法权益等方面着手降低生育、养育、教育成本，减轻家庭生育、养育、教育负担。从健全关于托育服务健康发展的政策措施，支持用人单位、社区、幼儿园开展托育服务，加强托育机构标准化、规范化、专业化建设，强化对托育机构的综合监管等方面着手发展普惠托育服务体系，满足婴幼儿家庭托育服务需求，实现年轻夫妇"上班带娃两不误"。从提高各级妇幼保健机构与医疗卫生机构妇幼健康服务能力，实施婚前保健、孕前优生健康检查、防治出生缺陷等方面着手提高优生优育服务水平，保障孕产妇和儿童健康。通过一系列措施，提振育龄人口生育意愿，推动实现适度生育水平，促进河南人口长期均衡发展。

另一方面，针对人口老龄化，积极发展养老事业和养老产业。加强对特殊困难老年人的探访关爱，完善老年人福利补贴制度与社会救助制度，建立基本养老服务清单制度，健全城乡特困老年人供养服务制度，确保满足特殊困难老年人最基本的养老服务需求。在此基础上，强化城乡社区养老服务机

构、专业化养老机构、公办养老机构等养老服务设施建设，通过发展助餐、助浴、助洁等服务提高社区居家养老服务能力，积极推进医养结合，推进与老年人日常生活密切相关领域的适老化改造，推广使用智能化养老服务设施，扩大老年人文体服务供给，强化养老服务人才队伍建设，为全体老年人提供方便、普惠的养老服务。此外，还需大力发展银发经济，开发与老年人衣、食、住、行等紧密相关的老年生活用品，推动老年用品科技化、智能化升级，有序发展老年人普惠金融服务，培育"养老+旅游"等新业态，不断满足老年人日益增长的多层次、高品质健康养老需求，提升广大老年人的获得感、幸福感、安全感。

（三）完善就业优先政策，促进高质量充分就业

随着河南经济回升向好以及稳岗扩就业的系统性政策支持体系发力，可以预见，2025年河南就业形势有望保持总体平稳的态势，与此同时，在传统产业改造升级、新兴产业培育壮大之下，新的就业增长点将不断出现，新岗位、新职业不断涌现，为就业提供坚实支撑。但是，不容忽视的是，面对庞大的毕业生群体以及存在的毕业生就业技能与市场需求不匹配问题，就业压力将继续存在，结构性就业矛盾仍然突出，因此有必要采取更加有效的措施来保障就业。

第一，创造更多高质量就业岗位。各地区要依据自身资源禀赋，改造升级传统产业，培育壮大新兴产业，建设现代化产业体系，努力创造出更多高质量就业岗位。通过政策支持等方式助推吸纳劳动人口能力较强的产业与企业发展，引导其提供更多就业岗位，扩大就业容量。围绕人民群众日益增长的美好生活需要与未来经济社会发展趋势，积极开发新业态、新模式，积极挖掘、培育新的职业序列，开发新的就业增长点。第二，提高劳动者职业技能水平。围绕制造业产业链发展需求，开展订单式、定向式、定岗式培训，培养高精特新、急需紧缺人才，实现培训链与产业链深度耦合。预测人力资源需求，调整优化院校布局、专业建设、培养模式等，使专业、课程、人才供给与产业、职业、市场需求对接。深化产教融

合、校企合作，提高劳动者技能水平。高质量筹办全国职业技能大赛，实现以赛促学、以赛促训、以赛促评、以赛促建，营造技能培训良好氛围。第三，健全公共就业服务体系。打造数字化就业服务平台，提供高效便捷的智慧化、精准化就业服务。提供就业政策法规咨询、信息发布、职业指导等免费服务，给予高校毕业生、农民工等重点群体就业支持，加强困难群体就业兜底帮扶，增强公共就业服务能力。营造社会创业氛围，在创业担保贷款、创业培训、税费减免、创业交流等方面给予创业人员帮助，以创业带动就业。第四，完善劳动力市场制度。加大劳动保障执法监察力度，确保企业贯彻实施劳动保障法律法规，保障劳动者合法权益。完善最低工资制度，由企业、政府部门、劳动者等多方配合，构建科学合理的最低工资体系，平衡好企业与劳动者之间的利益关系。构建与新就业形态所产生的劳动关系相适应的劳动力市场制度，规范新就业形态劳动基准，保障灵活就业和新就业形态劳动者权益。健全完善劳动协商机制，发挥各级党委协调各方的作用，依法推进各类企业建立工会并发挥好调处劳动关系矛盾的作用。

（四）健全公共服务与社会保障体系，持续增进民生福祉

《河南省"十四五"公共服务和社会保障规划》明确提出"到2025年，公共服务制度体系更加完善，政府保障基本、社会多元参与、全民共建共享的公共服务供给格局基本形成，多层次的社会保障体系更加健全，民生福祉达到新水平"的主要目标。2025年作为"十四五"规划的收官之年，河南将继续推进公共服务体系建设与社会保障体系建设，推进民生福祉实现更大改善，满足人民群众多层次、多样化的社会保障需求。

第一，在公共教育服务方面，发展公平优质的公共教育服务。在县、乡、村建设布局合理的学前教育公共服务网络，推进县、乡义务教育优质均衡发展，推进县域普通高中扩优提质，提升中等职业学校文化知识和技能基础教育水平，保障学有所教。同时，通过对"双一流"高校的学科学院、专业设置进行优化调整，加强"双一流"高校第二梯队建设以及特色骨干

大学、特色骨干学科（群）建设等方式，提升高等教育质量，通过校企双元育人模式、探索长学制贯通培养模式等方式提升职业教育水平，实现学有优教。第二，在卫生健康服务方面，提供全方位全周期卫生健康服务。大力推进县级公立医院、乡镇卫生院、村（社区）卫生室建设，组建家庭医生服务团队为居民提供医疗卫生服务，提高基本医疗卫生服务水平。普及健康知识，开展老年人、青少年等重点群体健康促进行动，提升全民健康素养。第三，在社会保障方面，健全多层次社会保障体系。完善养老保险、基本医疗保险、工伤失业保险等社会保险制度体系，加强对困难群众的社会救助，健全残疾人社会福利和帮扶制度，加强对农村留守儿童、孤儿、艾滋病病毒感染儿童、事实无人抚养儿童、困境儿童的关爱服务，使社会保障覆盖全体人群。第四，在公共文化体育服务方面，丰富公共文化体育服务和产品供给。改造、建设各类公共文化场所，继续实施文化惠民工程，推动全民健身场地设施建设，提升公共文化体育服务水平。同时，依托当地文化资源与自然资源优势发展文旅产业，积极开发具有本土特色的、科技创意融合的文创产品，推动武术产业基地、体育赛事不断发展，提供高品质文化旅游体育服务。第五，在城乡住房保障方面，有效增加保障性住房供给。支持大中城市新建公共租赁住房，调整完善租赁补贴政策，将集体经营性建设用地等改建为保障性租赁住房。整顿租赁住房市场秩序，严格监管租赁住房市场租金与押金，保障承租人与出租人的合法权益。为老旧小区加装电梯、充电桩等设施，增设生活垃圾分类和收集点，配套养老、家政保洁等社区服务，建设社区公共活动场所，推进智慧化社区建设，打造宜居社区环境。

（五）完善公共安全治理机制，有效构建新安全格局

党的二十届三中全会审议通过的《中共中央关于进一步全面深化改革 推进中国式现代化的决定》（以下简称《决定》）将维护国家安全置于重要位置，提出要推进国家治理体系和治理能力现代化。2025年，河南将扎实落实《决定》中的规划部署，全面贯彻总体国家安全观，完善公共安全治理机制，提高城市应急管理能力，助推应对重大风险挑战能力显著提

升，平安河南建设迈向更高水平，进而为中国式现代化建设河南实践提供坚强保障。

第一，做好公共安全事前预防工作。树立"安全第一、预防为主"的意识，将问题解决在萌芽之时、成灾之前。建立公共安全事前预防机制，根据相应标准科学划分安全风险等级，制定科学的安全风险辨识程序和方法，针对不同类型、不同等级安全风险制定预防办法。加强对公共安全的监测预警与巡察督查，发现安全风险，及时实施安全风险处理、预警信息发布、事故原因剖析等防范应对措施。完善信息化监测预警体系，充分发挥应急减灾卫星遥感等智能化设施设备的作用，增强公共安全事前预防的精准性、有效性。第二，健全重大突发公共事件处置保障体系。健全应急物资保障体系与快速调拨投送机制，统筹解决应急物资的储备范围、储备主体、储备方式等问题，形成应急物资运输保障方案，切实保障应急物资能够调得出、送得急。提高通信装备保障能力，加强关键技术研发，以现代信息技术助力应急救援高效、精准开展。强化应急避难场所保障，依据当地情况规划应急避难场所建设，对闲置建筑进行改建，利用村委会、学校、广场等现有空间，承载转移避险、紧急隔离和应急疏散等功能。第三，完善公共安全应急指挥机制。在公共安全防治过程中，秉持"党委领导、政府负责"的理念与工作机制，组织多个相关部门按照各自职责分工承担相应工作，充分发挥军人的作用，吸引公众、社会组织等社会力量参与其中，形成"统一指挥、多元主体参与"的格局与公共安全治理合力，共同做好应急救援、过渡安置、恢复重建等工作。第四，完善安全生产风险排查整治和责任倒查机制。要制定安全生产风险排查制度，明确安全生产风险排查的时间、事项、主体等内容，并按规定开展排查工作。加强对相关工作人员安全生产知识的培训，督促其在日常工作中自行排查风险。加强对重点行业、重点领域，以及存在重大风险的环节、场所等的隐患排查，有效遏制重特大事故发生。明确安全生产过程中各主体的责任，严格落实安全生产责任制，对未按照安全规定开展工作并造成一定影响的工作人员给予相应惩处。第五，健全社会治理体系。坚持和发展新时代"枫桥经验"，探索创造更多依靠基层、发动群众、就地化解人民内部矛盾的途径和办法,及时把矛盾纠纷化解在基层、化解在萌芽状态。健全党组织领导的自治、法治、德治相结合的城乡基层治理体系,提高城乡社会治理自我管理、自我服务、自我教育、自我监督的能力,用法治思维和法治方式治理基层社会,充分发挥社会主义核心价值观、中华优秀传统道德文化的作用。完善共建共治共享的社会治理制度,将政府、企业、社会组织、公众等多元主体纳入社会治理体系,促使社会治理的成效更多、更公平地惠及全体人民。

城市治理篇

B.2 提升河南乡村治理能力的对策与路径研究

洪佩丹 崔学华*

摘　要： 河南作为农业大省，推动乡村全面振兴是全省工作的重中之重。提升乡村治理能力是实现乡村全面振兴的关键。近年来，河南乡村治理工作在治理主体、治理手段和治理机制上取得显著成效。然而，治理资源匮乏、治理体系不畅、有效支撑不牢等成为制约河南进一步提升治理能力的瓶颈。为破解这些难题，本文借鉴国内外先进治理经验，提出以下对策与路径：一是增强治理领导力，加大制度的执行力；二是构建治理共同体，增强治理的协同力；三是构建"四治融合"治理体系，提升治理效能。

关键词： 乡村振兴　乡村治理　治理效能

---

* 洪佩丹，中共项城市委党校助理讲师，主要研究方向为乡村治理；崔学华，河南省社会科学院人口与社会发展研究所副研究员，主要研究方向为城乡社会治理。

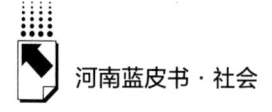

乡村治理是国家治理的基石。近年来，我国的乡村治理工作取得显著成效。然而，随着社会转型步伐的加快，乡村治理的外部环境与内在需求均发生了深刻变化，一系列新问题、新挑战日益凸显。河南作为农业大省，乡村基数大，城乡发展不均衡，乡村治理主要面临产业发展动力不足、乡村治理体系不健全、人员设施保障不到位等问题，严重制约着乡村治理水平的提升。党对"三农"工作高度重视，党的二十大报告明确提出"建设宜居宜业和美乡村""全面推进乡村振兴"的战略目标。从根本上要求必须强化乡村的治理能力，为乡村振兴战略实施奠定坚实基础。基于此，2024年中央一号文件精心绘制了"推进乡村全面振兴的'路线图'"，为乡村治理现代化建设指明了方向。

为深入贯彻党的二十大和二十届三中全会精神，河南出台了《中共河南省委河南省人民政府关于学习运用"千村示范、万村整治"工程经验有力有效推进乡村全面振兴的实施意见》，为乡村治理提供了政策遵循。河南各地积极响应，不断创新乡村治理方法，提高乡村治理效能，在治理主体、治理手段和治理机制上取得显著成效。但是，在提升乡村治理能力的过程中仍然面临治理资源匮乏、治理体系不畅、有效支撑不牢等问题。针对这些问题，河南各地需要继续开展提升产业发展水平、完善"四治融合"机制、提升数字化治理水平、加强人才队伍建设等方面的工作，以推动乡村治理现代化建设取得更大成效。

一　当前河南乡村治理的成效

（一）治理主体更加多元

乡村多元主体协同参与乡村治理是乡村治理能力提升的显著标志。河南在乡村治理的过程中不断调动农民、乡镇企业、基层组织等各主体参与乡村治理的积极性，引入并培育基层社会组织，不断增强各主体参与治理的意识和能力，乡村治理从仅依靠政府单一主体转向了多元主体协同参与，形成了基层党组织领导、政府负责、村民和社会组织共同参与的多元主体治理格局。农村基层党组织深入贯彻落实村级重大事务的"四议两公开"工作机制，确保决策的民主化、透明化。乡镇政府明确职责、主动作为，为乡镇提供公共服务和指导，强化治理效能。在村级层面，通过实施党支部书记和村委会主任"一肩挑"制度，显著增强了乡村治理的协同力与执行力。同时，巧妙运用"积分制"等激励机制，有效激发了村民参与乡村治理的热情与活力，促进了村民自治的深化。此外，引入乡镇企业的经济力量、培育多元化的社会组织，并充分发挥乡村精英的示范引领作用，共同构建了乡村多元共治格局。乡镇企业的引入、社会组织的培育和乡村精英的示范引领也为乡村多元主体治理注入了强大动力。这一系列举措不仅为乡村治理注入了新鲜血液与强大动力，还促进了乡村经济社会的发展，实现了乡村治理效能与村民福祉的同步提升。

（二）治理手段更加丰富

丰富多样的治理技术和治理手段是提升乡村治理效率和科学性的有力支撑。党的二十届三中全会对加快新一代信息技术赋能经济高质量发展提出新任务、新要求。河南将数字化与乡村治理深度融合，成效显著。第一，建设数字平台，构建乡村数字治理新体系。河南建设乡村综合服务体系，集成农村集体资产监督管理、数字政务等功能，方便村民办理各类业务，提高治理效率。第二，搭建数字乡村智能化监控与应急响应平台，构建乡村公共安全治理体系。河南多地建立了数字乡村智能化监控与应急响应平台，通过布点到村的智能监测站对乡村环境、公共安全等进行实时监测和预警，提高了应急响应速度，提升了乡村社会的整体安全水平。第三，激发村民的参与热情，提升自治能力。河南通过"互联网+村务"模式，拓宽了村民对乡村治理的知情渠道和参与途径，促进了乡村治理的民主化。第四，河南坚持和发展新时代"枫桥经验"，加快构建线上、线下一体的"一站式"矛盾纠纷化解平台。通过强化网格化管理、精细化服务、信息化支撑，完善矛盾纠纷源头预防、排查预警、多元化解机制，最

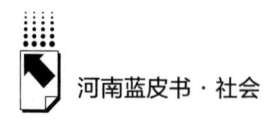

大限度地把各类风险矛盾防范在源头、化解在基层、解决在萌芽,为乡村长治久安提供有力保障。

(三)治理机制更加有效

河南健全党组织领导的自治、法治、德治、数治"四治融合"乡村治理体系,发挥"四治融合"协同组合效应,不断提升乡村治理现代化水平。第一,加强基层党组织建设,为乡村治理提供政治保障。河南通过乡镇党政正职全覆盖培训和农村党员进党校集中轮训、优化驻村第一书记和工作队选派管理机制、党员"育苗计划"等不断提高基层党组织的战斗力和乡村治理能力,为乡村治理提供了坚强的政治保证。第二,以自治为基础,确保村民在乡村治理中的主体地位。河南通过村民会议、村民代表会议等形式,深化"四议两公开"工作法,调动村民参与乡村治理的积极性和主动性,确保村民在乡村治理中的知情权、参与权、表达权和监督权得到充分尊重与行使。第三,以法治为保障,引领社会文明风尚。河南积极开展"四级同创、三级示范"法治创建活动,加强农村法治教育和法律服务,开展民主法治示范村(社区)创建等活动,实施"法律明白人"培育工程,建立法律顾问制度,为村民提供业务咨询和法律援助,维护乡村社会稳定。第四,以德治为优先,注重乡村德治教育。深入挖掘中原传统农耕文化蕴含的优秀思想观念、人文精神、道德规范,推动社会主义核心价值观融入文明公约、村规民约、家规家训。通过开展移风易俗活动,提升村民道德素质和文明程度。第五,以数治为支撑,提升乡村治理智能化水平。推行"互联网+党建"、村务财务网上公开等数字化治理模式,实现资源共享和高效利用,提高治理的透明度与便捷性。

二 制约乡村治理水平提升的关键问题

(一)资金有限,治理资源匮乏

河南城乡发展差距明显,乡村治理面临人才吸引力薄弱、农村人口流失加剧的严峻挑战。由于专业化经营管理人才的匮乏，农民合作社的发展质量受到制约，亟待提升。同时，村级集体经济发展规模有限，其收入结构单一化问题突出，主要依赖于土地、厂房、商铺等村级资产的租金收入，这种模式极易受到土地闲置、厂房空置及租赁市场价格波动等不利因素的影响，导致收入渠道狭窄且不稳定。而且，河南农村尚未形成有效的"造血"机制，自我发展能力严重不足，对政策补助依赖性大，抵御市场风险能力不强。这种不稳定的集体经济收入状况，不仅限制了村级基本公共服务的供给，难以有效激发村民参与乡村建设的积极性，还削弱了乡村治理所依赖的物质基础，制约着农村的长远发展。

（二）观念滞后，治理体系不畅

河南在乡村治理中面临观念滞后与治理体系不畅的问题，主要表现为村民自治能力有待提升、法治建设滞后、德治效力发挥有限、数治限制较多，这些问题制约着乡村治理能力的提升。

第一，村民自治能力有待提升。传统乡村治理基本是依靠"能人治村+乡镇行政管理"的模式，村级在乡镇的直接指导下，村民自治空间实际上被侵蚀。一方面，村民自治意识薄弱、自治知识匮乏、自治能力不足。受乡村人才流失和老龄化等因素影响，农民习惯于依赖政府或村干部解决各种问题，缺乏自主解决问题的意识和能力，现在村民自治存在"干部热、群众冷"的现象。另一方面，乡村自治制度落实不到位。村民自治本应包括"民主选举、民主监督、民主决策、民主协商、民主管理"五个方面的内容，但在实践中，村民自治基本局限于村委会选举。有的村两委选举程序不严格、不规范，村务公开缺乏透明度；有个别村没有建立村监委会，有的村监委会存在不愿监督、不会监督、不敢监督的问题；有的村"四议两公开"工作法运用不规范，存在选择性运用、简化式运用、决策结果执行不到位等现象。这些问题都严重制约了村民自治能力的发挥。

第二，法治建设滞后。河南乡村法治建设滞后受多种因素的影响。首先，传统的村规民约面临前所未有的挑战。随着社会转型的加速，曾经作为乡村社会重要规范力量的村规民约，在现代社会中逐渐失去了往日的权威性和约束力。许多村规民约流于形式，没有得到有效的执行和遵守。这不仅削弱了乡村社会的自我管理能力，也进一步加剧了乡村法治建设的难度。其次，河南的许多乡村，尚未形成浓厚的法治文化氛围，村民的法治观念相对薄弱。这导致部分村民在遇到纠纷和冲突时，更倾向于依赖人情关系、家族势力等传统解决方式，而忽视了法律作为公正裁决者的角色。这种文化上的偏颇不仅阻碍了乡村治理向规范化、制度化转型的步伐，也限制了法治精神在乡村的深植与普及。再次，司法资源在城乡间的分配不均衡是另一大挑战。由于乡村发展的滞后性，乡村地区的司法机构相对较少，且服务能力和水平有限。这导致村民在寻求司法救济时面临诸多困难，如诉讼成本高、程序烦琐、审理周期长等。这些问题不仅增加了乡村居民维权的难度和成本，也削弱了他们对法治的信心和信任。最后，普法工作的不足也是不容忽视的问题。由于乡村教育资源相对匮乏，普法教育难以全面、深入地覆盖到每一个村民。许多村民对与自身权益密切相关的法律法规了解甚少，甚至存在误解和盲区。这种法律知识的缺失使他们在面对法律问题时，往往不知道如何通过合法途径来维护自己的权益。

第三，德治效力发挥有限。随着现代化进程的加快，河南的乡村社会结构也发生了深刻变化，传统的宗族、邻里关系逐渐淡化，新的社会联系和纽带尚未完全形成。这种变迁使德治所依赖的乡土社会基础受到冲击，传统道德规范的约束力减弱，导致德治在解决乡村矛盾、引导村民行为方面的效力受到限制。而且德治同法治、自治的融合发展不够深入，在乡村治理中，德治、法治和自治是相互依存、相互促进的关系。然而，在河南一些乡村地区，德治同法治、自治之间的融合机制尚不健全，存在脱节现象，导致德治在乡村治理中的作用难以得到充分发挥，难以形成有效的治理合力。此外，基层政府开展的社会主义核心价值观教育流于表面，形式单一，无法深入人心。有些地方正在开展"好媳妇好婆婆""孝顺子女""孝道文化"等活动，由于缺乏经验而在开展活动过程中产生负面效应。例如，有些地方因开展方式简单化而遭到村民抵制；有的评选过程不透明，结果不公平、不服众，产生新的矛盾。

第四，数治限制较多。数治在河南乡村治理中面临诸多限制，主要源于乡村社会的特殊性与数字技术的融合挑战。一方面，乡村治理的智能化水平有待提高。在河南部分乡村，由于乡、村干部的知识结构相对单一，加之主动学习新技术的意愿不足，他们运用信息技术的能力普遍不高。这直接导致了现代政务服务系统在乡村的普及和应用受到限制，使其难以充分发挥提升治理效率和服务质量的作用。另一方面，"空心化"现象在乡村尤为突出，留守的老人、妇女和儿童成为主要的服务对象，他们的数字素养较低，进一步加大了信息化和智能化推广的难度。

（三）人才流失，有效支撑不牢

河南乡村面临人口外流的严峻形势，这一趋势对人才队伍建设构成了显著挑战。大量乡村精英外出务工，导致本地人才资源稀缺，选拔出优秀的村党支部书记并构建高效能的村级领导班子显得尤为艰难，乡村治理领导力与本土能人自我发展动力明显不足，村级党组织的核心作用有待进一步加强。同时，针对乡村干部的考核评价机制尚不健全，成为制约乡村治理现代化进程的重要因素。此外，当前针对乡村干部的考核评价机制尚不完善，这一短板已成为制约乡村治理现代化步伐的关键因素，不仅影响了对乡村干部工作绩效的准确评估，也削弱了激励机制的有效性，难以充分调动乡村干部的工作积极性和创造力。此外，由于乡村治理理念落后与领导力不足，村级各类自治组织、村务监督组织、集体经济组织、农民合作组织对党的领导核心地位认识不到位，组织之间难以有效协调配合，无法凝聚成强大的治理合力，从而无法充分发挥协同治理的应有效能。

三　国内外乡村治理的先进经验与启示

学习借鉴国内外先进经验能有效拓宽乡村治理思路。自乡村振兴战略提

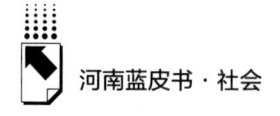

出以来，乡村治理渐渐成为推进乡村治理体系和治理能力现代化的重要内容。近年来，越来越多的学者开始关注并研究乡村治理，其研究层次丰富、研究视角多样。

在经济治理方面，赵培、郭俊华提出，新时代背景下要统筹农业资源、优化农业生产要素，加快培育新型职业农民，大力发展农村合作经济，推动村集体经济建设。① 在文化治理方面，李建军、段忠贤立足多元治理主体的视角，提出了乡村文化治理的动员型模式、整合型模式、自治型模式、协同型模式，并分析了不同治理模式的条件范围和优势。② 王钱坤等人以河南S村为例，结合赋能理论，探究传统文化赋能乡村治理的实践逻辑。研究发现，S村利用传统文化，通过多元赋能方式，以振兴文化产业拓展发展业态、构建激励机制激发村民内生动力、优化治理结构提高治理效能、完善非正式制度规范治理秩序的实践逻辑参与并促进乡村治理。③ 在数字治理方面，沈费伟、方颖峰认为，数字乡村简约治理体现为实施科学管理、促进多元参与、建构内生秩序、提升治理能力和完善制度保障的实践逻辑，具有简洁高效、克制权力、包容发展与适度有效的价值优势。④

围绕乡村治理，学界已有较为丰富的研究成果，为我国后续开展治理实践提供了理论基础和实践前提。但乡村治理实践需要更完善的治理体系和更有效的治理方式。因此，本文在已有研究成果的基础上，结合河南乡村治理的实践探索，分析当前河南乡村治理面临的挑战与存在的问题，总结提升乡村治理效能的优化路径，为新时代河南构建宜居宜业和美乡村提供决策参考。

---

① 赵培、郭俊华：《共同富裕目标下乡村产业振兴的困境与路径——基于三个典型乡村的案例研究》，《新疆社会科学》2022年第3期。
② 李建军、段忠贤：《乡村文化治理的主体特征与模式选择——以农村移风易俗为例》，《云南社会科学》2023年第1期。
③ 王钱坤：《传统文化赋能乡村治理的实践逻辑及推进路径研究——以河南省S村为例》，《湖北工程学院学报》2024年第4期。
④ 沈费伟、方颖峰：《数字乡村简约治理的实践逻辑与优化路径》，《公共治理研究》2024年第4期。

四　提升乡村治理能力的对策与路径

优化乡村治理能力是推进乡村振兴战略实施的核心驱动力。针对河南乡村治理面临的挑战，融合国内外成功的治理经验，可以从增强乡村治理领导力、构建治理共同体、构建"四治融合"治理体系三个维度，系统性地规划并实施提升乡村治理能力的对策与路径。

（一）增强治理领导力，加大制度的执行力

党的二十届三中全会审议通过的《中共中央关于进一步全面深化改革 推进中国式现代化的决定》提出："要健全党组织领导的自治、法治、德治相结合的城乡基层治理体系。"[①] 构建这一乡村治理体系，并有效提升乡村治理效率与能力，核心在于强化党组织的领导作用。在乡村治理的具体实践中，乡村领导干部能力的强弱成为党组织效用能否充分展现的关键因素，对提高乡村治理成效具有至关重要的作用。乡村领导干部作为乡村治理的"领头雁"和党中央政策的重要传递者，不仅要具备引领乡村发展方向的战略眼光，还需具备将党中央政策精准、高效地转化为乡村实际发展动力的执行力。因此，应实施系统化的培训方案，通过多渠道、全方位、立体式的培养与锻炼模式，提升党组织干部的领导能力，精心培育并储备后备力量。同时，建立健全人才回归机制，积极吸引并加强外部优秀人才的引进工作，选派真正懂农业、爱农村、爱农民的优秀干部下乡入村，不断充实领导队伍，全面提升其领导能力和治理效能。

（二）构建治理共同体，增强治理的协同力

凝聚治理共识、构建治理共同体是提高治理效能的关键。一方面，强化

[①] 《健全党组织领导的城乡基层治理体系》，新华网，2024 年 11 月 15 日，http：//www1.xinhuanet.com/politics/20241115/273deb4e9cb449cf9a80c4474d91a8cb/c.html。

党组织的政治功能和组织力，积极贯彻落实乡村党支部书记和村委会主任"一肩挑"制度，明晰职责，增强村两委的决策力和执行力。此外，建立科学的领导评价考核体系，深化"五星"支部创建，将乡村治理成效、农民满意度、组织协同性等因素纳入考核范围。通过定期考核和动态调整，激励乡村领导干部和各类组织积极投身乡村治理实践，形成比学赶超、竞相发展的良好氛围，确保乡村治理共同体的有效运行。另一方面，加大宣传力度，通过各种措施和手段，引导和激励村民自治组织、集体经济组织、农民合作社、社会服务组织等多元主体参与乡村治理，形成政府、市场、社会、农民四方联动的良好局面。

（三）构建"四治融合"治理体系，提升治理效能

河南构建"自治、法治、德治、数治"四位一体乡村治理体系的过程，关键在于精准把握每个治理维度的核心优势，并巧妙地弥合其各自功能的局限性，以实现优势互补，共同提升乡村治理的效能。

第一，落实村民自治权利，发挥自我管理功能。自治是乡村治理的基础。提升村民自治效果要不断增强村民的参与意识和参与能力，创新村民自治形式，丰富民主决策与民主监督方式，进一步完善村民会议、村民代表会议、村民小组会议制度，深化拓展"四议两公开"工作法，及时准确地公开村级各项权力运行过程，定期督察权力运行情况，确保村干部廉洁履职、规范用权，以解决乡村治理中村民权利悬置问题，进一步密切党群、干群关系。

第二，凝聚乡村法治力量，加快平安乡村建设。法治是乡村治理的保障。乡村治理的法治化水平直接关系到全省的和谐稳定与发展。要加快推进法治广场、法治长廊等乡村法治文化阵地建设，采用案普法、以案释法等形式进行法治宣传，推动形成办事依法、遇事找法、化解矛盾靠法的法治意识，为推进平安乡村建设营造良好的法治氛围。培育村干部、网格员和新乡贤等成为法律明白人，组建村居法律顾问团队和基层矛盾调解组织，有效化解群众矛盾，保障乡村社会和谐稳定。

第三，注重乡村德治教育，培育良好乡风民风。德治是乡村治理的根本。坚持以社会主义核心价值观为引领，引导村民形成"讲道德、守道德"的良好社会风气。基层干部带头推进移风易俗工作，成立村民事务理事会，把文明创评融入乡村治理。利用乡贤的影响力教育引导村民，培育文明乡风。按照"四治融合"要求，丰富村规民约内容，用村规民约规范村民行为，明确村民该做什么、不该做什么，既可以推动村民自治，也能作为处理邻里矛盾的依据。既发挥了法治作用，又能对村民进行道德教育。此外，还应注重文化的影响，利用中国优秀传统文化提升共识。

第四，创新乡村治理模式，数字化赋能乡村善治。数治是乡村治理的趋势。提升乡村数字化治理能力，对于实现"四治融合"、构建和谐乡村意义重大。运用数治可以实现与自治、法治、德治的融合。首先，数字技术的应用使村民可以在网上传递信息、表达民意、监督村级权力运行，有效推动村民网络化参与乡村治理，破解了村民主体的"不在场"困境。其次，创新推动"互联网+法律顾问"建设，联合法律院校和法律服务机构，整合优化公共法律服务资源，通过微信群、法律服务 App 为群众提供业务咨询、法律援助等服务，以满足群众多样化法律服务需求。最后，可依托数字化平台将优秀传统文化的宣讲工作转至线上，以图文、直播、短视频等方式呈现传统文化之美，增强乡村文化吸引力。

在"四治融合"治理体系中，自治、法治、德治、数治都有各自的位置归属、作用场域，任何一种治理方式被恰当运用都可以在一定程度上促进善治。但也应当看到，自治、法治、德治、数治并不是平行疏离的关系，而是联结互合的关系。四者配合才能使乡村治理实现最优效果，才能快速全面有效地贯通治理实践，进而不断提高乡村治理的整体水平。

B.3
社会治理现代化助推河南省平安建设的分类指导路径研究

李文姣[*]

摘　要： 推进社会治理现代化是河南省平安建设工作的重要基础。市域、县域、乡镇（街道）、村（社区）分层级创新开展社会治理现代化分类指导工作势在必行。市域需要汇聚社会治理的综合经验，探索平安建设新模式；县域通过打造社会治理的突出亮点，创新平安建设新举措；乡镇（街道）要塑造社会治理的一流样板，构建平安建设新区块；村（社区）做好社会治理的"最后一公里"，完善平安建设新防线。

关键词： 社会治理现代化　平安建设　河南省

党的二十届三中全会审议通过的《中共中央关于进一步全面深化改革 推进中国式现代化的决定》（以下简称《决定》）指出，实现进一步全面深化改革的总目标要"聚焦建设更高水平平安中国……创新社会治理体制机制和手段，有效构建新安全格局"。党的二十大报告也提出，要"夯实国家安全和社会稳定基层基础，完善参与全球安全治理机制，建设更高水平的平安中国"。党的十八大以来，在以习近平同志为核心的党中央坚强领导下，各地各部门大力推进平安建设，建设更高水平的平安中国是推进国家治理体系和治理能力现代化的重要方面，也是"十四五"规划的重要内容，加强社会治理创新、推进社会治理现代化是助推平安建设的必由之路。

---

[*] 李文姣，社会学博士，中共河南省委党校哲学教研部教授，主要研究方向为社会治理。

一 以社会治理现代化助推河南省平安建设的逻辑起点

《关于加快推进社会治理现代化开创平安中国建设新局面的意见》提出把"社会治理现代化"作为建设平安中国的"第一抓手",需要党委、政府、社会、个人积极参与社会治理,并完善社会治理体系,提高社会治理效能。[①] 平安是最重要的民生,为经济社会发展提供了最基本的环境。平安建设是新形势下加强开展社会治安综合治理工作的一项举措,主要包括社会治安大防控、突出治安问题大整治、矛盾纠纷大化解、政法队伍大建设等工作。党的十九届四中全会明确提出,要建设具有中国地方特色、市域特点、时代特征的新时代社会治理模式,并以此打造平安中国。[②] 以社会治理现代化助推平安建设,将有效解决影响安全稳定的突出风险问题,助力续写经济快速发展和社会长期稳定的两大奇迹。[③]

社会治理现代化是推进河南省平安建设的重要举措。2024年7月,河南省委十一届七次全会提出要完善维护国家安全体制机制,健全社会治理体系,全面提升平安河南建设水平,实现高质量发展和高水平安全良性互动。河南省平安建设是进一步全面深化改革、推进中国式现代化建设河南实践的一项基础性工作,也是一项重要的工作。2024年6月,《河南省平安建设条例(草案)》(征求意见稿)(以下简称《条例》)全文公布,提出"明确设区的市、县(市、区)、乡镇(街道)在基层社会治理中的统筹协调、落实执行的职责任务,实现政府治理与社会调节、居民自治良性互动,提高社

---

① 陈成文、陈静、陈建平:《市域社会治理现代化:理论建构与实践路径》,《江苏社会科学》2020年第1期。

② 《习近平:关于〈中共中央关于坚持和完善中国特色社会主义制度 推进国家治理体系和治理能力现代化若干重大问题的决定〉的说明》,中国政府网,2019年11月5日,https://www.gov.cn/xinwen/2019-11/05/content_5449035.htm。

③ 钟政声:《发挥市域"前线指挥部"作用,坚决将重大风险化解在市域》,《长安》2022年第4期。

会治理现代化水平"。《条例》中明确了河南省平安建设的主要任务、职责划分、重点工作等，包括从社会风险防范到矛盾纠纷化解，从重点领域治理到社会公众参与等方面。河南省平安建设举措的顺利实施需要以社会治理现代化为基础。

二 社会治理现代化助推河南省平安建设实施分类指导的必要性

平安建设能够巩固安全稳定的"基本面"，是推进社会治理现代化的主要任务。分类指导是我们党开展工作的科学方法，是从国家层面系统整体推进重大决策部署的有效实施办法。在社会治理现代化工作中，市域、县域、乡镇（街道）、村（社区）承担的任务各不相同，面临的困境也千差万别，因此实施分类指导势在必行。

（一）实践探索的层级化决定了必须实行分类指导

2021年，中共中央政法委员会开展市域社会治理现代化试点分类指导工作，416个试点从本地区的实际情况出发积极开展市域社会治理创新工作。很多省市基于市域、县域、乡镇（街道）、村（社区）四级，多样化地开展以市域社会治理现代化助推平安建设的实践探索。例如，陕西省市、县、镇、村四级综治中心全部挂牌运行，着力推进市域社会治理现代化，促进平安建设。浙江省温州市锚定构建市域社会治理体系和打造治理能力现代化先行区的战略定位，推进建设"市级智慧治理、县域集成指挥、镇街一体两翼、村社多元共治"的四级工作体系。[①] 湖南省湘潭市一体推进市、县、乡、村四级社会治理创新。广东省广州市发挥市级统筹协调资源优势，纵向理顺建立市、区、街道、社区权责关系，完善四级纵向治理架构，发挥四级党组织的引领作用，形成市级统筹协调、区级组织实施、乡镇（街道）

---

① 林唯：《温州市构建四级治理体系》，《长安》2020年第7期。

和村（社区）强基固本的市域社会治理链条。江苏省淮安市紧扣"市级抓要事、县区管难题、镇街处繁事、社区抓实事"定位，制定出台市域社会治理"三中心一站点"建设规范，全力打造市域社会治理"淮安模式"。河南省郑州市打造了市、县、乡镇（街道）、村（社区）四级平台，创新性地开展"四协同"工作模式，即"街道吹哨、部门报到""一门主责、其他配合""部门指定、街道落实""区直联络、市直解决"，推进社会治理创新，为河南省平安建设奠定基础。上述省市均采取了"市域、县域、乡镇（街道）、村（社区）"四级工作体系，以社会治理现代化助推平安建设工作，贯彻实施了中共中央政法委员会开展市域社会治理现代化试点分类指导工作的要求，在实践探索中具有极高的创新性。

（二）风险矛盾的差异化决定了必须实行分类指导

基层是平安建设的前哨，以社会治理现代化助推平安建设需要形成完整的风险矛盾防范化解体系，但是风险矛盾在市域、县域、乡镇（街道）、村（社区）四级区域存在显著差异化，导致宏观政策现实指导性不强。同时，市域、县域、乡镇（街道）、村（社区）组成的行政层级跨度过大会引发应急响应不及时等问题。因此，风险矛盾的差异化决定了必须实行分类指导。

一是市域风险矛盾防控不力容易引发风险上行外溢。市域在风险矛盾的监测、管控、源头治理方面还存在一定的短板，因而不能完全准确预测、预警、预防风险的发生，做到防患于未然。市域内区域之间的风险防范化解能力也不均衡，社会治安防控和社会矛盾纠纷化解存在区域与层级之间的不平衡，导致应对复杂风险的能力不足。同时，与风险矛盾防治相关的大数据还未实现全面共享，导致风险防控碎片化，数据支撑风险矛盾防控的应用能力有待提高。二是县域层面对风险矛盾的认知有偏差且缺乏完善的防范化解风险矛盾的制度。县域是风险矛盾的聚集地和风险传导的中转站，但很多时候县域没有足够的风险矛盾防范意识，导致风险的漏判或误判。以至于无法做到有效地识别风险和预防风险，也不能阻断风险在不同的地域之间、层级之间、领域之间传导。缺乏完善的防范化解风险矛盾的制度也是县域防控风险的短板，制度性风险导致风险矛盾叠加，引发更为严重的隐患和危害。三是乡镇（街道）基层工作负担过重与有责无权导致风险矛盾防控陷入困局。在防范和化解风险矛盾方面，属地管理给乡镇（街道）带来了极大的负担，有责无权使基层面对上级的风险防控目标和考核显得有心无力。当乡镇（街道）一级因为缺乏足够的人力、物力而无法按规定完成考核目标时，会将任务向下转移给村（社区）。责任转嫁不利于风险防控落细落实。四是村（社区）面临智慧治理的技术短板，导致风险矛盾防控力不从心。防范和化解风险矛盾对技术能力要求较高，村（社区）一级缺乏专业的技术人员，也缺乏技术平台实施智慧治理，村（社区）在风险矛盾预防方面乏力。

党的二十大报告中指出，要"坚决维护国家安全，防范化解重大风险，保持社会大局稳定"。平安建设需要持续创新风险矛盾防范体系，提升动态化、全程化、信息化和智能化维护社会稳定的能力，切实把"社会安定、人民安宁"落细、落实。因此，基于市域、县域、乡镇（街道）、村（社区）四个层级建立健全风险矛盾防范化解体系，使基层成为风险矛盾的终结地，是非常有必要的。

（三）提升社会治理韧性决定了必须开展分类指导

韧性治理在社会治理中作为一种全新的治理理念，其目的是有效应对各类风险带来的压力和冲击，降低影响社会大局稳定的各种不确定性和脆弱性。引入韧性治理，能够降低社会治理成本，加强社会团结，有效应对风险延续问题。市域、县域、乡镇（街道）、村（社区）能够形成层级分明且权力分配合理的韧性治理主体框架，能够保障治理资源及时调度，并形成风险快速反应机制和问责机制[1]，为平安建设构建了垂直的制度性结构和等级秩序，形成了韧性治理纵向的"经线"，因此开展分类指导具有重要意义。

社会风险演变为社会冲突乃至群体性事件存在多米诺效应，即一个社会

---

[1] 王磊、王青芸：《韧性治理：后疫情时代重大公共卫生事件的常态化治理路径》，《河海大学学报》（哲学社会科学版）2020年第6期。

风险的发生会导致一系列的连锁反应，具有复杂性和系统性相叠加的特点。当前社会风险相互关联、相互转化，社会风险借助便利的网络通信可以跨区域传播，由地方风险演变成全国性乃至世界性风险；也可以跨领域关联，风险由社会领域延伸到政治经济文化领域，甚至到意识形态领域。当社会风险处于"危、急、快、重"的关键阶段，从村（社区）到市域都要提高警惕，认真对待，不能有丝毫的松懈。但当风险防控形势趋缓时，就会出现麻痹大意，形式化应对的情况。因此，如果防范化解社会风险不能做到一以贯之地严防死守，就会在某一个环节出现治理漏洞。如何把握"风险刚性"与"处置弹性"的关系，考验着市域、县域、乡镇（街道）、村（社区）的风险处置能力，因为任何一个区域出现风险治理漏洞都会影响整个社会的韧性治理。

社会风险具有溢出效应，无论社会风险发生在市域、县域、乡镇（街道）、村（社区）四个层级中的任何一级，都有可能出现风险外溢。尤其是当前社会人员流动频繁，社会风险会在短时间内扩大传播和影响范围，市域、县域、乡镇（街道）、村（社区）四个层级如果没有形成空间内的韧性，风险就会在它们之间上传下导，给整个平安建设工作加大难度。因此，开展平安建设需要给韧性治理构建一定的时空，以进行跨地域、跨领域、跨层级的风险治理。这四个层级可以通过制定逐级的风险感知、风险预防、风险应对、风险化解和风险恢复的风险防范化解策略，构建体系完整、衔接有力的平安建设组织体系，形成韧性治理空间，以压缩矛盾冲突的扩张空间，有效维护社会稳定。因此，应该从上至下在市域、县域、乡镇（街道）、村（社区）四个层级构建完整的韧性治理纵向经线，形成平安建设的减压区间。

三 加强社会治理现代化分类指导，完善河南省平安建设的路径

进入新时代，一系列新概念、新理念、新命题进入社会治理领域，风险

与机遇并存，传统风险与现代风险交织，风险因素发展变化，多重风险相互叠加，风险矛盾难以规避。公共卫生、公共安全、自然灾害、社会失稳给平安建设带来了严峻挑战。当前市域、县域、乡镇（街道）和村（社区）的社会治理存在显著差异，多样化的基础条件、特殊化的风险矛盾和差异化的工作现状决定了完善社会治理现代化必须开展分类指导，其中地区分类是实行分类指导的重要前提。《条例》也对分类指导提出了相关要求，例如，省、设区的市、县（市、区）平安建设主管部门负责统筹协调、组织领导本辖区内的平安建设工作；县级以上人民政府应当将平安建设纳入国民经济和社会发展规划，纳入重点工作范畴，履行平安建设相关职责，解决平安建设工作中的重大问题；乡镇人民政府（街道办事处）具体负责本行政区域内的平安建设工作，组织开展群防群治和基层平安创建等工作。鼓励和支持基层群众性自治组织将平安建设有关内容依法纳入村规民约或者居民公约，建立健全村（社区）平安建设联防联控工作制度。

（一）市域汇聚社会治理的综合经验，探索平安建设新模式

市域是平安建设的主阵地，把风险矛盾化解在市域具有效率高、效果好、影响小的优势。党的二十大报告中提出要"加快推进市域社会治理现代化，提高市域社会治理能力"。党的二十届三中全会《决定》提出健全社会治理体系，提高市域社会治理能力。因此应加强对社会治理现代化的前瞻性思考，统筹县域、乡镇（街道）、村（社区）进行全局性规划和战略性布局。通过汇聚系统化推进社会治理现代化的综合经验，整体性探索平安建设新模式。

市域治理是国家治理向基层的进一步延伸。在管理层级方面，市域拥有地方立法权，在制定政策法规方面具有较高的自由度，能够有效实现不同地区采取差异化管理，市域在社会治理中兼具顶层设计和统筹规划的能力。市域拥有相对独立和完备的行政、司法权限，也就拥有了更灵活的政策创新空间。在制度创新方面，有利于推动市域治理层面的灵活探索，避免市域治理政策从上至下"一刀切"。同时，在社会治理的具体实践中，不同地区会存

在较大的区域差异，放权让各地因地制宜制定政策有利于社会治理资源的有效配置和公平分配。

在治理能力方面，市域具有统筹资源的优势。从治理功能上看，防范和化解风险矛盾需要统筹政策法规以及人力、物力、财力、技术、平台等多种资源，完善市域社会治理有利于治理目标落地，避免治理失灵。有研究认为，省域、市域、县域三个治理层级之间存在显著差异，省域治理层级最高，其治理偏向政治性功能，治理目标侧重于维护公平、公正和合法；县域治理层级最低，其治理偏向社会性功能，治理目标侧重于管理具体的社会性事务。市域介于省域和县域之间，是社会治理宏观和微观的转承点。与省域相比，市域更接近基层实际，可以更直接地推动基层政策实施和资源配置；与县域相比，市域拥有更多的资源并具备配置资源的能力，可以提高风险矛盾治理效能。郑州市积极推进党建引领网格化基层治理，以智慧城市建设为支撑，探索创新"一格管全面、一屏观全域、一网统全局、一线通上下、一键全处理"的治理模式。网格不仅要有形覆盖，更要有效覆盖，郑州市搭建"党组织+社会组织+群众自组织"的架构，全市3.7万个党组织、1.34万个社会组织和2.1万个群众自组织充分发挥作用。同时市域具有更高的协调资源的能力，市域可以在同级城市之间达成资源共享、风险共担的机制，能够有效解决各种风险矛盾，构筑平安建设合力。

在治理空间方面，市域能够形成最优治理半径。有助于构建横向到边、纵向到底，且疏密适宜的社会治理网络。现代风险矛盾具有突发性、紧迫性和跨界性特点，从出现风险苗头到酝酿发酵直至集中爆发所用的时间非常短，影响的直接利益群体和非直接利益群体都远远超出县域的管辖范围，因而要重视市域在平安建设中的重要作用。市域相较于县域、乡镇（街道）、村（社区）权能更大、力量更强、资源更多，具有全面推进社会治理创新的基础优势。因此，市域是进行风险矛盾排查、防范和化解最直接和最有效的治理层级。市域可以解决省域及以上层级风险应对不及时的问题，也可以避免县域在风险治理中协同能力不足的问题。同时能够动员起公众、社会组织、社工组织、志愿者和企事业单位等多元主体在平安建设中贡献力量。强化公众的参与意识和参与深度，同时政府部门接受公众的有效监督，政府的一切行为和决定的出发点只有以人民为中心才能实现共建共治共享。市域是将风险矛盾隐患化解在萌芽状态、解决在基层的最关键的治理层级，是探索平安建设新模式的主阵地。

在平安建设方面，市域是风险矛盾的易发地、集聚地。市域是具体实施的治理层级，在风险的源头治理方面具有优势。不确定性、突发性和波动性是风险矛盾的重要特征，市域的自由度体现在可以根据风险的特点进行社会治理创新的尝试，动态化、机动化、常态化、智能化地进行风险管理。动态化风险管理是针对风险的不确定性，采取平战转换的方式，以随时应对风险挑战；机动化风险管理是指向风险的突发性，采取平战结合的方式，提高风险管理的精细化水平；常态化风险管理是旨向风险的波动性，当前风险矛盾呈现周期性变化的特征，采取平战转换的方式，风险防治与经济社会发展两手抓，从而将风险矛盾防范和化解在萌芽状态。动态化、机动化、常态化风险管理也需要智能化的支撑，基于此，郑州市加快推进政务网、视联网、物联网和基层治理网"四网融合"，完善二维高清网格电子图、智慧哨兵系统，借助人工智能算法，实现数据实时抓取、异常自动判断、预警有效应对，全面掌控和处置市域内各类事项。

总之，市域风险矛盾治理是平安建设的重中之重，进入新时代要主动适应市域社会治理面临的新情况、新问题，压实防范、化解和管控风险矛盾的主体责任，落细落实风险矛盾防治制度，助推平安建设。

（二）县域打造社会治理的突出亮点，创新平安建设新举措

县域是社会治理的基础和重点，包括县区和县级市。县域治理需要建立党委统一领导、政府依法履责、社会组织积极协同、群众广泛参与的自治、法治、德治、智治"四治融合"的基层治理体系，这是保障人民安居乐业、社会安定有序和国家长治久安的基石。

首先，建立健全社会矛盾冲突化解机制。在社会转型期，社会矛盾冲突化解呈现常态化、多样化、复杂化等特征，随着公众参与意识的增强，

矛盾纠纷调解工作面临越来越大的挑战。社会矛盾冲突化解是县域平安建设的重点和难点，可以通过在县域建设非诉讼服务中心，构建非诉讼纠纷解决综合平台，施行"群众调解+律师调解"和"调解+行政复议"等多元化的手段化解非诉讼的社会矛盾。建立健全社会矛盾冲突化解机制的目的是有效保障矛盾纠纷不外溢、不上行，打造矛盾纠纷"终点站"，助推平安建设。

其次，建立健全社会治安防控机制。新时代社会治安防控强调源头治理，因此要完善重大决策社会稳定风险评估，加强第三方评估机构介入重大决策社会稳定风险评估，完善预警排查机制。推行警情、舆情、民情"三情"联判，有助于社会治安风险早发现、早防范、早处置，推动关口前移、重心下移，着力防范风险矛盾，强化平安建设。为了防止社会治安问题频发多发，需要进一步织密织牢社会治安防控网，建设智能化"天网"作为优化治安巡逻防控工作模式的有力助手。同时积极调整社会治安防控重点，推进科技防控体系建设，创新平安建设治安防控新格局。

最后，健全公共安全防范机制。公共安全事关人民群众生命财产安全和改革发展稳定大局，是平安建设的重要方面。构建县域安全风险防控长效机制，需要全面调查、分析、评估重点行业和关键区域的安全风险，在应急管理、环保、消防等部门之间建立联动机制，常态化、长效化推进公共安全专项治理。同时，严格落实县域内的工矿企业安全风险分级分类管控，严格执行风险报告制度，要求初报要快、续报要准、结报要全。并且及时更新应急预案，构建统一指挥、综合协调、上下联动、内外结合的应急管理体系。致力于做好平战结合和平战转换，建设应急救援信息平台，常态化实施应急演练，全方位提高救援能力。实施标准化管理，制定公共安全防控措施，提升县域公共安全水平。

县域是社会治理现代化的基础，需要立足县域定位，结合县域实际做好"四治融合"，充分发挥自治的基础性作用、法治的保障性作用、德治的约束性作用和智治的创新性作用。着力完善标准化的治理制度、精细化的治理架构、多元化的治理方式、现代化的治理手段，努力推动县域社会治理体系科学化、专业化、智能化、系统化和长效化。打造县域社会治理现代化的突出亮点，创新平安建设新举措。

（三）乡镇（街道）塑造社会治理的一流样板，构建平安建设新区块

乡镇（街道）是社会治理的基本单元和中坚力量，基层强则国家强，基层安则天下安。党的二十届三中全会《决定》提出要"健全乡镇（街道）职责和权力、资源相匹配制度，加强乡镇（街道）服务管理力量"。乡镇（街道）基层治理是以乡镇和街道"一体两翼"为基础，推动社会治理创新，必须结合体制机制改革，赋予乡镇（街道）更多的执法权力和管理事项，推动资源精准下沉、社会治理重心下移。乡镇（街道）作为构建平安建设新区块，应致力于塑造社会治理的一流样板。

提升乡镇（街道）行政执行能力是完善基层政权履行职能，实现党的主张、国家意志、人民意愿的重要措施。[1] 在平安建设方面，乡镇（街道）一级的社会治理强调以下三个维度的建设：在主体维度上，应加强基层党委有效引领，基层政府坚强有力，基层群众共同参与，基层组织协同共治的风险矛盾防治体制；在方式维度上，进一步完善网格化管理、精细化服务、科技化支撑、信息化共享等；在时间维度上，既包括风险矛盾爆发时的应急管理，也包括风险蛰伏期的常态化管理。在风险防控方面，基层社会治理通过增强行政执行能力，为基层政权建设创造敢作为、能作为、善作为的权力规范和资源基础，构建长效机制，加大执行力度，锲而不舍、驰而不息地完善风险防治。

提升乡镇（街道）议事协商能力是化解基层社会矛盾、平衡社会利益的重要支撑。进入新时代，平安建设需要增强人民群众的参与意识，最大限度地调动人民群众的积极性、主动性和创造性。[2]《条例》提出加强乡镇（街道）、村（社区）人民调解组织建设，发展行业性、专业性、联合性人

---

[1] 张胜、王斯敏：《提升五种能力 让基层政权更稳固》，《光明日报》2021年8月12日。
[2] 钱学胜：《城市数字化转型 全面助力上海人民城市建设》，《上海信息化》2022年第1期。

民调解组织，发挥人民调解组织在化解矛盾纠纷中的作用。河南省健全矛盾纠纷排查化解流程，建立"五必访"、信息上报、移交分流、研判会商、多元化解、总结剖析、责任倒查等八项机制，落实"警法联调""警调对接"，打造开放多元、联动融合的矛盾化解新格局。创新平安建设的方式方法，就是要构建主体多元、平等参与、协商互动的体制机制，充分保障人民群众的基本权益；提高议事协商能力，用好协商议事、协商办事的工作模式，依法依规科学决策，走好新时代群众路线。确保基层事情基层办、基层权力给基层。同时发扬共建共治共享的社会治理制度优势，河南省积极抓群防群治、抓常态化走访，累计发动各类社会力量173.8万人，组建7.69万个治保会、5.6万个专兼职巡逻队，动员社会力量参与治安防控，最大限度地获得人民群众的支持和协助，坚持专群结合、群防群治。

进入新时代，以社会治理现代化助推平安建设，需要充分发挥大数据的基础保障作用，加快推进大数据基层平台建设，实现风险信息和数据的共享交换与应用。提高乡镇（街道）平安建设能力需要构建立体化、智能化、实战型的风险防治体系，以完善对风险矛盾要素的动态感知、智能采集、智慧分析、数据处理等。上述措施为构建乡镇（街道）基层社会治理体系打下了坚实的基础，通过排除社会安全隐患，创新风险信息平台，建立风险隐患动态预警、处置闭环机制，有效防范和化解风险矛盾。通过各种方式调处矛盾纠纷，保障人民群众享有安全稳定的社会环境以提高平安建设能力。

（四）村（社区）做好社会治理的"最后一公里"，完善平安建设新防线

村（社区）是社会治理最小的细胞，是社会治理的"最后一公里"。新时代，村（社区）的社会治理经历了从点到线、从线到网的过程。早期群众在村（社区）一级呈现原子化状态，个体之间的联系弱化，个人与社会的关系疏离，集体观念弱化，道德失范，导致社会整体呈现一种碎片化的状态，社会秩序一触即溃，点状的社会主体使社会韧性无从谈起，平安建设困难重重。在这种情况下，社会抵御风险能力下降，个体在社会中也得不到应

有的支持和保护。从党的十四届三中全会提出加强政府社会管理职能,到党的十七大强调健全社会管理格局和基层社会管理体制。在长期探索和实践中,我国建立了社会管理工作领导体系,党委和政府实现了从上到下的社会管理,线性的社会韧性逐步建立起来。党的十八大以来,以习近平同志为核心的党中央深入研究社会管理面临的新形势、新任务、新特点,在党的十八届三中全会首次明确提出"社会治理"这一重大命题。从"社会管理"到"社会治理",在行动理念上,要实现从管理到服务的转变;在行动主体上,要从过去政府一元化管理体制转向政府与各类社会主体的多元化协同治理体制;在行动取向上,要从管控规制转向法治保障,构建了社会治理组织网络,最终建立起网状的社会韧性。"上面千条线、下面一张网",在平安建设中,着力加强网格化基层社会治理联动机制建设,织密织牢村(社区)治理韧性之网,能够充分发挥社区治理在微观层面的优势,提高风险矛盾防治的主动性、灵活性、敏感性。

村(社区)作为抵御社会风险的第一道防线,是平安建设最前沿的阵地,是保障广大人民群众基本生活的第一责任主体,是维护社会秩序平稳向好的第一股力量。《条例》提出乡镇(街道)、村(社区)应当加强矛盾纠纷排查,协调化解辖区内的矛盾纠纷,及时把矛盾纠纷化解在基层、化解在萌芽状态。河南省公安厅实施"一村(格)一警"战略,扎实推进信息联采、治安联防、矛盾联调、问题联治,努力做到风险及时发现、隐患动态清零,以村格的小平安汇聚巩固省域大平安。截至2023年2月,河南省已建成标准化警务室8053个、警务工作站4.3万个,配备社区民警1.17万人、社区辅警(含警务助理)5.06万余人,基本建成派出所、警务室、警务工作站三级警务架构,实现了全省公安机关警务全覆盖,夯实了基层基础工作最小单元。村(社区)在平安建设中的功能主要体现在安全性、保护性和稳定性方面,因此要提高其社会治理效能,完善平安建设新防线。

村(社区)社会治理需要在基层党组织的领导下,由村(居)委会负责组织群众民事民议、民事民办、民事民治,充分凸显人民的主体地位。进一步完善民主协商机制,推进村(居)民议事会模式,充分发挥村民代表、乡贤等在风险矛盾防治中的积极作用。同时完善平安建设的闭环处置流程，及时了解群众的诉求，及时处置风险矛盾隐患，及时化解矛盾冲突[①]，有力提升了社会治理效能。村（社区）的社会治理从原子化的点状，到从上至下的线性，最终完成共建共治共享的网络，使人民群众的获得感、幸福感、安全感得到了充分满足。

综上所述，随着社会结构的分化、社会矛盾的凸显、社会风险的频发，多元主体利益的分化，河南省社会治理现代化建设面临更多挑战。市域、县域、乡镇（街道）、村（社区）开展了具有本层次特色属性的探索和创新，通过推进社会治理体制创新，深化基层精细化管理，鼓励社会多元主体参与，在强化社会治理创新的同时筑牢平安建设的根基。未来仍需要进一步补短板、强弱项，借鉴其他地区的成功经验，以"他山之石攻己之玉"。全面提升社会治理现代化的立体化、法治化、专业化、智能化水平，实现社会治理体系和治理能力现代化，共同助推河南省平安建设。

[①] 焦亚飞：《探索县域社会治理新模式》，《群众》2021年第2期。

B.4
新时期河南省社区工作者队伍建设的实践现状、机遇挑战与提升路径

潘艳艳*

摘　要： 近年来，河南省的社区工作者队伍建设成效显著，政策支持力度不断加大，队伍结构持续优化，能力素质进一步提升，职业认同感明显增强。新时期社区工作者队伍建设既面临重要的发展机遇，也面临一些现实挑战。高质量推进社区工作者队伍建设，应以统筹规划为引领、以能力建设为核心、以规范管理为关键、以激励保障为重点，着力打造一支高素质专业化社区工作者队伍，为发展壮大基层治理中的骨干力量，打造共建共治共享的基层治理新格局提供有力的人才支撑。

关键词： 基层治理　社区工作者　人才队伍建设　河南省

社区工作者是基层治理的骨干力量，通常指的是社区党组织成员、社区居委会成员中的专职成员和在社区从事治理、服务工作的全日制专职工作人员。[①] 社区工作者的规模数量、人才结构、能力素质是基层运转是否有序、基层治理是否有效的决定性因素。2024年4月，中共中央办公厅、国务院办公厅印发了《关于加强社区工作者队伍建设的意见》，这是我国出台的第一个专门关于加强社区工作者队伍建设的中央文件，展示了党和国家对社区工作人才的高度重视，也传达了新时代加强社区工作者队伍建设的鲜明导

---

* 潘艳艳，河南省社会科学院人口与社会发展研究所助理研究员，主要研究方向为社区建设、社会治理。
① 姚芳：《河南加强全省城市社区工作者职业体系建设》，《中国社会报》2022年9月15日。

向。在基层治理现代化建设新征程中，应加大力度、持之以恒地推动社区工作者队伍建设，着力建设一支高素质、规范化、职业化、专业化的社区工作者队伍，为巩固党的执政基础，提升基层治理现代化水平夯实人才基础。

一 河南省社区工作者队伍建设的实践做法与成效

近年来，河南省认真贯彻落实党中央决策部署和省委、省政府工作要求，将社区工作者队伍建设融入城市基层党建、城乡社区治理、"五星"支部创建工作全局，在政策支持、措施培育、能力建设、激励保障等方面不断发力，社区工作者队伍建设取得了显著成效。

（一）完善顶层设计，社区工作者队伍建设的政策支持力度显著增强

在党中央大抓基层的政策导向下，河南省将社区工作者队伍建设作为主要抓手摆在了基层治理现代化建设的突出位置，不断加大对社区工作者队伍建设的政策支持力度。2022年9月，河南省委组织部、河南省民政厅等部门联合印发了《关于加强全省城市社区工作者职业体系建设的指导意见》，为全省社区工作者队伍职业化建设提供了基本遵循。同年，河南省印发的《河南省"十四五"城乡社区服务体系建设规划》制定了"到2025年，市辖区社区平均拥有社会工作者数量≥3名，县（市）社区平均拥有社会工作者数量≥1名"的战略目标，为全省社区工作者职业化建设指明了具体方向。地方层面，各地也纷纷出台了关于社区工作者队伍建设的指导意见或社区工作者管理方法。郑州、开封、洛阳、三门峡等市出台加强社区工作者队伍建设的实施意见；南阳、信阳等市制定社区工作者薪酬待遇政策规定。[①]全省范围内关于社区工作者队伍建设的政策制度逐步完善，基本建成了

[①] 《河南省构建城市社区工作者职业体系，壮大基层治理骨干力量——建立一支专业化社区工作者队伍》，河南省人民政府网站，2022年9月6日，https://www.henan.gov.cn/2022/09-06/2600242.html。

"进出有通道、履职有考评、待遇有保障、发展有空间"的社区工作者职业体系。

（二）健全工作机制，促进社区工作队伍结构优化调整

河南省坚持党建引领社区工作者队伍建设，紧抓"选、育、管、用"关键环节，不断加强社区工作者队伍建设的组织保障，健全选任聘用、教育培训、管理考核、激励保障等工作机制，推动全省社会工作者队伍规模不断扩大、人才结构不断优化，实现了"量"与"质"的同步提升。2024年2月，河南省根据机构改革工作安排，正式建立省委社会工作部，将"指导城乡社区治理体系和治理能力建设、统筹推进党建引领基层治理和基层政权建设"划入职责范畴，这一重要改革促进了组织架构的优化和基层治理资源的整合，为新时期的社区工作者队伍建设提供了重要组织保障。在人员任用方面，河南省将选配好村（社区）领导班子特别是社区党组织书记作为社区工作者人才队伍建设的重点，采取"选任+选派+选聘"方式积极吸纳政治素养硬、业务能力强、服务意识强的人才组建社区干部队伍，以专业化、职业化为导向加强社区工作者人才梯队建设，构建"头雁领航、群雁齐飞"的工作格局。在岗位设置方面，各地通过建立社区员额动态适配机制，调整社区网格划分，对社区工作者进行总量控制、定额管理和动态调整，确保社区工作者数量充足、结构合理。据不完全统计，河南省共有城乡社区工作者31.8万人，分布在全省4.7万个村、4822个城市社区，他们深入基层、面向社区、服务群众，在政策上传下达、基层秩序维护、矛盾纠纷化解、群众文化建设等方面做出了突出贡献。

（三）创新培育措施，赋能社区工作者专业能力提升

能力建设是社区工作者队伍建设的核心内容，为了补齐社区工作者理论基础不牢、实践技能不硬的发展短板，推进高素质专业化社区工作者队伍建设，全省各地围绕社区工作者成长需求，以教育培训、交流研讨、技能比赛等为主要形式，积极探索社区工作者能力素质提升新路径。例如，郑州市二

七区建立区级社区工作者后备人才库，深入实施"全科"人才培养计划，搭建社区工作者成长阶梯，推动社区工作者人才储备链、培育链、实践链"三链融合"[①]；许昌市创建许昌社区学院、魏都区社区工作者之家，建成了集培训教育、学习充电、交流沟通、比赛演出等于一体的社区工作者专业成长平台[②]；2024年5~8月，郑州市组织开展首届社区工作者（网格员）职业能力竞赛，累计有社区工作者1.3万人次参赛，在全域范围内营造了以赛促学、以赛促训、以赛促干的社会氛围[③]。此外，随着社会工作专业的公众知晓度的提升，越来越多的社区工作者将学习社会工作专业理论方法、报考社会工作职业资格证书作为提升专业素质的重要途径，各地通过薪资晋升、评优评先等激励办法鼓励在职社区工作者考取社会工作者职业资格证书，报考"社工证"成为当下热点。近年来，河南省社会工作者职业资格考试报名人数和合格人数屡创历史新高。截至2024年6月，河南省持有社会工作者职业资格证书人员26944人，其中，助理社会工作师21479人、社会工作师5449人、高级社会工作师16人，持证社会工作人才在社区工作者队伍中占比逐年提高，既提高了社区工作者队伍整体专业水平，也为社区工作者队伍职业化建设储备了后备力量。

（四）强化激励保障，社区工作者职业认同感明显增强

为激发社区工作者干事创业热情，推动优秀社区工作人才招得来、干得好、留得住，全省各地通过职业晋升、提升待遇、授予荣誉、选树典型等多种措施加强对社区工作者的激励，不断提升社区工作者岗位的吸引力。近年来，各地陆续出台街道（乡镇）公务员、事业编定向招录社区工作者的政策，为优秀社区工作者转事业单位编制提供了更多机会。各地也普遍建立了与社

[①] 《二七区："三链融合"加强社区工作者梯队建设》，正观新闻网，2024年6月11日，https：//www.zhengguannews.cn/news/374125.html。
[②] 《许昌市建立"三岗十六级"薪酬体系探索打造高素质社区工作者队伍新路径》，河南省人民政府网站，2022年12月22日，https：//www.henan.gov.cn/2022/12-22/2660934.html。
[③] 《郑州市首届社区工作者（网格员）职业能力竞赛收官》，今日头条网，2024年8月9日，https：//www.toutiao.com/article/7401057851579335168/?channel=&source=search_tab。

区工作者工作年限、职务职称、学历程度、职业能力相匹配的薪酬管理体系，推动社区工作的薪酬待遇动态调整和合理提升。据统计，近年来有近400名优秀社区党组织书记考试录（聘）用为街道公务员和事业单位编制人员，38名社区工作者被评为省优秀党员、省优秀党务工作者，17名社区党组织书记当选省党代表、省人大代表。① 在2022年、2023年民政部开展的全国城乡社区治理专项表彰活动中，郑州市二七区福华街街道铁道家园社区党委书记任路昊、周口城南街道刘方平村党支部书记王七峰等26人被授予"全国优秀城乡社区工作者"称号。各地也通过举办社会工作宣传周、先进模范评选等活动宣传社区工作者先进事迹，展示社区工作者担当作为、敬业奉献的时代风采，社区工作者的职业荣誉感和社会认同感显著增强。

二 新时期河南省社区工作者队伍建设面临的发展机遇

近年来，社会治理领域体制机制改革不断向纵深推进，新时期的基层治理体系和治理能力现代化对社区工作者队伍建设提出了新的要求，高质量推进社区工作者队伍建设既是政之所向，更是民之所望。

（一）党和国家高位推进的政策驱动

党的十八大以来，以习近平同志为核心的党中央高度重视社区工作者队伍建设，在近年来陆续出台的一系列关于加强基层治理的政策文件都涉及社区工作者队伍建设，从《关于加强和完善城乡社区治理的实施意见》《关于加强基层治理体系和治理能力现代化建设的意见》《关于加强社区工作者队伍建设的意见》这些专项政策的出台可以看出，社区工作者队伍建设的政策制度更加具有针对性和科学性。习近平总书记也多次在基层考察时强调社

---

① 祝闯、王艳：《"四抓四促"让农村社区治理焕发勃勃生机》，《中国社会报》2023年3月23日。

区工作者队伍对于基层治理的重要性，提出"社区为老百姓服务最直接，做好社区工作首先要把基层党组织建好建强，同时要有一支热心服务、持续稳定的社区工作者队伍"[①]。"建立一支素质优良的专业化社区工作者队伍，推动管理重心下移，推动服务和管理力量向基层倾斜"，为加强社区工作者队伍建设指明了方向。2023年3月，中共中央、国务院印发《党和国家机构改革方案》，提出组建社会工作部，划拨原来由民政部门负责的城乡社区治理体系和治理能力建设体系、社会工作发展体系等职能部门，这既是社会治理领域的重塑性改革，也是推进社会治理体系和治理能力现代化建设的重要战略举措。随着各级党委社会工作部门的组建完成，党建引领基层治理格局得到进一步强化，社会治理更强调统筹协同，社区工作者队伍将有望得到更加科学、高效的指导和管理。

（二）基层治理现代化建设的迫切诉求

社区工作是基层治理现代化建设的重要内容。近年来，数字技术的飞速发展、经济形势的复杂多变、社会结构的深刻调整驱动着基层治理环境发生重大变化，群众诉求更加多元，新旧矛盾交织叠加，各类风险不断涌现，基层治理呈现从"碎片化""粗放化""被动化"向"整体性""精细化""预防型"转型发展的趋势。社区工作者是基层治理的直接参与者和执行者，全面推进基层治理现代化进程的政策导向和社会环境赋予了社区工作者队伍高素质、高质量、高水平的时代要求。新时期加强社区工作者队伍建设，一方面，通过社区工作者思想政治教育、政策法规教育、廉政教育，不断巩固和强化党建引领优势和党员先锋模范优势，推动党的组织优势向社区治理效能转化；另一方面，通过对社区工作者培养锻炼，提高社区工作者社区治理与服务的综合能力，进而推动社区治理模式以及群众工作方法的改革创新，为加强基层治理现代化建设提供智力支持。

---

① 《习近平：社区要把为居民群众的服务做深做细做到位》，新华网，2024年6月20日，http：//www.xinhuanet.com/politics/leaders/20240620/ef936670247a4e63919e21f182b6e59c/c.html。

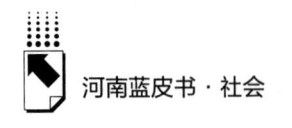

（三）满足群众美好生活向往的现实需要

党的十九大报告指出，新时代我国社会主要矛盾已经转化为人民日益增长的美好生活需要和不平衡、不充分的发展之间的矛盾。现阶段广大群众对美好生活的向往不仅体现在对更高质量的物质生活的需求上，更体现在对优质公共服务、和谐社会环境、精细化社会治理的需求上。社区是人民群众的生活家园，是承载养老、托育、文化、卫生等基本公共服务的重要载体。社区服务的内容基本涵盖人民群众物质生活和精神生活的各个方面，是重要民生关切。加强社区工作者队伍建设，引导社区工作者将满足人民群众对美好生活向往作为基层治理的出发点和落脚点，牢固树立为民服务理念，不断提高为民服务能力，通过提供更加精细化、高效化、人性化的服务，有效满足人民群众日益多元化、层次化的服务需求，有助于提升居民的获得感、幸福感和归属感，营造和谐文明、安定有序的社区环境，巩固好党在基层的执政基础和群众基础。

三 现阶段河南省社区工作者队伍建设面临的问题挑战

当前河南省的社区工作者队伍建设仍在探索阶段，整体发展水平与省外先进地区有明显差距，社区工作者在招聘选用、教育培养、日常管理、职业晋升等方面还存在一些"沉疴痼疾"，新时期社区工作者队伍亟待持续加强和改进提升。

（一）社区工作者人才供给仍然不足

近年来，随着新型城镇化进程的不断加快以及农村转移劳动力规模的持续扩大，许多社区出现了服务半径过大、管理人口过多、人员构成复杂的问题，对社区工作者的要求也随之增加。据河南省《关于加强全省城市社区工作者职业体系建设的指导意见》规定，"社区工作者原则上应按照每万名城镇常住人口不少于18人的标准配置，每个社区一般配备5~9名社区'两委'成员和一定数量的其他社区工作者"。但是截至2024年10月，河南省城市社区的工作人员数量平均为10人左右，极少社区达到政策要求的人员规模，有的社区只有1~2名正式工作人员，其他全是兼职人员，现有社区工作者人才总量并不能满足时代发展需求。同时，区位环境、发展水平、人口结构不同的社区对社区工作者的数量、素质的需求有明显差别，例如，新型农村社区、老旧社区等"半熟人"社区更需要基层经验丰富的"社区带头人"。因此，把好社区工作者"入口关"，聚焦不同类型社区的实际需求，做好社区工作者的统筹管理和科学配置显得尤为重要。

（二）专业化、职业化水平在低位徘徊

社区工作是社会工作者就业的重要方向，社会工作者是社区工作者队伍中的专业人才群体。随着我国社会工作本土化、职业化进程的不断推进，社区工作者正逐步向社会工作专业服务转型，未来社区工作者将逐步被社区社会工作者所取代。河南省现有的社区工作者队伍中的持证社会工作人才占比不高，专业水平整体偏低。尽管近年来社会工作职业资格报考人数和通过人数不断增加，但离目标仍有较大差距，且中级、高级社会工作师等高层次专业人才更为稀缺。此外，还有大部分社区工作者未受过系统的专业教育，依靠短期培训提升效果有限，知识更新和能力建设滞后于社会环境的变化，社区工作者的服务质量和工作效能仍有较大的提升空间。

（三）"事多权轻责重"的职业困局难以突破

在基层治理中，由于社区工作者承担的任务、责任与拥有的能力、权限、资源不匹配而造成的"小马拉大车"问题长期掣肘基层治理有序推进，也对社区工作者的工作热情产生消极影响。尽管近年来党中央不断发布重要文件推动基层减负，但实际效果并未达到预期，少数地方减负工作落实不彻底、不到位，存在"抓一抓就好转、松一下就反弹"现象，许多社区工作者仍然陷入行政工作难以脱身。有的社区工作者甚至将安坐办公室开展行政

化工作视为本职，无暇、无力直面基层治理实践中存在的问题。而填表统计、整理档案、考核迎检等繁杂琐碎的社区行政事务通常无法让社区工作者产生价值感和成就感，长此以往容易导致社区工作者陷入工作异化状态[①]，对从事的工作内容敷衍应对，并逐步降低对社区工作的职业认同和发展信心。

（四）人才队伍的稳定性和持续性欠缺

基层工作细小琐碎、千头万绪，需要一支素质优良、爱岗敬业的社区工作者队伍常驻群众身边开展服务，保持社区工作者队伍的稳定性和持久性尤为重要。近年来，各地的社区工作者队伍结构有了很大改观，青年社区工作者比例有明显提升，但同时，青年社区工作者离职率高、稳定性差等问题也较为突出。由于社区工作者大多属于政府聘用人员，与公务员、事业编存在难以逾越的"编制壁垒"，加之任务繁重、薪酬不高、保障不足等诸多因素叠加，导致社区工作岗位吸引力不足。多数情况下，除了社区"两委"成员、市直机关及事业单位下派挂职锻炼的人员，通过公开招聘途径进入社区工作者队伍的专职人员有许多是将社区工作作为"跳板"，在积累工作经验的同时观望寻找其他就业机会，这种"骑驴找马"的心态在青年社区工作者中尤为常见，导致许多年轻人才流失。

四 新时期高质量推进社区工作者队伍建设的对策建议

新时期高质量推进社区工作者队伍建设，应坚持专业化、职业化、规范化的发展导向，以统筹规划为引领、以能力建设为核心、以规范权责为关键、以激励保障为重点，着力打造一支规模合理、结构优良、能力出众、群

[①] 郑广怀：《"结构—行动"视角下社区工作者工作异化的形成与化解》，《社会科学辑刊》2024年第4期。

众满意的高素质专业化社区工作者队伍，为发展壮大基层治理骨干力量，打造共建共治共享的基层治理新格局提供有力的人才支撑。

（一）着力扩面增量，优化社区工作者队伍结构

选优配强社区工作者是社区工作者队伍建设的先决条件，只有在社区工作者扩面增量上寻求突破，不断优化社区工作者队伍结构，才能筑牢社区基层治理的人才基础。一是加强社区工作者队伍的统筹管理。在市、区级层面，以3~5年为期，制定完善社区工作者队伍中长期发展规划，围绕区域基层治理实际需求建立预测指标体系，确保社区工作者规模与区域发展、民生需求精准匹配。在街道（乡镇）层面，综合考量社区规模、居民构成、服务半径、管理范围等因素，优化调整社区网格划分，科学核定社区工作者员额并实行动态调整。二是健全社区工作者准入机制。以公务员选拔、社会招聘为主要渠道，坚持在地化、年轻化、专业化的用人导向，引导高校毕业生、退伍军人到社区任职，探索建立机关事业单位新进人员到社区锻炼机制，鼓励社区工作者就近入职、职住兼顾。三是多渠道增强基层治理力量。支持有需求的社区与高等院校、职业院校开展对接合作，完善在校学生顶岗实习管理制度，鼓励与社区工作相关专业的在校学生到城乡社区实习。健全政府购买服务机制，探索推动社区、社会工作者、社区社会组织、社区志愿者、社区公益慈善资源"五社联动"，激发多元主体积极参与基层治理的积极性，逐步解决社区工作"人少事多"的难题。

（二）着力提质增能，提升社区工作者能力素养

社区工作者是基层政府与人民群众的桥梁和纽带，既有落实党中央政策、实施基层治理的"准行政"身份，也有提供基本公共服务、回应群众诉求的社会身份。其身份的双重属性决定了社区工作者应是具备领导组织、沟通协调、专业服务、数字技能多个方面能力的"全科型"人才。在社区工作者队伍能力建设方面要坚持"存量提升、增量提质"，将现有社区工作者专业能力提升和高校社会工作专业学生职业能力提升结合起来，促进社区

工作与社会工作的有机联结、双向赋能。一是注重吸纳专业化社区工作人才。将"从社会工作、社会学、心理学等与社区工作密切相关的专业毕业，持有社会工作职业资格证书"作为社区工作者招聘选拔的优先录用条件，鼓励现有社区工作者报考高级别的社会工作职业资格证书，进一步提高持证社会工作人才在社区工作者队伍中的比例。二是搭建教育培训平台。以大中专院校、先进社区为载体建立社区工作实习实践基地，聚焦当下社会需求，重点开发社区治理与服务相关课程，构建系统化、常态化的社区工作教育培训体系。三是开展"全链条"式技能培训。将社区工作者教育培训纳入区域人才发展计划，健全省、市、县、区、街道分级分类培训体系，对社区书记、社区"两委"成员、社区专职人员和新入职社区工作者分别开展"领头雁"培训、全科技能培训、岗位任职培训等，不断创新培训方式，注重培训实效，全面提升社区工作者的为民服务能力和履职水平。

（三）着力基层减负增效，激发社区工作者创新活力

为"车"减负、为"马"松绑是破解社区工作"小马拉大车"问题的关键，只有将基层减负落地落实，充分释放社区工作者的工作热情和创新活力，才能实现"为马赋能""为车增效""车马协同"。一是完善社区工作清单制度。合理划分政府职能部门和街道（乡镇）的条块事权，进一步厘清不同层级、部门之间的权责边界，将不应社区承担的行政化工作进行剥离清理，让社区工作者的工作重心回归到社区治理本职上来。二是为社区工作者减负增效。科学设置基层治理的考核评比项目和督查检查项目，整合精简各类考核指标，将社区工作者从应付检查、整理数据、填送报表和资料归档等烦琐事务中解放出来，投入更多精力和时间解决群众急难愁盼问题。同时应赋予基层相应职责职权，推动资源、资金、人才下沉社区，对社区工作者的考核评价注重群众评议和工作绩效，建立健全社区工作容错、纠错机制，引导社区工作者勇担使命、积极作为。三是以数字化手段提升基层治理效能。加快推进基层政府的数字化转型，搭建多网合一、资源聚合、数据共享的基层综合治理平台，引导社区工作者运用数字化思维和依托信息化平台开

展基层治理工作，促进"一网通办""一网通管"，提高基层治理的科学化、精细化、智能化水平。

（四）着力蓄能增势，增强社区工作者队伍的持续性和稳定性

新时期加强社区工作者队伍建设，必须多措并举改善社区工作者工资待遇低、上升通道窄、职业认同感弱等状况，使社区工作者"发展有道路、生活有保障"，不断增强社区工作者的职业荣誉感、价值感和获得感。一是健全社区工作者职业发展体系。建立梯次发展、等级明晰、科学合理、运行有效的岗位等级序列，明确"社区干事—社区'两委'成员—社区副职—社区正职"的职业发展链条，探索以定向招录、破格选拔、体制纳编的方式打通社区工作者"身份壁垒"，推荐符合条件的优秀社区工作者担任各级党代表、人大代表、政协委员等，支持省内大中专院校聘请优秀社区工作者担任实践指导老师，为社区工作者职业发展提供更多渠道。二是落实行之有效的激励措施。进一步优化社区工作者薪酬结构，建立与社区工作者岗位等级、职业水平、考核业绩衔接联动的动态增长薪酬体系，分级分类落实社会保险、带薪假期等福利待遇。持续对深耕基层、工作业绩突出的社区工作者落实评优评先、荣誉表彰等多元化激励措施，加大对优秀社区工作者的宣传力度，努力营造重视社区工作者的良好舆论氛围和社会环境。三是加大对社区工作者的关爱力度。高度关注社区工作者的身心健康，对社区工作者开展定期体检、走访慰问、心理疏导、组织团队建设等活动，及时帮助社区工作者排遣工作压力和解决生活难题，培养社区工作者的归属感，提升凝聚力，进而激发社区工作者投身社区干事创业的内生动力。

参考文献

《中共中央办公厅　国务院办公厅关于加强社区工作者队伍建设的意见》，2024年3月28日。

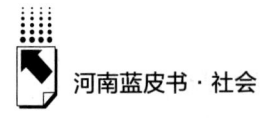

《河南省委组织部、省民政厅、省财政厅、省人力资源和社会保障厅印发〈关于加强全省城市社区工作者职业体系建设的指导意见〉》，2022年9月2日。

马良：《新时代新征程：基层治理中的社会工作人才队伍建设》，《中国社会工作》2024年第15期。

徐选国：《新时代社区社会工作人才队伍建设的"道"与"术"》，《中国社会工作》2024年第13期。

庞宇、杨旎、石云鸣、曾荣、唐维：《立足"小社区"服务"大民生"》，《光明日报》2024年1月4日。

刘婵、蒋博：《河南省构建城市社区工作者职业体系，壮大基层治理骨干力量——建立一支专业化社区工作者队伍》，《河南日报》2022年9月6日。

B.5 河南构建数字化社会治理体系的实践探索与优化路径研究

邓 欢*

摘 要: 社会治理数字化是国家治理体系和治理能力现代化的重要内容。近年来,河南积极顺应数字时代发展趋势和要求,持续推进公共服务、基层社会治理、社会矛盾化解、社会治安防控等领域的数字化、智能化建设,取得了重要进展和显著成效。同时也要看到,当前河南数字化社会治理在治理主体、治理理念、制度规则、多元主体业务协同、要素支撑能力等方面尚存在不足之处。建议从培养治理主体数字化治理思维、完善数字化社会治理制度建设、构建多元主体协同治理格局、强化数字化社会治理要素支撑几个方面着手完善数字化社会治理体系,有效提升社会治理体系和治理能力现代化水平,增强人民群众获得感、幸福感、安全感。

关键词: 数字治理 数字化 社会治理 河南省

社会治理是国家治理的重要方面,加强和改进社会治理事关国家治理现代化的实现。以数字化为代表的信息技术嵌入社会治理,不仅能够解决社会结构变迁引致的治理困境,而且可以推动社会治理现代化发展。可以说,推动社会治理数字化转型、构建数字化社会治理体系是新征程中提升社会治理现代化水平的关键环节。关注当前河南构建数字化社会治理体系的实践探索

---

* 邓欢,河南省社会科学院人口与社会发展研究所研究实习员,主要研究方向为城乡社会学、社会治理。

与发展成效，分析当前河南构建数字化社会治理体系面临的问题并提出有针对性的发展建议，对于推进河南社会治理体系和治理能力现代化、谱写新时代中原更加出彩的绚丽篇章具有重要意义。

一 河南构建数字化社会治理体系的实践探索

（一）提升公共服务数字化水平

一是打造一体化政务服务平台。自2017年起，河南加快推进"互联网+政务服务"工作，建设全省一体化政务服务平台，融合省直部门和省辖市的网上政务服务窗口，向群众和企业提供一站式政务服务。其中，PC端"河南政务服务网"覆盖个人事项、法人事项、公共服务事项等与群众密切相关的事项，移动端"豫事办"接入全省7669个热点事项。通过线上线下深度融合的政务服务体系，全省政务服务能力显著提升。国务院办公厅评估结果显示，河南等17个省份的政府一体化政务服务能力总体指数得分超过90分，处于"分数非常高"的组别。[1] 二是实施智慧便捷服务。围绕政务服务便利化目标，不断对政务服务进行丰富与优化，解决群众办事难、办事慢、办事繁的问题。譬如，与江苏、浙江等25个省（区、市）的108个省辖市、县（市、区）开展跨省通办合作，覆盖户口迁移、车辆信息变更、出入境证件办理等952项政务服务事项[2]；全面推广电子证照数据共享应用，企业与群众提交一次电子证照即可在多个部门互通使用；等等。三是推行精准惠企服务。开通河南省金融服务共享平台，归集共享社保、公积金等24个部门及市、县218类涉企数据4亿余条，为银行与企业提供贷款申请与审批、融资需求发布等100多项服务，有效解决中小微企业融资

---

[1] 《关键词解读政务服务新效能⑥｜"豫事办"把政务服务大厅搬到手机里》，大河网，2023年11月8日，https://news.dahe.cn/2023/11-08/1330505.html。
[2] 《河南政务服务改革关键词之跨省通办异地办事不再"来回跑"》，河南省人民政府网站，2023年11月3日，https://www.henan.gov.cn/2023/11-03/2841751.html。

难、融资贵、融资繁的困境。① 建立完善的"1+2+3+N"免申即享服务模式，依托全省一体化政务服务平台，通过数据共享、大数据分析、人工智能辅助，精准匹配政策要素与企业信息，让政策找企业，企业免申即可享受服务，扭转企业不了解惠企政策的困局，推动企业发展。② 上线运行"万人助万企"数字平台，畅通服务企业渠道，有效提高问题解决效率。③

（二）推进基层治理数字化转型

一是探索基层"互联网+"工作模式。河南各地不仅积极使用互联网开展党建工作，加强网格智能平台建设，还建立市、县、乡三级网上政务服务体系，开通村务微信公众号，打造"电子村务"平台，公开基层事务，并设置留言和投诉建议功能方便群众监督村务、反映诉求。例如，漯河老街街道建立综合服务信息化管理系统，设置党群组织模块，设立微信公众号和微信群，发布党建工作相关信息；杞县西云村搭建智慧网格平台，建设县、镇、村三级监控信息体系，加强对预防溺水、防火防盗等的安全防护宣传，并通过分析系统内数据提升乡村综合治理精准性等。二是推广"一村（格）一警"智能工作平台。河南省公安厅坚持"脚板+科技"的工作理念，研发与推广"一村（格）一警"智能工作平台，向社区民警推送人员信息、工作任务与走访考察任务清单等事项，使社区民警及时上门走访，同时采集要素，加强对大数据的分析与研判，摸准发案特点和治安规律，预测、预警基层各类事务，使社区民警能够有针对性地进行管理防范。三是推进智慧社区建设。河南将信息技术引入社区建设，搭建社区管理平台，推进社区智慧养老服务，整合服务资源以强化各部门之间的协同，打造集信息化、智能化管

---

① 《全国第一档！看河南一体化政务服务能力如何做到"非常高"》，"人民融媒体"百家号，2022年9月13日，https：//baijiahao.baidu.com/s？id=1743835624648811074&wfr=spider&for=pc。
② 《河南省人民政府办公厅关于印发河南省惠企政策免申即享工作方案（试行）的通知》，河南省发展和改革委员会网站，2023年2月13日，https：//fgw.henan.gov.cn/2023/02-13/2687727.html。
③ 《"万人助万企"线上服务平台运行》，"人民资讯"百家号，2022年3月31日，https：//baijiahao.baidu.com/s？id=1728766006181814923&wfr=spider&for=pc。

理与服务于一体的智慧社区。例如，郑州市西大街街道搭建"智慧社区"管理平台，通过社区"一张图"、党建引领六大功能掌握整个街道的情况，通过智能物联设备精准掌握老年人分布、服务需求等内容，平台会在发现独居老人48小时未开门时自动发出警报。①

（三）推动社会矛盾网上化解

一是实行网上信访。自2007年河南开通网上信访系统之后，不断升级信访信息系统，并积极推进新系统的深化应用。开通手机软件、视频终端等网上信访平台，实现网上信访"一网通"；在省、市、县均开通党政主要领导电子信箱；建设集回复、登记、转办、查询、跟踪、评价于一体的短信接收办理平台，将群众手机与信访信息系统进行互联互通，形成短信信访"一掌通"模式。二是推进矛盾调解领域信息化建设。河南法院大力推进现代化诉讼服务体系建设，打造人民法院调解平台，将全省三级人民法院诉前调解、诉中调解、司法确认、立案等业务在法院专网与互联网进行衔接，使当事人足不出户即可接受婚姻家庭、相邻关系等民事纠纷调解。河南部分城市打造智慧政法平台，使群众点击手机即可反映诉求，实现线上解决矛盾纠纷。例如，郑州金水区依托"郑好办"，打造集矛盾收集、分流交办、跟踪反馈、综合评价、数据分析于一体的"一码解纠纷"平台，群众通过手机即可反映诉求、解决矛盾。②三是推进"互联网+公共法律服务"建设。开通河南法律服务网，并与中国法律服务网互联互通，整合法律援助、司法鉴定等公共法律服务资源，为群众寻求法律帮助服务提供便利。推进微信平台与公共法律服务融合，在"河南司法行政在线"微信公众号中开通河南法律服务网通道，提供与河南法律服务网站大致相同的法律服务，此外，洛阳、安阳、焦作等地市纷纷开通"掌上12348"微信公众号，为群众提供本地区的公共法律服务。打造公共法律服务手机软件"豫法行"，为群众提供法律相关服务。

---

① 《郑州"智慧社区"有啥新本领 精准显示老年人分布情况、服务需求》，河南省人民政府网站，2022年9月28日，https://www.henan.gov.cn/2022/09-28/2614938.html。
② 《以新时代"枫桥经验"打造一站式解纷样板》，《人民日报》2023年11月13日。

（四）打造智能化社会治安防控体系

一是推进"雪亮工程"建设。河南各地按照"全域覆盖、全网共享、全时可用、全程可控"的总体要求，大力推进"雪亮工程"建设，在公共场所、重点地区和村（社区）等区域安装监控摄像头，不断织密覆盖城乡的视频监控网络，使全省社会治安的稳定大局得到了持续维护，为侦查破案、治安防控、服务群众提供了有力支持。例如，开封市推进"雪亮工程"暨"平安乡镇天翼看家"项目建设，项目启动以来，共安装视频监控11542路，在公共区域安装视频监控6699路、公安视频联网3495路，协助寻人寻物和协助案件侦破多起，切实提高了社会治安防控能力。二是推进"智慧公安"建设。河南省公安系统始终坚持科技强警、科技兴警，全力推进"智慧公安"建设，大幅提升居民群众的安全感。例如，周口建设应用公安大数据平台，提升一类视频监控在线率达99.04%，建设涉及全警共计396人的科技信息化人才智库，研发上线"警银通""反诈综合预警劝阻宣防"等手机软件，自主研发"便携式AIE智能勘查仪"、"郸健安"系统、"协同作战指挥系统"等，支撑实战效能的提升。① 三是开展安全风险防范网络宣传。河南公安机关、基层政府纷纷用足用好各类媒体资源平台开展安全风险防范网络宣传；宣传内容主要包括防抢、防诈骗、防盗、拒赌毒、消防安全、禁毒知识、缉枪治爆等治安防范措施，方式主要有文字、视频、图片等；宣传渠道主要有微信群、微信公众号、抖音号、城市大屏、无人机喊话等，增强广大人民群众的安全防范意识，从源头上防范化解各类安全风险。

二 河南构建数字化社会治理体系面临的问题

（一）治理主体数字治理理念有待转变

构建数字化社会治理体系作为一项全新的任务，对于各级领导干部的

---

① 《周口：科技赋能助力警务实战"耳聪目明"》，河南省人民政府网站，2023年11月1日，https://www.henan.gov.cn/2023/11-01/2840153.html。

数字治理理念与思维有较高的要求。然而从调查情况来看，许多领导干部缺乏前沿的数字治理理念，甚至与数字治理方向有所偏离，亟待规范与转变。一是数字化社会治理意识不强。受个人认知、数字治理重要性宣传不到位、长期以来形成的工作惯性等因素的影响，部分领导干部的思维习惯还停留在传统治理时期，认为数字技术仅仅是搜索查询、通信交流、实时监控的一种工具，在助推社会治理现代化方面作用不大，没有必要深入推进数字化社会治理体系建设，也未按照相关要求使用数字技术于社会治理领域。二是对数字化社会治理存在认知误区。部分干部未能准确把握数字化社会治理的内涵，难免在实践中影响数字化社会治理体系构建的效果。具体而言，干部或者将数字治理简单等同于数字政府治理，认为其重点在于依托数字化政务服务平台实现政务运行、政务公开、公共服务事项办理等方面的数字化；或者将数字治理理解为数字化建设，认为做好智慧应用终端与应用软件开发、数字平台打造、相关数据采集等数字化建设工作即实现了数字化社会治理；又或将数字治理理解为技术治理，认为技术更新是解决一切社会治理问题的关键，可以用"技治"取代"人治"，用数据算法取代经验分析。

（二）制度规则有待完善

传统治理向数字化治理转变，需要调整优化制度、机制等，顺畅运行过程。当前数字化社会治理的创新实践正在全方位展开，但是制度规则、标准规范却并未进行相应调整，处于明显滞后的状态，在一定程度上弱化了社会治理数字化改革的成效。一是数字化社会治理顶层设计与规划缺失。当前，虽然河南的数字化社会治理正在如火如荼地推进，各个地区、各个部门均在建设数字基础设施并依托其开展数字化社会治理，但缺乏系统统筹的顶层设计与规划，导致各个地区、各个部门的数字化社会治理存在各自发展、重复建设、资源浪费的情况。二是跨部门协同治理制度设计缺乏。各政府部门在协同开展社会治理时，缺乏明确的责权利的界定、统筹协调机制，规则程序不统一，在共同开展工作时，没有规章制度可以参考，协同作用无法发挥，跨部门数字化社会治理呈现"一盘散沙"的状态。三是数据使用与管理制度不健全。各单位、各部门在进行数据的收集、存储、使用、管理、应用以及相互之间传输时，没有可参考的数据安全以及隐私保护等规章制度，致使相关单位以及公众信息的数据极易遭到非法传播，数据泄露风险不断增加，机密数据流失，进而侵害公众的生命财产安全，影响社会秩序的稳定以及政府相关部门的公信力。

（三）多元主体业务协同有待深化

社会治理数字化是一项系统性工程，需要政府、企业、社会组织、公民等多元主体参与其中，形成多元主体协同共治的格局。然而在构建数字化社会治理体系的过程中，多元主体的数字化社会治理参与度存在较大差异，且相互之间的合作协同有待加强。一方面，多元主体治理力量失衡。政府相关部门特别是高层级政府部门掌握着与社会治理相关的数据、人才、资金等重要的治理资源，在协同治理中处于优势地位。企业、社会组织因掌握数字平台研发与运维技术而作为服务的供给方，但是较少作为治理主体参与社会治理，参与度较低。社会公众由于不掌握与社会治理相关的数据、信息等资源，属于被治理和接受服务的对象。尤其是老年人群体，不具有使用、操作数字技术的能力，参与数字化社会治理的程度普遍较低。另一方面，多元主体之间面临合作困境。主要问题如下：在政府多个单位、多个部门之间，牵头单位或部门统筹协调不及时、不到位，导致政府多个单位、多个部门之间的合作出现"单兵突击"大于"协同作战"的情况；政府多个单位、多个部门之间存在"壁垒"，在缺乏社会治理协作机制的背景下，多个单位、多个部门之间在数据共享与流动、事项商讨交流等方面合作较少；虽然政府相关部门的工作人员掌握着政务信息，但没有秉持开放共享的价值理念，而企业、社会组织、公民等主体参与社会治理的意识又较为薄弱，导致多元主体合作力量的发挥受到一定限制等。

（四）要素支撑能力有待加强

基础设施、人才、资金等要素事关数字化社会治理的实现。当前河南的数字化建设仍处于发展阶段，在构建数字化社会治理体系的软硬件要素支撑方面尚存在短板。一是基础设施建设不均衡。受政府财政投入、资源禀赋等因素的影响，各个地区的数字基础设施建设存在较大差异，主要体现为城乡差异。城市范围内物联网、智慧感知、视频识别、云计算以及大数据等数字基础设施建设多样且完整，数字技术在社会治理领域的应用较为广泛，而乡村地区的数字基础设施较为匮乏，支撑数字乡村治理的作用有限。二是数字化治理人才短缺。数字化社会治理对相关人员的能力水平有更高的要求，不仅需要熟练掌握数字技术，具备采集、分析处理、整合以及应用创新数字资源能力的技术人才；同时需要掌握数字技术和公共治理专业知识的复合型人才，然而当前社会治理队伍中的技术型人才较为短缺，兼具数字技术与公共管理知识的复合型人才更为稀缺，影响数字化赋能社会治理的效果。三是资金投入较为匮乏。构建数字化社会治理体系，需要建设数字基础设施，打造、运营与维护数字化平台与软件，培养数字化治理人才，采集处理数据资源等，这些都需要大量的资金投入，而当前河南各地区普遍存在资金投入不足的问题，不能为推进数字化社会治理提供强力支持。

三 新时期河南构建数字化社会治理体系的优化路径

（一）培养治理主体数字化治理思维

数字化社会治理思维是治理主体参与数字化社会治理的必备和应有思维。要夯实治理主体对数字化社会治理的认同与支持，使数字技术成为治理主体决策评判的依据，以及经济社会运行的必备基础设施。一是提升认同感。依托抖音、微信、微博等数字化平台，电视、报刊、广播等媒介，以及广播喇叭、黑板报、条幅、茶话会、民众体验活动等方式宣传数字化社会治理的必要性和重要性，使治理主体意识到数字技术在社会治理中的重要作用，提升治理主体对数字化社会治理的认同度，使治理主体树立数字化社会治理理念，主动将数字技术应用于社会治理。二是加大阐释力度。上层主体在理解、消化、分解数字化社会治理理念的基础上，依托上述媒介，以通俗易懂的语言对数字化社会治理相关内容进行阐释，主要包括数字化社会治理的时代背景、相关概念与内涵、特点、重点领域、创新方向等，并开通沟通交流渠道，及时回应各治理主体的疑问与意见，使治理主体对数字化社会治理有清晰的认知，进而更好地开展数字治理相关工作。三是夯实影响力。要巧妙运用数字技术解决公共服务、社会治安防控、社会矛盾化解等与群众密切相关的难题，使治理主体充分认识到数字化技术的力量及其在社会治理中的重要作用，提高治理主体对数字化社会治理的认同度与支持度，用数字化治理思维开展工作与经营日常生活。

（二）完善数字化社会治理制度建设

完善的制度建设是推动数字化社会治理规范化与责任化的关键。要建立一套明确的规范和制度，为参与社会治理的各主体的行为提供指导与规范，保障各治理主体的权益，提高工作效率，促使数字化社会治理更加高效、规范。一是加强顶层设计与规划。明确全省构建数字化社会治理体系的目标，统筹规划布局数字化基础设施建设，打造全省一体化政务大数据体系，完善一体推进、协同发展的体制机制，全面提升社会治理数字化转型的整体性、系统性、协调性。二是明确数字化社会治理各治理主体的责任与义务。建立责任机制，明确各治理主体在数字化社会治理各个环节中的责任与义务，主要包括各主体所需承担的责任范围、责任内容与责任标准等，确保责任明确与分工合理，使各治理主体共同工作的协同度更高。三是建立数据使用机制与管理机制。构建数据使用、分享、流动的法规机制，明确数据产权归属以及数据在存储、使用、收集等过程中相关主体的责任，制定数据安全预防与突发事件应对办法。规范数字化平台建设，根据数据保密级别制定分级保护办法，为保密数据增加密钥。建立数据监控管理机制，加强对数据存储、使用、收集等过程的监管。对数字化平台进行定期检测，查出平台存在的信息安全漏洞并及时采取相应的措施。

（三）构建多元主体协同治理格局

构建多元主体协同治理格局是数字化社会治理高质量开展的前提。要鼓励政府、企业、社会组织、公众等多元主体参与数字化社会治理的过程与实践，形成合作网络，促进多元主体的智慧共治。一是构建多元主体协同治理体制机制。围绕数据基础体系及数据共享、风险预测与矛盾纠纷多元化解、公共安全监控与应急响应、公共服务、数据安全保障等建立体制机制，为跨部门数据共享、预测风险、化解矛盾、处置突发事件、提供公平普惠服务、保障数据安全等方面的多元主体协作提供行事规范。同时，明确各治理主体的职能定位，即政府供给数字化设施与提供技术支持、企业供给数字化产品与服务、社会组织供给公益服务、公众参与监督社会治理过程，使各主体按照角色定位参与治理。二是保障多元主体有效参与。打造共享开放的数字化平台，尽可能拓展相关数据和信息资源的可访问性，提供给各治理主体用于了解情况与分析预测。组织召开公众听证会、专家座谈会、社区会议等，在线上开辟沟通交流、意见诉求表达通道，使多元主体有机会就社会治理相关问题发表意见看法，并及时对各治理主体的意见与诉求做出反馈。依托社交网络引导与鼓励各治理主体主动参与数字化社会治理，例如，通过给予企业优惠政策等方式提高各主体参与数字化社会治理的意愿。三是加强部门之间、区域之间的协作。打造一核多元的部门协同治理格局，推动信息、数据跨部门传递，打破部门间各司其职的壁垒，推动部门间分工合作促治理。利用数字技术优势，加强城—城、城—乡、乡—乡等区域之间的联合，整合地区间资源，发挥各地区优势，进行综合治理，实现各区域共同发展。

（四）强化数字化社会治理要素支撑

基础设施、人才、资金等要素数字化是实现数字化社会治理的基础和保障。发展数字化社会治理，需要解决上述要素数字化过程中存在的问题，强化多元要素保障，提供有利于数字化社会治理发展的环境支撑。一是建设数字化基础设施网络。根据统筹规划的数字化基础设施网络布局，建设数字基础设施，尤其是注重加强乡村地区、偏远地区的数字化硬件基础设施建设，实现光纤全覆盖以及5G和千兆光网通达，将物联网、智慧感知、视频识别、云计算以及大数据等技术引入乡村，构建乡村数字化治理的硬件基础。此外，还要开发与完善社会治理的数字化平台，覆盖与社会治理相关的民生保障、党建、政务公开、农村救助保障等内容，将政府、企业、社会组织、民众等治理主体容纳进来，以更好地保障民生、共享信息资源、便捷日常生活。二是培养数字化治理人才队伍。完善人才激励机制，通过政策倾斜、资金扶持、产业发展涵养专业人才等方式吸引既掌握数字技术又具备公共治理专业知识的复合型人才投身数字化社会治理领域。鼓励高等院校开设数字治理相关专业课程，培养大批相关领域专业人才。定期组织开展培训课程，邀请专家向社会治理工作人员传授专业技能，并给予一定的实践指导，增强其使用数字技术助力社会治理的能力。加强对数字化平台、应用于社会治理的数字技术的使用方法的宣传，保障民众拥有参与数字治理的技能。三是加大政府财政的资金支持力度。健全资金投入保障机制，拓展融资机制，鼓励社会多元主体通过多种方式向数字化社会治理投入资金，形成有利于数字化社会治理的资金扶持体系，并推动资金向乡村地区、偏远地区等数字化硬件设施薄弱地区倾斜。

参考文献

佟林杰、张文雅：《乡村数字治理能力及其提升策略》，《学术交流》2021年第12期。

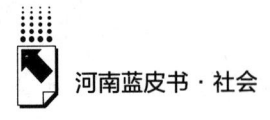

姚迈新：《数字化社会治理体系建构研究——以广州实践为例》，《中共成都市委党校学报》2020年第4期。

王志立、刘祺：《数字赋能市域社会治理现代化的逻辑与路径》，《中州学刊》2023年第2期。

江维国、胡敏、李立清：《数字化技术促进乡村治理体系现代化建设研究》，《电子政务》2021年第7期。

孟庆国、郭媛媛、吴金鹏：《数字社会治理的概念内涵、重点领域和创新方向》，《社会治理》2023年第4期。

B.6
河南省高校青年志愿者参与社区治理的困境及路径研究

叶亚平 *

摘　要： 社区是志愿服务的主场景，是青年志愿者参与基层社会治理的重要渠道。河南省在推动高校青年志愿者参与社区治理方面开展了大量的实践，有力推动基层治理创新取得新成效。但在实际运作中，也存在自身建设不足、服务内容单一、保障机制尚不健全、社会认可度不高等问题，需要从强化组织管理和志愿者能力建设、拓展社区志愿服务内容、建立完善的支持保障体系、加大宣传推广力度等方面发力，奋力实现社区与高校的"双向奔赴"、共同发展。

关键词： 高校　青年志愿者　社区治理

党的二十大报告提出，要完善社会治理体系，健全共建共治共享的社会治理制度，提升社会治理效能，建设人人有责、人人尽责、人人享有的社会治理共同体。社区是社会的"细胞"，社区治理是基层治理的"神经末梢"、是社会治理的基础单元，对于推进国家治理体系和治理能力现代化具有重要作用。当前我国高校青年志愿者队伍建设取得快速发展，高校青年志愿者活跃在社会生活的各领域和各方面，为社会治理注入一股青春活力。2024年6月6日，中央社会工作部召开健全志愿服务体系工作部署推进会时提出，要

---

* 叶亚平，河南省社会科学院人口与社会发展研究所研究实习员，主要研究方向为人口老龄化、基层治理。

把社区作为志愿服务的主阵地、主场景，与基层治理、百姓生活深度融合。推动高校大学生走进社区不仅为学生提供锻炼自我的平台，也为社区治理带来新动能，促进社区治理的形式更多元、效果更显著，实现社区与高校的"双向奔赴"、共同发展。

一 高校青年志愿者参与社区治理的价值意义

习近平总书记曾强调，社会治理是社会建设的一项重大任务，要创新社会治理体制，鼓励和支持社会力量参与社会治理。[1] 2004年11月，共青团中央、全国学联发出号召，要求在全国高校开展大学生志愿者文体、科技、法律、卫生"四进社区"的社会实践活动，志愿服务理念逐渐得到大众认同，高校青年志愿服务获得蓬勃发展。高校青年也因其自身的高学历、高素质，在参与社区志愿服务的过程中展现出自身的独特优势，对社会发展及个人进步产生重要影响，主要有以下几个方面的价值意义。

（一）创新基层社会治理的具体实践

志愿服务是社会文明进步的重要标志，是基层社会治理的有力推手。习近平总书记曾明确提出，要为志愿服务搭建更多平台，更好发挥志愿服务在社会治理中的积极作用[2]。2024年4月，中共中央办公厅、国务院办公厅印发《关于健全新时代志愿服务体系的意见》指出，要"壮大队伍力量，大力发展党员志愿者、青年志愿者、巾帼志愿者、社区志愿者、职工志愿者、退役军人志愿者、学生志愿者、老年志愿者等队伍，鼓励他们以实际行动促进社会进步"。鼓励和推动高校青年志愿者参与社区治理既是推进基层治理现代化的客观要求，也是提升基层治理效能的重要方式，通过志愿服务

---

[1] 《习近平总书记创新社会治理的新理念新思想》，中国共产党新闻网，2017年8月17日，http://theory.people.com.cn/GB/n1/2017/0817/c83859-29476974.html。
[2] 《习近平在京津冀三省市考察并主持召开京津冀协同发展座谈会》，中国政府网，2019年1月18日，https://www.gov.cn/xinwen/2019-01/18/content_5359136.htm。

的纽带作用，高校与社区能够在密切协作中实现协同治理，进一步激发社会活力，以此不断推动"志愿服务+"活动向制度化、常态化、多元化方向发展，构建新时代志愿服务助力基层社会治理的新模式、新格局。此外，在参与社区治理的过程中，高校青年志愿者能够充分发挥自身的专业优势和技能，从不同角度为社区治理建言献策，从而提升社区治理各项决策的科学性和可行性。①

（二）提高高校青年综合素质的重要途径

根据马斯洛需求层次理论，人在满足基础的生理、安全需要后，会进一步产生爱、尊重和自我实现的需要，渴望得到他人的尊重和肯定，也希望自己的能力得到运用，以证明自己的价值和地位。高校青年正处于身心发展和价值观塑造的关键期，在责任意识和道德意识的支配下，积极参与社区志愿服务，为社区治理提供了高素质、充满活力的优质人力资源，充分体现了自身的人生价值。在与社区互动的过程中，一方面，高校青年的社会责任感得到提高。通过参与社区治理，高校青年可以亲身体验社会问题和应对挑战，从而培养他们对社会问题的敏感性和解决问题的责任感。同时，社区治理活动也使高校青年认识到作为公民应有的权利和应尽的义务，例如，投票、表达意见和参与公共事务等，这些都是培养良好公民意识的重要环节。另一方面，高校青年的实践能力和解决问题的能力得到强化。社区治理往往涉及策划、实施、监督等多个环节，高校青年通过实际操作，能够将理论知识与实际情境相结合，提高解决实际问题的能力。并且，在参与活动时，高校青年需识别社区中的各种问题，思考并实施解决策略，这有助于锻炼他们的批判性思维和提高他们的创新能力。

（三）促进志愿服务事业高质量发展的有力举措

我国城市社区志愿服务正式发端于 20 世纪 80 年代末期，在 20 世纪 90

---

① 黎龙：《高校青年志愿者参与社区治理研究》，《南宁师范大学学报》（哲学社会科学版）2024 年第 2 期。

年代初，我国青年志愿者行动随着时代发展和社会需要应运而生，并很快成为社区服务和基层治理的新生力量。经过几十年的发展，高校青年志愿者参与社区治理的模式日渐成熟，丰富了现有的志愿服务体系，通过灵活多样的服务活动、专业的服务团队和相对固定的服务半径，社区居民的生活需求不断满足，基层治理创新的活力不断展现，有力推动了我国志愿服务事业高质量发展。例如，郑州大学青年志愿者协会构建起以红色健康计划、绿色环保计划、粉色关爱计划、金色服务计划、橙色宣教计划等"五彩计划"为框架的志愿服务体系，深受社区居民欢迎，协会荣获第十四届中国青年志愿者优秀组织奖。

二 河南省推动高校青年志愿者参与社区治理的主要举措

党的十八大以来，习近平总书记始终高度重视志愿服务事业，先后多次给志愿者、志愿服务组织、志愿服务工作者回信，勉励广大青年志愿者与祖国同行、为人民奉献，为新时代青年志愿服务事业的发展提供了行动指南和强大动力。中国共产主义青年团河南省委员会（以下简称"团河南省委"）坚持以习近平新时代中国特色社会主义思想为指导，深入贯彻习近平总书记关于青年志愿工作的重要论述和重要指示精神，锚定"两个确保"，聚焦服务大局，不断丰富志愿服务时代内涵，持续推进青年志愿服务与社会治理深度融合，逐步形成了青年志愿服务参与的共建共治共享社会治理新格局。

（一）健全组织体系，推动服务模式规范化

健全的组织体系能够为青年志愿服务提供清晰的管理结构，有助于确保志愿服务活动的有序进行和规范化发展，不断优化服务方式、提高服务效率。河南省在服务青年志愿服务方面，逐步构建了团河南省委主导、河南省各级团组织配合以及学校、社会组织、企事业单位等多元主体共同参与的组织体系。团河南省委负责全省团的组织建设，做好省级层面的统筹协调、宣

传动员，积极创新基层组织制度，主动适应新时代青年工作的新要求和新挑战，为高校青年志愿服务提供坚实的组织保障。各级团组织在团河南省委的领导下，积极加强与社区、企事业单位、社会组织等的联系与合作，为团组织工作争取更多的资源和支持。高校团委是共青团在高等学校的基层组织，负责全校共青团的组织建设，在促进大学生全面发展、推动校园文化建设、服务学校和社会等方面发挥着积极作用。而且，通过"校地对接"模式，河南省高校与社区逐步形成协同联动、优势互补、双向赋能模式，使高校志愿服务与社区基层治理、百姓生活深度融合，切实提升了志愿服务效能。例如，中原科技学院与郑州市上街区中心路街道桃源社区以"高校+街区"形式结成发展共同体，签约了"校地共建 社区治理"项目和设立了"大学生社会实践基地"。同时，完善合作机制，深化"三融四同五平台"的社区治理共同体建设，以高校"所能"对接地方"所长"，打造校地融合示范圈，为社区治理注入了青春活力，持续提升了基层治理能力和服务群众水平。

（二）完善制度机制，推动服务流程标准化

为提升志愿者助力城乡社区治理水平，探索建立共青团社区志愿服务运行机制，推进社区志愿服务常态化、项目化发展，更好推动志愿服务融入日常、化作经常，河南省采取了多项措施不断完善制度机制，提高了志愿服务的效率、规范性和可持续性。

首先，制定和完善相关法规与政策。2018年11月，出台《河南省志愿服务条例》，从立法层面明确了志愿服务的基本法律问题，包括志愿者的权利和义务、志愿服务组织的职责、支持和保障措施等，为志愿服务活动提供了法律依据和保障。2023年5月，团河南省委办公室印发了《河南青年志愿者服务社区行动试点实施方案》（以下简称《方案》），《方案》落实《青年志愿者服务社区行动指引（2022年版）》要求，与多项计划相融合，与县级青年志愿者协会建设衔接，不断推动志愿服务项目在社区落地、志愿服务队伍在社区壮大、志愿服务资源在社区汇聚，满足了社区群众精细化需

求，解决了社区治理实际问题。其次，加强志愿服务组织建设。明确志愿服务组织的法律地位，将志愿服务组织界定为依法成立、以开展志愿服务为宗旨的非营利性组织，明确其科学内涵和职责范围。推动志愿服务组织间的合作与交流，通过各级志愿服务协会和联合会等组织，将分散的志愿服务力量整合起来，形成合力，鼓励和引导公益慈善类、城乡社区服务类社会组织到社区开展志愿服务。最后，完善激励与保障措施。建立志愿服务激励制度，通过星级认定、嘉许和回馈等方式，对优秀志愿者进行表彰和奖励，增强他们的荣誉感和归属感。同时，为志愿者购买必要的意外伤害保险等，为其提供基本的安全保障，确保其在进行志愿活动时的人身安全。

（三）丰富活动内容，推动服务形式多样化

河南省顺应时代发展需要、重视满足人民对美好生活的向往，在志愿服务内容方面不断推陈出新，创新服务项目和服务形式，使青年志愿服务更出彩、更有活力。

在设计志愿服务项目方面。采取"团干部+社工+志愿者"模式推进项目实施，立足能为善为，以社区老人、青少年、残疾人为主要服务对象，重点开展政策宣讲、防灾减灾、助力"双减"、安全自护、便民利民、关怀关爱、垃圾分类、公共秩序维护、矛盾纠纷调解等志愿服务活动，着力打造服务对象清楚、服务边界清晰、服务内容准确的社区服务项目。在具体活动实施方面。开展"社区青春行动"、河南省青年志愿者服务社区行动、大学生"向基层报到"、"一站式"学生社区综合管理模式建设等活动，团结引领广大高校青年志愿者为基层治理贡献青春力量。例如，2022年9月，团开封市委联合开封市委组织部、市委宣传部等印发《"万名高校志愿者进社区"志愿服务的工作方案》，启动"社区青春行动"；在濮阳市建立健全以青年志愿者、大学生志愿者、各级团组织为支撑的"一体两翼三支撑"青年志愿服务示范运行体系，在大学生志愿服务工作成熟的社区挂牌成立"晨曦驿站"121个，形成了一大批生态环保、防汛应急、公益义诊、防溺水宣讲等常态化、专业化志愿服务项目，

以及"红领巾"向社区报到、"晨曦"萌娃暑期托管等特色品牌志愿服务项目，构建了"一驿站一品牌一特色"工作格局，激活了高校青年志愿者助力基层社会治理的"一池春水"。

（四）强化队伍建设，推动服务能力专业化

近年来，河南省高度重视青年志愿服务的规范化管理，强化志愿者队伍建设，推动高校青年志愿者的服务能力和服务水平稳步提升，提高社区志愿服务的质量和效能。

一是构建志愿者管理体系。不断优化志愿服务的组织管理体系建设，着力打造具有规范性和制度性的志愿者队伍，例如，规范志愿者的招募、培训和考核流程，提高队伍的整体管理水平；加强对志愿者的日常管理和监督，确保服务的持续性和稳定性。二是强化志愿服务培训。对高校青年志愿者、志愿服务组织进行思想道德教育和服务技能培训，召开年度全省文明实践志愿服务培训班，运用"线上+线下"的方式，切实提升河南新时代文明实践志愿服务工作队伍专业化水平，推动志愿服务工作提档提质、走深走实。三是时常组织志愿服务交流研讨、项目展示，推广经验、分享体验，促进志愿服务再上新台阶。例如，河南大学邀请校内外专家教师，定期对青年志愿者进行志愿服务理论、技能、法律法规条例等方面的知识培训；加强青年志愿者校内外学习交流，相互借鉴，取长补短；强化组织内部成员成长进步机制，召开校院两级青年志愿者组织内部经验交流会，以老带新，以新促老，共同进步。

三 河南省高校青年志愿者参与社区治理的现实困境

河南省高校青年志愿者在推动社区治理、服务社会发展方面发挥了积极作用，充分彰显了高校青年志愿者的青春风采，然而，在实际运作中仍存在一些有待改进的地方，主要体现在以下几个方面。

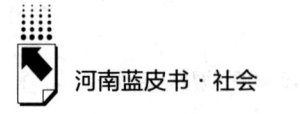

（一）自身建设不足

一方面，组织管理不够规范。目前，在高校内除了校团委对志愿者进行统一的行政管理指导，校内一些志愿者组织、社团也积极参与志愿服务体系的建设，其中有些志愿组织规模较小，缺乏有效的组织管理和运营机制，相关的管理制度不健全，导致志愿者的招募、培训、考核等环节不够系统化和规范化[1]，志愿服务的常态化和可持续性难以得到有效保证，这会对服务质量和效果造成影响，甚至导致志愿者流失。同时，许多高校志愿组织在信息化平台的建设上仍有不足，缺乏统一、高效的信息管理系统整合志愿者资源、服务项目和活动记录等信息，导致信息共享不畅、管理效率低下，既难以实现资源的优化配置和高效利用，又影响了志愿者参与志愿服务的积极性和满意度。

另一方面，志愿者素质参差不齐。由于缺乏统一的选拔标准和培训体系，参与社区治理的高校青年志愿者在专业能力和服务水平上存在较大差异，影响了志愿服务的专业性和有效性。还有一些高校青年在思想态度上存在误区，认为志愿服务只是一种形式，没有真正理解志愿服务的精神实质和本质内涵，表现为被动式参与，缺乏主观能动性。

（二）服务内容单一

目前，高校青年志愿者相关组织主要通过行政手段指导志愿者参与社区治理，指导形式相对单一，灵活性和实效性相对较弱。一是志愿服务内容层次不高。目前各高校的志愿团队在社区治理中的项目和活动都存在同质化严重、创新性不足等问题，服务内容较传统，难以契合新时代社会发展主流，不能满足人民群众的多样化需求。参与社区治理的领域较窄，开展与自身专业知识背景相关的外语类、法律援助、急救技能教育等专业性

---

[1] 陈彦霏：《高校青年志愿者参与社会治理存在的问题和对策》，《管理观察》2018年第21期。

较强的活动较少，缺少与专业的结合，无法充分发挥高校青年志愿者的自身优势。[1]

二是形式化比较严重。一方面，志愿者参与社区治理的服务内容主要集中在基本领域内，例如，帮助"一老一小"、环保宣传、公益活动等，导致部分高校青年志愿者缺乏服务积极性。同时，"走流程、出新闻"成为志愿者活动的代名词，严重违背了志愿者活动的初衷，削弱了志愿活动的积极效应。另一方面，虽然一些高校已经开始尝试将志愿服务项目化，但整体上来看，志愿服务项目化的程度还不够高，许多志愿服务活动仍然是一次性的、短期的，缺乏长期规划和持续性，导致志愿服务的效果难以持久。

（三）保障机制尚不健全

从外部保障方面看，主要存在政策支持力度不足、活动经费紧张、激励机制不够完善等问题。在政策支持上，虽然国家和地方政府出台了一系列鼓励和支持志愿服务的政策，但关于高校青年志愿者参与社区治理的工作规范仍主要停留在文件层面，缺少相关法律法规的支持，且在具体实施过程中往往存在执行力度不够、配套措施不完善等问题，导致高校青年志愿者在参与社区治理时的行动缺乏全面的指导和支持。在资金支持上，高校青年志愿者在参与社区治理活动时需要一定的资金支持，用于活动组织、物资采购、交通出行等。当前，相关志愿服务组织的主要经费来源为政府补助或拨款，也有部分为企业捐赠，但这些支持力度都相对较小，且适用范围有限，长期发展下去，势必会影响高校青年志愿者参与社区治理的质量和效果。[2] 在激励机制上，虽然志愿服务是一种无偿、自愿的行为，但也需要一些物质或精神上的激励措施，以保证志愿服务能够长期可持续地进行。目前许多高校和社区在设计志愿者激励机制方面还存在不足，表现在

---

[1] 刘秋菊、胡馨元：《高校青年志愿者参与社会治理的创新机制研究》，《就业与保障》2024年第6期。
[2] 黎龙：《高校青年志愿者参与社区治理研究》，《南宁师范大学学报》（哲学社会科学版）2024年第2期。

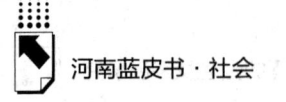

对激励机制重视程度不够、缺乏明确的奖励标准、特色化激励措施欠缺等，这些都在一定程度上影响了高校青年参与社区志愿服务的热情，不利于志愿服务的可持续发展。

（四）社会认可度不高

尽管高校青年志愿者参与社区治理已经形成了一定的规模和影响力，尤其是在城市社区，志愿服务活动获得快速推广和发展，但整体来看，社会公众对高校青年社区志愿服务的认可度和重视程度仍有待提高。一方面，一些社区居民对高校青年志愿服务缺乏了解，认为与自己的日常生活没有关系，表现出不积极、不配合的情绪，影响社区治理的效果。甚至有的居民对高校青年志愿服务存在偏见和误解，认为这些工作都是面子工程，走过场、形式化，不能解决他们遇到的实际问题。而且对高校青年志愿者的能力和水平持不信任的态度，认为年轻人没有社会经验，难以满足社区居民的多元化需求。另一方面，社会上对于志愿精神、志愿文化的宣传还不到位。高校青年志愿者在社会各个领域都发挥了自己的重要价值，但媒体对此宣传报道的力度不大，导致许多人对高校青年志愿者参与社区治理的作用和取得的成果不甚了解。公众的知晓度偏低，没有对高校青年志愿者给予充分的肯定和支持，也没有形成广泛的社会认同。

四 提升河南省高校青年志愿者社区治理能力的路径对策

（一）强化组织管理和志愿者能力建设，激发社区治理动力

在组织管理方面，高校应该立足本校实际，在深入调研的基础上，建立一套符合本校志愿服务工作发展的管理制度，将校内的志愿组织和志愿者纳入规范化管理。

建立健全组织架构，对志愿者组织进行科学化管理，确保权责明确、

协调互动、高效运转,提高高校青年志愿者组织参与社区治理的能力。同时,加强志愿者组织的信息化平台建设,建立统一的信息管理系统,包括志愿者注册、活动发布、报名、签到、时数记录、反馈收集、聊天互动等功能,并根据学生体验及时更新改进系统,进一步提高志愿服务的效率和水平。

重视志愿者自身能力建设,在志愿者招募、培训、退出和激励等方面统一规定,一方面引导高校青年树立正确的志愿价值观念,另一方面也避免志愿服务的随意性和无规矩性。制定系统的培训计划和课程安排,对每一位志愿者开展专业培训,邀请专业人士进行授课和指导,运用"线上+线下"的方式,使学习更加便捷。加强岗前培训,例如,对社区治理中的特殊人群服务、专业性比较强的服务等进行系统培训。同时,建立个人档案,定期记录志愿者志愿服务活动表现,作为后续评优评先的重要依据。

(二)拓展社区志愿服务内容,增强活动的针对性和创新性

在开展活动之前,高校青年志愿者可以先对社区居民进行需求调研,主要通过问卷调查、访谈或社区会议等形式,深入了解社区居民的实际需求,制定需求清单,以便有针对性地开展活动。考虑到有些志愿项目比较传统,缺少特色和创新,可以在传统项目的基础上,进一步发挥高校青年的独特专业优势,设计一些贴近群众生活、彰显专业特色的志愿项目,例如,法学专业学生可以为社区居民提供法律咨询和法律援助服务,计算机专业学生可以为居民普及计算机知识,这样不仅可以进一步深化服务内容,也能保证服务的专业性。在解决服务形式化问题上,高校要重视培养高校青年的社会责任感和服务意识,强调志愿服务的社会意义,通过讨论会、讲座或社会问题研究项目等方式引导高校青年思考如何通过志愿服务为社会做出贡献。高校也可以立足本校优势学科及办学特点,打造属于自己的特色志愿品牌,通过品牌化志愿服务项目推动志愿者服务工作持续化、长期化发展。

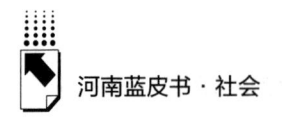

（三）建立完善的支持保障体系，为开展活动提供有力支撑

完善发展政策法规，制定法规、规章、标准和操作指南，为志愿服务提供稳定的政策、财政和物资支持，使各类志愿服务活动有章可循，依法实施，合乎规制。[①] 同时，可以通过设立专项基金、争取社会赞助、开展募捐活动等方式筹集资金，用于支持志愿服务活动的开展，还应加强对资金使用的监督和管理，确保资金使用的透明度和合理性。高校和社区应加强对高校青年志愿者权益的保障，建立完善的保险制度和赔偿机制，开展活动前要为高校青年志愿者购买意外伤害保险、医疗保险等，降低志愿者在服务过程中的风险。同时，应设立专门的投诉渠道和处理机构，及时解决高校青年志愿者在服务过程中遇到的问题和纠纷。建立健全完善的志愿者激励机制，提高高校青年志愿者服务的积极性和参与度。既可以通过表彰优秀志愿者、颁发荣誉证书、提供实习机会等方式给予高校青年志愿者足够的认可和回报。

（四）加大宣传推广力度，提升重视程度和公众认可度

高校和社区应充分利用多种媒体平台进行社区治理志愿活动的宣传推广，及时发布志愿服务活动的信息和成果、推广志愿服务品牌，利用微博、微信、抖音等新媒体平台进行线上宣传与互动，可以邀请社区志愿服务受益者分享他们的经历和感受，鼓励高校青年分享自己参加志愿活动的初衷和感悟，让更多人了解志愿服务的价值和意义。此外，还可以定期开展与志愿服务相关的主题活动，如志愿者招募会、分享会、表彰大会等，通过这些活动，吸引更多人关注和了解高校青年志愿服务活动，提高公众对志愿服务的知晓度和认可度。

---

① 梅小亚：《推动新时代志愿服务体系建设》，《贵州日报》2024年9月11日。

乡村治理篇

B.7
河南省乡村治理的时代困境与未来发展

田丰韶 汪心怡*

摘 要： 近年来，在《河南省乡村组织振兴五年行动计划》和《关于创建"五星"支部引领乡村治理的指导意见》等文件精神指导下，河南省乡村"五星"支部创建工作得到广泛关注，以"五星"支部创建为抓手的党建引领乡村治理河南模式基本形成，乡村治理领导力建设、乡村治理体系建设、乡村治理数字化平台与机制建设均取得显著成效。在新的时代背景下，河南省乡村治理仍面临治理能力短板突出、多元共治局面尚未形成、多治融合程度不高、数智赋能乡村治理水平偏低、乡村治理规范程度仍需提高等困境，未来需要在坚持党建引领、人民主体、多治融合、突出服务导向等原则下，进一步健全乡村治理党建引领机制、增强乡村治理的经济保障、注重发挥乡村治理的村级组织功能、注重社会协同机制创新、强化制度规则建设等，全面推进乡村治理体系与治理能力现代化。

---

* 田丰韶，河南大学哲学与公共管理学院副院长、副教授、研究生导师，主要研究方向为乡村减贫与发展、社会政策与社会建设等；汪心怡，河南大学哲学与公共管理学院社会工作专业硕士研究生，主要研究方向为社会工作与社会政策。

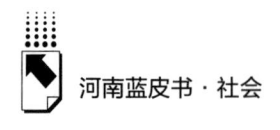

关键词： 乡村治理　乡村振兴　乡村组织　河南省

习近平总书记指出："农村现代化既包括'物'的现代化，也包括'人'的现代化，还包括乡村治理体系和治理能力的现代化。实施乡村振兴战略，以治理有效为基础。治理有效，是乡村振兴的重要保障。"① 乡村治理是国家治理体系的关键部分，提高乡村治理效能是推动乡村全面振兴、巩固党在农村的执政基础、满足农民对美好生活的追求的必然选择。截至2023年底，河南省常住人口总量9815万人，位居全国第三，乡村常住人口4114万人，占全省常住人口的41.9%。② 因此，治理好区域面积广、人口多的乡村仍是河南省推进社会治理体系与治理能力现代化的根本所在。多年来，在河南省委、省政府正确领导下，持续改进和完善乡村治理、健全乡村治理体系、培育文明乡风，成效显著。

一　河南省乡村治理体系与治理能力现代化新进展

2021年9月，中共河南省委农村工作领导小组印发《河南省乡村组织振兴五年行动计划》，明确提出乡村治理领导力、乡村治理体系与乡村治理平台"三项建设"。《计划》实施以来，在"五星"支部创建工作带动下，河南省治理体系与治理能力显著提升。

（一）"五星"支部创建工作成效明显

党建引领乡村振兴是过渡期内巩固拓展脱贫攻坚成果、推进乡村全面振兴、推进农业农村现代化的重要制度安排，对于推动多主体协同共

---

① 中共中央党史和文献研究院：《推进基层治理现代化的根本遵循和科学指南——学习〈习近平关于基层治理论述摘编〉》，《人民日报》2024年1月12日。
② 《河南省人口概况》，河南省人民政府网站，2024年4月2日，https：//www.henan.gov.cn/2024/04-02/2972793.html。

治、提升社会整体治理水平具有深刻意义。2022年4月，河南省出台了《关于创建"五星"支部引领乡村治理的指导意见》。两年来，"五星"支部创建成为党建引领乡村全面振兴的重要抓手。省级层面通过将乡村振兴战略具体化、多维激励制度化和部门联动为基层党建提供了工作指引，县、乡层面通过设置专项机构、观摩评比和全程监督为乡村治理提供了机制保障，村级层面则通过阵地建设、制度建设、组织建设和资源整合实现了党建与村民的有效对接。清晰的"五星"支部创建标准和任务清单，明确了支部过硬星、产业兴旺星、生态宜居星、平安法治星、文明幸福星的具体要求，为创建工作提供了明确的方向，实现了党建动力与乡村社会自下而上的治理实践紧密结合，党建促发内部发展动力，为党建引领乡村有效治理提供了一条切实有效的实践路径。截至2023年底，河南省农村已创建"五星"支部1110个，"三星"及以上支部占比达55.49%。

（二）乡村治理领导力显著提升

河南省各级党组织高度重视"五星"支部创建工作，成立了专门的工作领导小组，形成了上下联动、齐抓共管的工作格局。村级层面，通过对不胜任、不称职的村"两委"干部进行调整，选拔了一批素质高、能力强的优秀人才进入村级班子，提升了基层党组织的凝聚力和战斗力。近年来的换届选举中，村党组织书记"一肩挑"比例达到100%。不少"90后"村党组织书记走马上任，其平均年龄有所下降。2021年集中换届后，河南省村党组织书记平均年龄为47.9岁，比换届前下降5.8岁，而村"两委"成员平均年龄下降了7.4岁，大专及以上学历的占比上升了10.4个百分点，年龄、学历占比实现一降、一升。年轻村党组织书记凭借新观念、新思路和新方法，给乡村治理带来了新气象。随着教育水平的提升和基层干部学历提升计划的实施，村党组织书记的整体学历水平得到了有效提升。截至2024年7月，兰考县实现了52岁以下的村（社区）党组织书记全部达到大专及以上学历的目标。

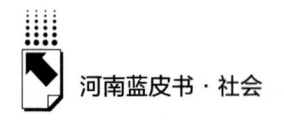

（三）乡村治理体系建设成效明显

河南省扎实践行新时代"枫桥经验"，运用"千万工程"经验。各地充分运用与创新"四议两公开"工作法，98.79%的村制定自治章程，99.67%的村修订完善村规民约，99.92%的村建立村务公开等村务管理、民主理财、财务审计等制度。借助驻村帮扶、结对帮扶、党员联户、干部包片、支部会商和村报告、乡处理、县办结工作机制，依托网格化治理平台，及时掌握村情民意、化解矛盾纠纷，将不能解决的问题及时上报基层治理信息平台，推动县乡干部快速响应、入村处理。截至2023年底，河南省共有171.4万名农村党员、村组干部参与联户，每户村民都有1名党员或村组干部联系，就地化解矛盾纠纷58万起，实现小事不出组、大事不出村、难事不出乡。

（四）乡村治理数字化平台与机制逐步完善

依托"五星"支部创建工作，形成了完善的党建引领乡村治理机制。开封市的"一中心四平台"、信阳市的"社会治理中心"等18个地市的创造性探索，全省所有地市均在加快数字乡村建设，各种形式的乡村治理数字化平台实现了乡村全覆盖，实现了数字化治理与"基层吹哨、部门报到"机制有机结合，乡村治理数字化机制逐步健全。积极推进积分赋能乡村治理，持续推广运用积分制、清单制。截至2023年11月，全省2.1万个村运用积分制，2.3万个村开展清单制，2.6万个村开展接诉即办，1.9万个村开始"村民说事"，农民参与乡村治理的积极性不断提高。

二 河南省乡村治理的时代困境

（一）村党组织书记精力能力本领短板效应明显

村党组织书记"一肩挑"及相关制度安排，系统解决了"谁来挑""挑什么""怎样挑"，回应了现代化目标指向下乡村治理内在要求。在近年来的相关调研中，村党组织书记普遍反映乡村全面振兴任务较重，日常工作烦琐，时间精力不足，疲于应付。根据2019年1月中共中央印发的《中国共产党农村基层组织工作条例》①第六章"乡村治理"和第七章"领导班子和干部队伍建设"相关要求，村党组织书记要具备五大能力，即政治领域的政治学习力、政策理解力、政策执行力；日常工作领域的文字与材料撰写能力、沟通组织动员能力等；治理工作领域的群众工作能力、矛盾纠纷调处能力、个人权威与领导力、依法治村能力；经济发展领域带领致富能力、利益衔接分配能力；可持续有序发展方面包括抵御诱惑能力和内生可持续工作动力。调研发现，河南省不少乡村振兴示范村党组织书记和成员普遍存在一些明显短板与不足，例如，政策理解不到位、执行力不足、乡村治理数字化平台和工作平台操作能力低下、群众工作理念与方法落后、权威不足等问题。此外，还存在带头致富能力不强、利益分配与协调能力不强、依法治村能力不强等诸多问题。

（二）多元共治格局尚未形成

多元共治是新时代乡村治理的内在要求。只有在党的领导下，多元主体共同参与乡村治理，才能实现乡村善治。2021年，笔者所带领的课题组在信阳市、洛阳市、商丘市、开封市、新乡市等地调研时发现，所调研乡村的村级党组织、自治组织、"一约四会"、集体经济组织、驻村帮扶工作队伍均比较健全，多元治理体系和多元主体参与乡村治理体系基本形成，但多元共治的格局尚未形成，各个主体的治理能力仍有待提升。一方面，党和政府在乡村治理中仍扮演主导者角色，但其职能需要进一步转变，要从"全能型"向"服务型"转变。另一方面，农民治理主体陷入"悬浮化"困境。农民作为乡村治理的核心力量，其参与度和能力的提升是实现多元共治的关键。然而，乡村外出流动人口规模大，外出务工者参与乡村治理积极性不高，留守群体参与乡村治理能力偏弱，导致他们在治理过程中处于边缘化状

---

① 《中共中央印发〈中国共产党农村基层组织工作条例〉》，《人民日报》2019年1月11日。

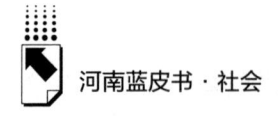

态，集体行动能力不强、话语权不足。目前，乡村社会组织的发展也存在诸多不足，如组织规模较小、资金来源有限、专业人才缺乏等都不同限度地削弱着乡村治理的成效。

（三）多治融合程度不高

目前，河南省很多乡村自治、法治与德治平台建设进展速度较快。自治和德治平台均在乡村内部，融合度较高，而法治平台多由公安、司法、检察院和法院主导，相关平台建设相对独立，法治与德治、自治并未做到有机融合和一体推进。一是村民自治水平有待提高。一些地方的村民自治组织参与乡村治理能力较弱，未能充分发挥作用，村民参与村务管理和决策的积极性不高，导致自治功能未能充分发挥作用。二是乡村治理数字化平台多而不精。虽然河南省社会治理平台、数字政务平台等涉农数字化平台有89个，但系统化、整体化水平不高。

（四）数智赋能乡村治理水平亟待提升

党的二十大报告明确指出，要加快建设网络强国、数字中国，并对数字乡村建设做出战略部署。数字乡村建设作为数字中国体系的重要组成部分，正在以数字技术赋能乡村治理，推动乡村治理向数字化、现代化的方向迈进。随着科技的快速发展和信息化时代的到来，乡村治理现代化水平亟待提升。当前，河南省一些乡村地区信息化建设进展较快，乡村治理数字化平台多而散，且由不同的部门和组织主导运行，碎片化严重。同时，数字化、信息化设施运行与维护成本较高，但相关设施利用率不高，导致人民群众知晓率与使用率均较低，数字赋能乡村治理效果不明显。

（五）乡村治理的制度规范程度仍需提高

具体表现在以下五个方面。一是村级组织体系尚不健全。村级组织面临权威性不足、信任不足、资源自筹能力不足、专业人才不足和服务水平低等困境。村级组织承担的行政事务、各种检查评比事项过多，负担沉重。二是村民自治机制不够完善。村民参与自治的渠道和方式仍然有限,村民大会和村民代表大会的召开频率低,决策过程缺乏透明度,村民对村务公开和财务公开的知情权得不到充分保障。此外,村民自治的组织形式单一,缺乏多样化的参与平台,使村民的意愿和需求难以得到有效表达和满足。三是乡村法治建设滞后。尽管近年来国家加大了对乡村法治建设的投入力度,但在一些乡村地区,法律知识普及程度仍然较低,村民对法律的认知和运用能力有限。乡村司法资源不足,法律服务和法律援助体系不健全,导致村民在遇到纠纷和权益受损时难以获得及时有效的法律帮助。四是乡村文化建设滞后。乡村文化是构成乡村治理的坚实基础,然而,在部分乡村,"农家书屋""乡村图书馆"等文化基础设施的建设成效显著,但各类图书文化资源浪费严重,文化活动的开展亦显不足。五是乡村治理的监督机制尚不完善。缺乏有效的监督和问责机制,基层权力的腐败惩治力度不足,使一些治理行为难以得到有效的规范和约束。

三 新时代河南省乡村治理创新的基本原则

(一)党建引领

以"五星"支部创建为抓手的河南乡村"一核多元"党建引领乡村治理机制成效显著,需要继续坚持与强化。所谓"一核多元"就是以"乡村党建"为核心,鼓励多元主体参与乡村治理,实现居民对社区公共事务的自我管理。一是以村级党组织为核心,加强村级自治组织建设。进一步健全村级自治组织,加强以村级党组织领导为核心的村级自治组织建设。修订完善以村民公约为重点的村民自治制度,完善"三级授权",规范民主议事。二是推进"乡村社会组织、乡村社会工作者、乡村社区、乡村社区志愿者、乡村社会慈善资源"联动即五社联动模式,探索乡村治理创新。三是积极开展村居减负增效,回归村民自治本色。严格落实村居事项准入制度,全面梳理村居事务,优化村居的考核评价指标,增设对村(社区)的"一票否决"事项。四是实现党对"三农"工作的领导在乡村得到落实。充分发挥基层党组织在乡村治理中的领导核心作用，推动各项服务工作落细落实。基层党组织应积极引导党员深入群众，了解村民的实际需求，为村民提供切实可行的解决方案。通过党员带头参与公共服务项目，可以有效提高服务质量和服务效率，增强村民对基层党组织的信任和支持。

（二）以村民为主体

以村民为主体就是要关注和挖掘村民自身的优势和潜能，要真正平等地参与对话合作，以农民有什么为出发点，推动能力建设，协助乡村发掘并开发自身潜能，依靠彼此力量合作，实现有序治理。积极推进乡镇一级的党委、政府、人大、政协、群团组织、武装部以及村一级的基层党组织、村民委员会、村民会议、村民代表会议、监事会、村民小组、各类村民合作组织的多元主体协同治理。搭建新乡贤理事会和乡村治理数字化平台，构建留守人员和外出务工人员共同参与乡村治理机制。

（三）促进多治融合

应在自治、法治、德治融合的基础上引入情感治理和数智治理，进一步丰富乡村治理的内涵。情感治理是指在乡村治理过程中，注重村民之间的情感联系和情感交流，通过强化社区凝聚力和归属感，促进乡村社会的和谐稳定。在"三治融合"的基础上，情感治理可以作为第四种力量，与自治、法治、德治相互补充，共同构建和谐乡村。数智治理作为一种新型乡村治理模式，有助于明晰社区治理的执行目标、形成社区治理的大数据思维，丰富社区治理的执行手段。例如，信阳市罗山县灵山镇科技小院以"产业数字化发展"和"乡村治理信息化"为主线，融合云计算、物联网、大数据等技术，将数字技术植入产业，融入乡村治理。信阳市何家冲村的"数字家园"打造未来社区治理新场景，村党组织联合移动公司启动"党建+智慧云平台"，方便了解村情民情，及时解决群众需求，村民可在云平台查看村务，也可以及时上报诉求、疑问、建议等，为乡村治理现代化注入了新动力、提供了新路径。

（四）突出为民服务导向

服务治理是指在乡村治理过程中，将服务作为核心，通过提供高质量的公共服务，满足村民多样化的需求，从而提升村民的幸福感和满意度。一是要建立一个以村民需求为导向的机制，确保村民的声音能够被充分听取和反映。可以通过定期召开村民大会、发放问卷调查、开放意见箱等方式，让村民有机会表达自己的需求和提出自己的建议。二是为民服务的体系化发展，构建一个覆盖乡村各个领域的服务体系。包括但不限于教育、医疗、文化、交通、环境方面。通过整合现有资源，建立一个多层次、全方位的服务网络，确保村民能够享受到便捷、高效的服务。

四 新时代河南省乡村治理的路径选择

（一）健全乡村治理党建引领机制

健全乡村治理党建引领机制，关键在于将党组织深深扎根于基层，在人、事方面强化对基层的控制。一是要拓宽人才引入渠道。组织吸纳新乡贤、致富精英、社会领域精英加入乡村治理人才队伍，为乡村治理注入新鲜血液，构建一支高素质、专业化的乡村治理人才队伍。二是要推动构建服务型基层党组织。面对新形势、新任务，基层党组织要转变工作方式、改进工作作风，把服务作为自觉追求和基本职责，寓领导和管理于服务之中，通过服务贴近群众、团结群众、引导群众、赢得群众。三是要通过高质量党建工作推动"两新"组织（即新经济组织和新社会组织）的健康发展，为乡村治理注入活力。高质量党建工作不仅能够提升基层党组织的凝聚力和战斗力，还能为"两新"组织提供坚强的政治保证。通过加强"两新"组织的基层党组织建设，确保这些组织在发展过程中始终坚持正确的政治方向，促进其健康、有序、可持续发展。四是要加强党对村内各类组织的领导，确保村内各类组织在党的领导下有序开展工作，形成统一的行动和步调。基层党组织要通过定期召开会议、组织学习和交流活动，加强与村内各类组织的沟

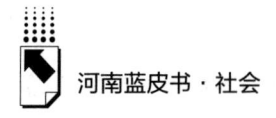

通和协调，形成合力，共同推动乡村治理工作向前发展。五是要发挥党员的模范带头作用。通过党员的示范引领，带动广大村民积极参与乡村治理，树立文明乡风，形成良好的社会风尚。

（二）增强乡村治理的经济支撑

在当前推进乡村振兴战略的大背景下，提升乡村治理成效需要充足的集体经济收入。2023年10月，河南省农业农村厅印发《河南省新型农村集体经济发展导则》，实施新型农村集体经济发展项目，指导各地充分利用农村集体资源条件、经营能力，探索资源发包、物业出租、居间服务、资产参股等多样化途径发展新型农村集体经济。但整体来讲，河南省村级集体经济收入偏低，特别是濮阳市、许昌市、商丘市、信阳市、周口市、驻马店市等地的农村集体经济实力普遍偏弱。郑州市、洛阳市、新乡市和焦作市等地的农村集体经济实力较强，但内部发展不均衡，严重制约了乡村治理效能提升。因此，首先，要落实好中央与河南省委有关新型农村集体经济发展的新决策部署，持续深化农村土地制度改革、农村集体产权制度改革等，全面完成农村宅基地制度改革试点工作，发展壮大新型集体经济，创新推广集体经济发展模式。其次，要促进生产要素有效聚合。通过整合土地、资金、技术、人才等生产要素，实现资源的优化配置和高效利用。再次，要建立健全集体经济组织的内部管理制度，包括财务管理制度、决策机制、风险控制等，确保集体经济的规范运作和健康发展。最后，要确保合理分配。在农村集体经济发展的过程中，要注重公平和效率的平衡，确保集体成员能够合理分享发展成果。建立合理的分配机制，既能够激发集体成员的积极性和创造力，又能够保障农村集体经济的长期稳定发展。

（三）注重发挥乡村治理的村级组织功能

构建乡村治理的村级组织体系，必须规范村级组织的工作事务。应当对村级组织所承担的过多的行政事务和频繁的检查评比事项进行清理和整顿，以切实减轻村级组织的负担。原则上，各政府机构不得在村级设立分支机构，不得将村级组织作为行政任务的执行者。村级组织的主要职责应聚焦于服务村民、维护村庄秩序、推动村庄发展等方面。同时，要强化村级组织的自治功能，鼓励村民通过民主协商议事会等形式参与村庄事务的决策和管理，提高村民的参与度和满意度。

此外，必须加大基层小微权力腐败的惩治力度。规范乡村小微权力的运行，明确村级组织的权力边界和责任范围，建立健全村级权力监督机制。通过制定和完善村级权力清单、责任清单和负面清单，确保村级组织在阳光下运行，防止权力的滥用和腐败现象的发生。同时，要加强对村级干部的教育培训，增强他们的法治意识和廉洁自律意识，确保村级干部能够依法依规行使权力，为村民提供公正、透明的服务。

（四）探索社会协同新机制

探索社会协同新机制，是实现乡村治理现代化的重要途径。在这一过程中，需要充分发挥多元主体的作用。首先，是加强妇联、团支部、残协等组织建设，充分发挥其联系群众、团结群众、组织群众参与民主管理和民主监督的作用。其次，是积极发挥服务性、公益性、互助性社区社会组织作用，通过这些组织，可以更好地满足村民在教育、卫生、文化等方面的需求。同时，要注重培育农村专业合作社、家庭农场等新型农业经营主体，使其成为乡村治理现代化的有力支撑。最后，是坚持专业化、职业化、规范化，完善入学考试、继续教育、专业培训等制度，加快建立涉农领域社会工作人才培养体系，加大农村社会工作专业人才选拔培养力度，加强农村社会工作服务岗位开发，大力开展针对青少年、老年人、残疾人、困难群众等重点人群的增强权能个案服务，积极发展以农民需求为导向的惠农政策宣讲、法律援助、乡村文化建设、农业技术栽培宣讲等农村专业服务。探索通过政府购买服务等方式支持农村社会工作和志愿服务发展，培养一批乡村治理的应急志愿者。

（五）强化制度规则建设

强化制度规则建设是乡村治理有序进行的重要保障。制度规则的完善不仅能够规范乡村治理行为，还能够为乡村发展提供稳定可预期的环境。首先，要建立健全人才培养、引进、激励等制度规范，确保乡村人才的合理流动和有效利用。其次，要着力构建和健全自治、德治的规范体系，通过制度化的手段，引导村民自觉遵守社会公德，积极参与乡村治理。再次，要建立健全乡村发展的制度规范，保护和激发企业、合作社、农户等多元主体的积极性、主动性和创造性。拓宽资金来源渠道，引进先进农业技术和优良作物品种，推动适度规模经营，重视并促进集体经济的发展。复次，要完善乡村精神文明建设的制度规范，积极弘扬乡村的特色传统文化，鼓励乡村居民开展健康文化娱乐活动，适度开展文明家庭评选活动，定期进行乡村卫生评比等，以此提升乡村的整体文明程度。最后，要建立健全乡村建设行动的规范体系，增强乡村基础设施建设的整体规划约束力，确保乡村教育、医疗等公共事业的经费投入，加强文化体育等活动场所的建设，提升乡村养老、托幼等社会服务能力，从而全面提高乡村居民的生活质量。

（六）着力提升数字乡村治理一体化水平

以"农业农村数字化应用"为核心，着力搭建大数据平台。把近百个涉农数字化应用系统，全部汇集到全省农业农村大数据服务平台上，围绕"数字化管理服务、数字化场景应用、数字化决策分析、数字化数据支撑、数字化基础设施"五个层面开展数字化应用，实现标准统一、数据服务平台统一、客户应用端统一、数字云服务平台统一，完善智慧发现与识别、智慧参与、智慧决策、智慧监管等功能，持续深化数字乡村治理建设，全面提升农业生产智能化、乡村治理数字化、农民生活智慧化一体化水平，以数字化赋能乡村振兴和农业强省建设。

参考文献

陈廷昌：《习近平乡村治理观在河南嵩县的实践研究》，硕士学位论文，内蒙古科技大学包头师范学院，2024。

张宏伟、王雨宁、黄家慧：《新时代推进乡村治理现代化的现实困境与路径探索》，《农业经济》2024年第9期。

杨骏、张雨莎：《乡村治理中的"三治融合"：地方实践、基本共识及规则安排》，《安徽乡村振兴研究》2024年第4期。

《河南统计年鉴（2023）》。

《2024年河南省国民经济和社会发展统计公报》。

B.8
数字技术赋能河南乡村治理的实践探索研究*

李三辉**

摘　要： 数字时代，推进乡村数字治理是提升乡村治理现代化的基本方式，也是实现乡村经济社会高质量发展的基础保障。从实践上看，河南多地围绕数字技术赋能乡村治理进行了创造性实践探索，形成了一些实践经验。但也要看到，推进乡村数字治理仍然面临理念认知、机制建设、行动能力等方面的制约。需要加快健全党组织领导下的乡村数字治理机制，提升乡村治理主体的数字素养与能力，完善数字技术赋能乡村治理的保障体系，不断深化乡村治理中"数字技术"与"治理行动"的耦合。

关键词： 乡村治理　数字乡村建设　乡村数字治理

实现乡村治理有效和乡村建设质量提升，依赖合理的治理体系、健全的治理机制，也需要恰当的治理技术应用、多元的治理创新手段。当前，随着信息技术的飞速发展，尤其是以数字化为代表的新兴技术的不断革新，我国已经步入数字社会快速发展的新阶段，"数字乡村"亦成为未来农村社会形态的发展走向。直面数字时代的加速演进和数字乡村建设的日益推进，乡村治理领域内的"数治"理念与数字化转型实践不断凸显，乡村数字治理已成为推进乡村治理现代化的重要方式，而以数

---

* 本文系河南省哲学社会科学规划年度项目"数字时代河南乡村治理现代化的评价体系构建研究"（项目编号：2023CZZ020）的阶段性研究成果。
** 李三辉，河南省社会科学院人口与社会发展研究所助理研究员，主要研究方向为乡村治理。

字化赋能乡村治理、引领农业农村现代化，也成为助推新时代乡村高质量发展的重要渠道。

一　数字技术赋能乡村治理的本质特性

尽管社会各界对"数字化治理""乡村数字治理""乡村治理数字化转型"的讨论越来越多，但认识仍然较模糊，需要对乡村数字治理的基本问题加以辨析，这不仅是全面理解乡村数字治理的关键，也能够防范乡村数字治理相关的研究陷入片面的思维误区，从而更好地把握数字时代下乡村建设与治理的价值，不断推动乡村治理现代化。

（一）乡村数字治理的内在本质

乡村治理不仅是一个管理性概念，更是一个实践性命题。乡村治理内含的治理技术、治理方式、治理体系等元素，都具有较强的实践指向，既作用于实践来产生效能以彰显价值，又植根于实践发展而变革调整以适应时代变迁。乡村数字治理是实践发展的产物，是以数字化技术对乡村治理手段的创新改造，将数字技术深度融合于乡村治理实践，通过构建数字化乡村治理体系，统合传统与现代的治理理念与方式，促进乡村治理现代化和治理效能提升。从操作层面上看，乡村数字治理是将大数据、人工智能等信息技术手段，广泛应用于乡村社会事务管理与乡村治理实践中。构建乡村数字治理体系能够推动数字时代乡村治理实践，而治理主体可以借助数字技术嵌入及转变治理思维，充分利用数字技术为乡村治理赋能，不断推进乡村治理现代化。乡村数字治理本质上是"社会治理"在数字时代的特点外显与历史表现，即突出"数字化"技术特征的社会治理实践。

（二）乡村数字治理的基本特征

具体来说，乡村数字治理有以下几个方面的基本特征，需要我们在推进新形势下的乡村治理实践操作中予以把握，并做出合理的价值判断。

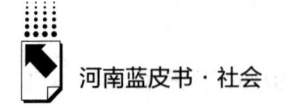

一是推进乡村数字治理，构建乡村数字治理体系不是简单的"技术"注入。乡村数字治理是数字化驱动社会治理现代化理念变革的产物，它将数字化技术应用到了乡村社会建设与治理实践中，这不是单纯的治理方式中的"数治"手段添加，而是"数字技术"与"乡村治理"的互嵌融合，是技术、组织与思想的变革，追求的是数字技术赋能治理实践、提升治理效果，以推动"体系结构优化、运行过程有效"的社会治理现代化。

二是推进乡村数字治理，构建乡村数字治理体系不等于数字时代的乡村治理体系。乡村数字治理，不是时代变迁语境下的时间概念演进，不完全等同于数字时代的乡村治理概念，而是运用以数字化为突出特征的现代信息技术为"中国之治"的乡村治理实践引入新范式。乡村数字治理体系与数字时代之前的乡村治理体系的关系不是割裂无涉的，而是在延续旧体系基础上的动态性统合调整，以数字化治理范式助推乡村治理体系发展健全的空间结构优化。从治理态势上看，形成的是党建引领、服务导向、资源整合、信息支撑、法治保障的数字乡村社会治理格局。

三是推进乡村数字治理，需要以治理机制革新来构建乡村数字治理体系。乡村数字治理体系是顺应数字时代的乡村治理结构变化，是乡村治理的数字化转型与数字化乡村治理的实践拓展，是"数治"方式融入乡村治理体系的实践行动，通过"自治、法治、德治、数治"的有机融合，构建共建共治共享的乡村数字治理体系。推进乡村数字治理，构建乡村数字治理体系，要防范陷入过度的"技术"偏好，其核心指向是实现乡村治理有效，不断推进乡村治理体系和治理能力现代化。

总之，乡村数字治理的归旨在于治理，只是在方法和手段上强调运用数字化技术作为支撑，将数治与自治、法治、德治有机融合，助推实现乡村治理现代化。

二 河南推进乡村数字治理的实践逻辑

数字时代下，河南乡村的治理基础、治理结构、治理格局已发生深刻变化,与之相对应的乡村治理体系也需不断健全完善,即推进乡村治理的数字化转型。新时代新征程,加快推进河南乡村数字治理,不仅是"数字河南"建设的内在要求,也是促进乡村振兴、提升乡村治理水平的现实需要。

(一)推进乡村数字治理是"数字河南"建设的内在要求

党的十九大明确提出要建设数字中国,把加快推进"数字中国"建设升级为国家战略。为贯彻落实党中央、国务院的战略部署,推进现代化河南建设,河南在2021年的第十一次党代会上将"实施数字化转型战略"列为"十大战略"之一,希望以"数字河南"建设助推全省经济社会高质量发展。从实践上看,为了深入实施数字化转型战略、加快"数字河南"建设,河南围绕数字政务发展、数字社会建设、做优做强数字经济等主题,出台了一系列相关政策文件,为河南数字化转型新格局的形成和"数字河南"的建设提供了坚实保障。在乡村数字治理方面,《中共河南省委 河南省人民政府关于做好2022年全面推进乡村振兴重点工作的实施意见》指出,要推进数字乡村建设,推动"互联网+政务服务"向乡村延伸。[1] 2023年,河南省委一号文件强调,要大力推进数字乡村建设,统筹城乡信息通信网络一体化发展,持续加大农村网络建设投入。[2] 2024年,河南省委农村工作会议指出,要持续深化自治、法治、德治、数治"四治融合"基层治理体系,不断提高乡村治理现代化水平和善治程度。[3] 可见,在"数字河南"建设中,无论是对"推进社会治理数字化"的强调,还是对数字乡村建设的强调,都表明推进乡村数字治理在河南实施数字化转型战略、推进数字强省建设中

---

[1] 《中共河南省委 河南省人民政府关于做好二〇二二年全面推进乡村振兴重点工作的实施意见》,河南省人民政府网站,2022年3月29日,https://www.henan.gov.cn/2022/03-29/2421957.html。

[2] 《中共河南省委 河南省人民政府关于做好2023年全面推进乡村振兴重点工作的实施意见(2023年3月10日)》,河南省人民政府网站,2022年4月10日,https://www.henan.gov.cn/2023/04-10/2721679.html。

[3] 《河南省委农村工作会议召开 楼阳生出席并讲话》,新华网,2024年1月10日,http://www.ha.xinhuanet.com/20240110/e40352a778574961907fcc95aea4bbb8/c.html。

占有重要地位。同时，也反映出数字乡村建设和数字化治理体系构建是推进"数字河南"建设的基础支撑，而推进乡村数字治理正是数字时代乡村社会建设和乡村治理现代化的基本方向。

（二）推进乡村数字治理是实现乡村治理现代化的基本支撑

回望河南乡村治理的发展演进，无论是"统治—管理—治理"的理念变革，还是"松散自治—集权统治—计划管理—改革放权—多元参与"的治理模式变迁，乡村治理伴随社会发展阶段"传统社会—现代社会"的历史走向，也在不断走向现代化。它体现在治理理念、治理模式、治理手段、治理技术、治理平台、治理主体格局等方面。当下的社会发展环境是处于数字时代的宏大背景下，乡村治理所指涉的经济社会结构、社会主要矛盾、内外发展环境等都发生了重大变化，原有的社会治理机制、治理体系无法完全适应数字化变革驱动下的新的社会发展态势，需要对数字时代语境下的乡村治理体系进行调整变革，提高乡村治理能力，推进乡村数字治理以拓展数字乡村战略下的乡村治理实践。推进数字时代下的河南乡村治理现代化，一个重要方面或实践方向就是植根数字社会实践变化，不断改进和完善乡村治理体系，推动乡村治理体系的数字化转型，提升乡村治理的数字化能力，从而以更加优化的治理体系、更加有效的治理方式助推乡村治理效能提升，促进乡村善治达成。

（三）推进乡村数字治理是助推城乡高质量发展的运行基础

党的二十大报告指出，高质量发展是全面建设社会主义现代化国家的首要任务。[1] 历史已经证明，发展是解决我国一切问题的基础与关键，"发展作为第一要务"也是新时代新征程必须坚持的重大原则问题。乡村治理作为影响广大城乡基层发展的重要因素，其治理质量与治理水平的高低也深刻影响

---

[1] 习近平：《高举中国特色社会主义伟大旗帜　为全面建设社会主义现代化国家而团结奋斗：在中国共产党第二十次全国代表大会上的报告》，《人民日报》2022年10月26日。

着农村社会建设层级、乡村振兴水平。从某种程度上来说，乡村治理不仅是现代化建设的基本内容、重要手段，也是支撑城乡高质量发展的前提基础。从实践上看，我国通过持续加强和改进乡村治理，健全了共建共治共享的乡村治理制度，从体制机制优化上保障了治理效能的发挥，筑牢了经济社会高质量发展中的治理制度根基。同时，面对数字时代发展和数字社会治理形势，通过接续健全完善乡村治理体系，发展党组织引领下的"自治、法治、德治、数治"相融合的治理体系，推进了乡村治理现代化，有力支撑了城乡基层高质量发展的实践运行。推进新形势下现代化河南建设，必须持续加强和改进乡村治理，切实推进乡村治理数字化转型，从而以数字化驱动城乡基层治理制度变革、提高城乡基层治理精准度、促进城乡基层治理体系进一步完善，不断优化河南高质量发展的制度环境、治理环境，筑牢发展根基与治理基础。

三　数字技术赋能乡村治理的河南实践

近年来，河南瞄准乡村振兴战略图景和乡村治理现代化目标任务，立足数字技术深度嵌入乡村发展的现实形势，下大功夫在推进数字乡村建设上，积极构建了党建引领下的乡村数字治理新体系，开展了以数字化转型促进乡村治理结构变革、以数字化技术赋能乡村治理的实践探索。

（一）"党建+大数据+全科网格"乡村治理的"新乡探索"

近年来，新乡市坚持以高质量党建促进乡村全面振兴，以"五星"支部创建强化基层组织建设，以大数据融合基层治理网格，构建了"党建+大数据+全科网格"的乡村治理机制体系，走出了乡村治理新路径。[1] 一是以党建引领增强乡村治理的组织保障与治理合力。新乡市始终坚持党建统领乡村治理全域工作，不断加强农村党组织建设以筑牢党的基层基础，创新实行"四全"（全员、全域、全程、全面）党建模式，深化开展党员"亮作树"

---

[1] 穆智明、彭方、王锴：《党建引领数据赋能网格夯基》，《河南法制报》2023年10月16日。

（亮身份、做表率、树形象）、干部"联包助"（联系、分包、帮助）等活动，不断提升基层党组织的凝聚力和治理领导力。同时，把党建服务延伸到所有网格，不断健全"行政村党组织—网格（村民小组）党组织（党小组）—党员联系户"的组织体系，切实将支部建在网格上、把党员作用发挥到网格中。二是充分利用数智赋能乡村治理。新乡市持续构建完善上下联通的综治网格化信息平台、数字化公共服务平台，将所有政务服务事项整合到一个门户网站上，实现"一网通办、一网统管"，大大提升了治理服务的便捷化、高效化。三是以"全科网格"助推治理效能提升。新乡市根据各地行政范围、人口数量、党员规模等情况，规划网格、配备网格员，不断探索创新政务、警务、社务"3+N"网格化管理模式，构建"区—镇（街道）—村（社区）—网格"四级联动工作机制，在党组织领导下将村（居）民委员会、业主委员会和物业服务机构融入网格建设中，打造上下协同、群防群控、城乡一体的全科网格平台，极大地提升了治理质效与群众满意度。

（二）"数智"助推乡村治理的"淇滨样板"

自2020年入选国家数字乡村试点地区以来，鹤壁市淇滨区的数字乡村建设步入新阶段，通过拓展数字化技术在党建、政务、民生等领域的应用，深入实施数字乡村发展行动，构建了乡村治理新体系、优化了数字乡村治理生态，打造了数字乡村治理的"淇滨样板"，有力推进了农业农村现代化建设进程。具体来看，淇滨区围绕数字乡村建设和乡村数字治理开展了以下几个方面的工作。一是大力推进数字村庄建设，夯实乡村智治基础。按照"有场所、有人员、有设备、有宽带、有网页、有持续运营能力"的"六有"标准，以网络全覆盖、服务无盲区、运营可持续为目标，建成了110个覆盖所有行政村的益农信息社站点，提供农业公益、便民服务、电子商务、培训体验等"四大服务"。[①] 二是着力搭建数字平台，提

[①] 《鹤壁淇滨区：以"数智"助力乡村治理》，人民网，2022年11月23日，http://henan.people.com.cn/n2/2022/1123/c378397-40206354.html。

升乡村事务管理效能。淇滨区深入实施数字乡村发展行动，在各村搭建一个综合服务平台，涵盖智慧党建、网格管理、乡村治安、农业生产、人居环境等各个模块，让村民享受到了"办事少跑腿、数据多跑路"的生活服务。三是强化乡村安全的科技支撑，不断增强数治能力。近年来，淇滨区不断优化"互联网+监管"模式，在交通要道、重点场所、村口等地增设了互联网监控，以数字技术支撑和完善辖区内乡村的"雪亮工程"体系，基本实现了"数字监管"全覆盖，有力保障了乡村秩序稳定和生产生活安全。

（三）"H"型数字平台助推乡村治理现代化的"信阳经验"

面对信息时代发展和数字化转型，信阳市围绕"党建引领、条块融合、数字赋能、协同联动"的总体思路，切实推进数字赋能基层社会事务管理和治理现代化，形成了数字赋能乡村治理现代化的"信阳经验"。一是加强党建统领乡村治理。信阳市谋划实施了"1335"工作布局，"实现基层基础突破"是三个突破之一，即要强化党建统领，在夯实基层治理基础上实现突破。为此，信阳市着力强化各级党委和党组织的核心领导作用，构建了权责明晰化、条块协同化、流程数字化、指挥一体化、考评多维化"五化"治理体系。二是建设乡村数字治理平台。2022年8月，信阳市印发了《信阳市基层治理"H"型数字平台架构设计方案》（试行），部署了乡村治理"H"型数字平台建设行动。"H"的"两纵"分别指开发民意诉求办理的"上行流程"（目的是"让群众办事更方便"）和开发高效精准指挥的"下行流程"（目的是"让政府管理更高效"）；"H"的"一横"是指联通市"12345"热线，畅通市、县两级社会治理中心民意诉求转接办渠道，实现基层治理多元化解。从治理流程上看，信阳市通过数字赋能深化"智治"，进一步规范和厘清各类社会事务管理的权限归属，推动"王"字形治理架构每个层级各司其职，健全完善县乡村一体化的基层治理体系，依托数字平台实现基层治理"一张网、一网办"。① 三是推进社会事务管理下沉。信阳市依托数字平台建设，不断推进众多民生类公共服务事项办理下放至乡镇公共服务中心，让老百姓在家门口就能够快速、便捷地办理各项事宜，使群众享受到了资源下沉、权力下放、服务下移的基层治理改革红利。

四 河南推进乡村数字治理面临的现实问题

从实践上看，尽管河南省内多地涌现了一些推进乡村治理数字化转型的运行经验与治理样本，但当前河南乡村数字治理实践依然存在不少挑战。

（一）乡村数字治理的思想认识不到位

有些地方在数字治理理念更新上存在"堕距"，对乡村数字治理存在模糊认识。例如，把乡村数字治理简单理解为技术命题，割裂了技术治理同其他治理方式的协同关系，没有将"数字化"深度融入治理体系构建、治理手段统合与治理过程运转中。同时，乡村数字治理有走向一味开展数字化建设的狭隘实践的风险，部分地区着力建设大数据服务中心、智慧应用平台，而忽视管理服务、群众体验、升级维护方面的现实需要，没有将数字化真正融入治理实践。这些现象背后是对数字治理的认知偏差，将其实践本质理解成了技术性操作。

（二）乡村数字治理面临"表面数字化"的行动风险

从实践上看，在数字技术广泛场景应用繁荣的现象背后，存在数字技术不能有效贴合乡村治理实践而引致"数字形式主义"的新问题。一方面，存在不以使用为导向的数字化建设，数字建设与实践应用脱节。在"数字政绩"刺激下，部分地区的数字化建设缺乏科学规划、偏离实际需求，导

---

① 《信阳：数字赋能基层治理现代化》，人民网，2022年10月11日，http：//henan.people.com.cn/n2/2022/1011/c378397-40156905.html。

致数字平台"僵尸化"、线上治理"废墟化",造成了资源浪费。另一方面,存在不看治理成效的数字化,"指尖形式主义"增加了治理负担。因受到考核指标的限制,一些基层工作人员将大量精力投入收集数字材料、完善数据中,"数字任务"捆绑下的基层干部没有更多精力投入解决实际治理问题的工作中。同时,过度依赖数字平台的考核路径,也增加了"工作留痕""台账制作""摆拍"等形式主义风险。

(三)乡村数字治理的要素保障不足

在制度体系建设方面,治理实践中的技术平台与智能应用存在运行规则不规范、权责归属不明确、技术标准不统一等问题,在资源共享、效能评价上呈现"一盘散沙"状态。同时,数据信息在传输、存储、管理、应用的过程中,个人隐私、公共部门数据泄露的风险不断加大,急需健全数据安全以及隐私保护等法律法规。在资源要素保障方面,乡村数字治理的"硬件"和"软件"都存在一些短板。受限于经济发展水平,许多农村的基础设施建设层次较低,升级改造或重新建设都需较大的资金和技术投入,而资金欠缺是最大障碍。同时,数字乡村建设又对治理主体能力提出了更高要求,加剧了乡村治理人才的紧张程度,急需建强补足乡村人才队伍。

五 数字技术赋能河南乡村治理的路径思考

当前,乡村治理正在经历数字技术带来的治理变革,数字化浪潮推动乡村治理制度、治理体系、治理方式的调整,乡村治理不可避免地要走向数字化转型,进而以数字赋能助推乡村治理现代化。不过,数字技术的治理优势并不会天然地融入乡村治理实践,也并不必然为治理主体的行动赋能,需要在乡村治理中做好"数字技术"与"治理行动"的耦合,构建乡村数字治理新体系,打造多主体协同、数据与技术嵌套的治理格局[1],提升乡村治理效能。

---

[1] 曾文革、高颖:《数字乡村治理的风险场景及规制路径》,《人文杂志》2023年第12期。

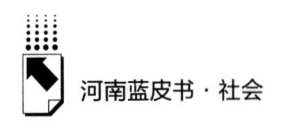

（一）完善党建引领下的乡村数字治理机制

一是坚持党建引领，增强乡村治理统合力。各级党组织要发挥政治引领和协调各方的领导作用，凝聚多元治理力量。例如，借助政策制定、统筹谋划、组织协调等方式，协同党政部门的分工与合作；通过建立党建共治、开展党群工作等机制，协同社会组织、个体等力量参与乡村社会治理。二是发挥数字技术的支撑作用，形成多方参与、系统融合、数据融通的治理新体系。要积极推动数据共享和整合，通过创新技术，实现不同数据源的互联互通，最大限度地提升治理效率与效能。大力推进数字化平台和应用的发展，拓展公众参与社会事务管理的渠道，鼓励不同治理主体在党组织领导、科技支撑下发挥治理效用，进而在完善乡村治理体系中推进乡村发展，实现乡村治理的多主体参与。

（二）提升多元治理主体的数字素养与能力

一方面，要以数字思维驱动治理主体理念变革，积极接受和使用数字技术开展治理实践，充分利用信息化手段整合治理资源。建立和完善数字治理制度，规范技术介入标准，动态跟踪乡村数字治理中的伦理问题，强化乡村治理重点领域的数据监测，做好数字技术的风险监管体系建设。另一方面，要以数字技术赋能治理主体行动，分类别、有针对性地开展数字治理能力培养计划。例如，对乡镇党委和政府主要负责人，重点围绕"乡村振兴战略""数字乡村建设""数字经济""数字治理"的基本理论、发展态势与未来走向展开培训，从全局谋划、农业农村现代化建设、乡村治理思路上，提高思想认识与格局站位；对村党支部书记、村委会主任、村组管理者等，围绕数字技术发展形势、数字技术应用、数据平台载体等内容，开展具有实操性的培训。

（三）健全数字技术赋能乡村治理的保障体系

首先，加大经费支持力度，建设与乡村发展相匹配的基础设施。推进乡村数字治理需要做好数字技术的研发与应用，而经费投入是关键。因此，要立足乡村发展实际，以良好的资金保障来支持对现有基础设施的整合优化、提质升级与数字化改造，提高数字化、智能化、信息化等技术在乡村的覆盖度。其次，强化治理人才支撑。立足现有人才资源，采用专题讲座、专业知识讲授、实操训练等方式，对乡村干部、社会管理人员等进行培训，提升其数字治理能力。加强与高等院校和企业的合作，依据本地发展目标开展有针对性的定制培训，做好乡村数字治理人才的引进和培育工作。最后，夯实法治保障。围绕数字治理伦理困境和数据隐私保护问题，加快建立健全数字治理的相关法律法规，完善数据共享开放制度规范和安全监督机制，加大对泄露社会治理数据的惩戒力度，不断消除数据安全法律灰色地带。①

---

① 郑琼：《基层治理数字化转型的应然逻辑、现实困境及优化路径》，《中州学刊》2023年第9期。

B.9 "社工小院"建设：河南省农村社会服务提供的一种新路径[*]

殷玉如 张起平 张宗浩 张旭阳[**]

摘　要： 全面建设社会主义现代化国家和乡村振兴新进程要求社会工作有新发展。农村社会工作虽已有诸多实践，但在如何参与乡村治理、提供社会服务等方面仍存在不足。本文通过研究河南省"类社工小院"模式，构建可培育社工本土人才、高效参与社会服务、有力助推河南省乡村振兴的"社工小院"新模式，以实现河南省农村地区政府治理、社会调节、居民自治良性互动，推动基层社会治理提质增效，加快推进乡村全面振兴。

关键词： 乡村振兴　社会工作　社会服务

一　绪论

（一）研究背景

党的十九大报告提出乡村振兴战略，旨在推动乡村全面发展。随着

---

[*] 本文系2022年度河南省哲学社会科学青年项目"新时代河南省乡镇社会工作服务站建设研究"（项目编号：2022CSH035）的阶段性成果；河南农业大学2022年哲学社会科学类科研创新基金项目"新时代乡镇社会工作服务站建设路径研究"（项目编号：SKJJ2022B03）的阶段性成果；2024年度河南省大学生创新创业训练项目"社工小院建设：农村社会服务提供的一种新路径"（项目编号：202410466030）的阶段性成果。

[**] 殷玉如，河南农业大学文法学院社会治理创新研究中心办公室副主任，副教授，硕士生导师，主要研究方向为农村社会工作；张起平，河南农业大学文法学院社会治理创新研究中心研究人员，主要研究方向为乡镇社工站；张宗浩，河南农业大学文法学院社会治理创新研究中心研究人员，主要研究方向为乡村振兴；张旭阳，河南农业大学文法学院社会治理创新研究中心研究人员，主要研究方向为乡村治理。

《中共中央国务院关于学习运用"千村示范、万村整治"工程经验有力有效推进乡村全面振兴的意见》的深入实施，乡村经济快速发展，基础建设逐步完善。在这一过程中，农村社会服务与社会治理中存在的问题逐渐显现，影响了乡村社会的稳定和谐，制约了乡村振兴的发展，亟待寻求解决之道。

在《乡村振兴战略规划（2018—2022年）》的指引下，政府强调培育农村服务性、公益性和互助性农村社会组织，推动农村社会工作和志愿服务的发展。基于此政策框架，乡镇社工站和一些社会组织积极探索为服务困难群体、参与基层治理、培育社工人才、助力乡村振兴提供支持。然而在实际操作中，这些社会服务组织面临一系列困境，包括建设成本高、缺乏内生动力、治理趋向行政化，以及服务难以触及民众生活的"最后一步"等。

为解决以上问题，农村社会工作做出了诸多探索，但农村社会工作实践成效不佳。因此，如何构建农村社会工作新模式，实现全国社会工作的专业化、本土化发展，提供高质量的农村社会服务，有效化解转型期乡村社会存在的各种矛盾，已成为中国全面实施乡村振兴战略所面临的重大而迫切的课题。

（二）研究重点

根据现有文献研究发现，国外农村社会工作研究者普遍认可通用（整合）与社区为本的实务模式，强调解决农村社会问题应以"人在情境中"为理论依据，用全人服务观参与社会服务。同时也注重整合社区资源，调动社区全体成员运用社区工作方法参与农村社会治理。然而，国外农村与中国农村实际情况存在巨大差异，国外的农村实务模式难以适用于中国，中国仍需结合具体国情探索新方法。国内的研究主要阐述了农村社会工作本土化与农村社会工作实践如何解决农村社会问题，研究重点在于社会工作本土化面临的文化冲突和农村社会工作的人才培养，强调农村社会工作实践应注重文化的重要性，并实施人才培育策略。虽

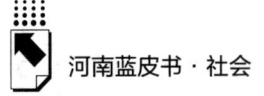

围绕农村社会工作已有诸多探索，相关学者也提出了针对性建议，但是在社会介入农村治理机制、培育本土化社工人才、激发社会服务内生动力等方面还存在较大发展空间。如何实现农村社会工作实践新发展已成为国家和学界主要关注的问题。

（三）研究意义

本文旨在构建一种理论与实践紧密结合的，集培育社工本土人才、参与农村社会服务、助推乡村振兴等多功能于一体的在地化农村社会工作新模式——"社工小院"。小院精简的组织结构，可以达到更低建设成本、更高工作效率、更大发挥作用的目标，从而改善乡镇社工站不足的现状，实现农村服务的"最后一步"。"学校+小院+乡村"的联动模式可推动高校、科研院所专家和研究生服务基层社会，促进中国社会工作本土化。通过创建可复制、可推广的"社工小院"新模式，激发基层乡村社会服务发展的内生动力，为农村社会服务提供新路径，为农村社会工作实践提供借鉴，促进基层社会治理高质高效、乡村宜居宜业、群众和谐共融，助力城乡融合发展、乡村全面振兴，贯彻落实习近平总书记"深入田间地头和村屯农家，在服务乡村振兴中解民生、治学问"[1] 的殷殷嘱托。

二 河南省"类社工小院"模式分析

（一）登封市周山村"梦里老家"：参与式社区发展模式

1. "梦里老家"的产生和发展

在美丽乡村建设中，一些地区过度追求生活便捷和村容整洁，忽视了对传统文化遗存和文化形态的保护，导致传统建筑被拆除、遗弃，古老风俗习

---

[1] 《在服务乡村振兴中解民生治学问》，"光明日报"百家号，2023年5月13日，https://baijiahao.baidu.com/s?id=1765708401279956750&wfr=spider&for=pc。

惯逐渐消失。千城一面的窘境使地域识别性下降，阻碍了乡村文脉传承，造成乡愁无处安放的困境。为解决此类问题，一批社会工作者、人类学家、建筑专业设计师组成研究团队来到登封市大冶镇周山村，致力于探索古村落活化传承，打造出一个有感情、有温度的"梦里老家"。研究团队围绕"保护"和"发展"两大主题，挖掘周山村传统文化内涵，修缮村内 30 多孔废弃窑洞，并逐步建成周山村乡村建设研究基地。团队从社区发展角度出发，设计建造了社区共享基地，改善了基础设施和生活环境，修复了承载当地文化传统的古建筑，提升了社区生活品质，实现了社区的内源式发展。

2. "梦里老家"参与式建设行动

"梦里老家"建设以参与式社区发展理念为核心，旨在打造传承乡村文化的"魂"、守住乡土文化的"根"。实践展示农村社会工作和绿色社会工作的精神面貌。在政府的支持下，梁军、古学斌等人联合青青草社工小组、村民志愿者等 11 个团队，共同参与项目建设。项目建设包括以下三个阶段。一是方案设计阶段。方案设计由深圳大学建筑系师生团队主导。在多次实地调研后，共举办三场参与式设计工作讨论会，最终确定了重振古村落功能活力的内修施治策略和重构古村落基础设施的外修施治策略。二是物资筹备阶段。计划修缮的窑洞村由"两委"购买，古学斌学者提供了修缮的资金。古窑洞的修缮除必要的新材料外，也需要能体现风土人情的"旧材料"，为此，社工在村内组织开展出工兑料大行动，成效良好。三是工程实施阶段。村民的参与热情逐渐高涨，建设过程中所需的大量石料都由村民自发集合上山采石而来，此外还有村民义务铺路、剪纸装饰等。

3. "梦里老家"建设的适用性分析

参与式社区发展模式重在调动各方力量参与，尤其是调动村民参与的积极性。"梦里老家"探索团结经济，在此过程中，村民既是参与主体，也是团结经济的管理主体，同时还是"梦里老家"建设的受益主体，因此村民的参与积极性持续提高。同时，这一发展模式也保护了古村落文化，挖掘了废旧物品等资源的价值，增强了村民的环保意识。

梁军老师带领她的团队以行动研究展示了农村社会工作和绿色社会工作

的精神面貌。梁军团队通过研究乡村文脉传承实际问题，联结政府、社会组织、村民等多方力量共同参与社区建设，并在建设过程中引导增强村民参与社区发展的主体性。同时，团队潜移默化地提供社会服务，融入乡村规范，为社工在地化发展、本土化发展做出了有益探索。

（二）郑州市煤窑沟村"金洼地"：社区营造发展模式

1. "金洼地"的产生和发展

历史上的白坪乡煤窑沟村位于高山陡坡之上，恶劣的土壤和地形条件导致难以进行作物种植，同时落后的乡村基层管理造成公共卫生条件较差，乡村风貌亟待改善。

为贯彻"绿水青山就是金山银山"的理念，郑州市民政局驻村工作队引领社区、社会组织、社会工作者、社会志愿者、社会慈善组织等社会力量，根据煤窑沟村的自然资源和区位优势，围绕"生态农业、美丽乡村、旅游观光"三大主题，科学合理布局产业发展，充分调动村民致富强村的积极性、创造性，引导全村向生态、节能、可持续方向发展，推进乡村生态文明建设和公共环境治理。

煤窑沟村建立"公司+合作社+农户"的产业发展模式，通过引入花椒、蟠桃、迷迭香等种植项目壮大集体经济，建设农产品网上营销平台，组织村民工外出打工和开展社会建设等工作，最终实现由"穷山沟"到"金洼地"的转变。

2. "金洼地"模式的社区营造过程

"金洼地"建设中以郑州市民政局驻村工作队为引领，采取"五社联动"的发展模式创新煤窑沟村社区治理新方法，煤窑沟村通过逐步建立农村社会工作站、培育社区"孝老护理员"等志愿服务队伍、不断加大农村社会工作服务资源投入和稳定工作机制建设的力度，促进村民在自我管理、自我教育、自我服务的基础上实现"助人自助"。在人文发展上，煤窑沟村注重乡土特色文化发掘、以新乡贤为榜样促进乡村文明建设，经济建设上采取"公司+合作社+农户"的产业发展模式，大力发展集体经济从而加强公共基础设施建设。

3. "金洼地"模式的适用性分析

社区营造模式是指村民利用各种社会资源，以社区集体活动的方式进行自组织、自治理和自发展的过程，旨在促进"人、文、地、景、产"五大方向并举。乡村以自身资源为发展点，通过社工资源介入脱贫攻坚过程，创新性地推出产业、生态、人文共同进步的发展模式。在此过程中，社工充分协调多方资源转变乡村基层治理模式，提高政府服务能力，走出具备内生发展动力的科学的可持续发展道路。建设乡村社工服务站、明晰社工角色在乡村治理过程中的具体定位，能够更加有效促进乡村发展。专业化的社工服务能够给乡村治理带来更加长远的发展，建立专业化社工人才激励机制、推动社工职业化发展有利于更加精细化、有针对性地为农村提供专业化社工服务，积极回应农村发展和村民能力提升的长期需求。

(三) 信阳市居家养老服务策略"戴畈模式"

1. "戴畈模式"的产生和发展

戴畈村位于大别山腹地，是大别山革命老区的一个小村落。近年来，因年轻劳动力大量外流，戴畈村以养老托幼为主的"三留守"问题尤为突出。

面对实际情况，信阳市民政局对口帮扶戴畈村，通过实施创建社会组织、联合社会工作者等一系列措施，探索出"红马甲+夕阳红+小红星"的"戴畈模式"，实现了"低成本"服务"三留守"，以较少的资金投入获得最大的社会效益，满足了老人、儿童的基本生活需求，有效地弥补了家庭养老托幼的缺位，极大地缓解了家庭照料压力，成功解决了该村的"三留守"和"居家养老"问题。

2. "戴畈模式"的主要做法

"戴畈模式"主要关注"三留守"和"居家养老"问题，该模式以"居家养老"为切口，逐步探索搭建完善的"三留守"关爱服务体系，从而

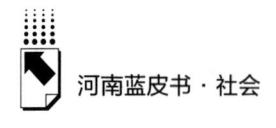

实现乡村善治。

该模式是在政府的领导下,联合社会组织、社会工作者等社会力量,发动全民参与。一是成立了老年协会,发挥统筹作用。戴畈村吸纳了村干部、社会工作者、留守妇女等,老年协会起到统筹协调、整合资源的作用。二是选拔孝心妇女,组建本土队伍。在本村选拔8名留守妇女,组建一支孝心妇女队伍,发挥其在照顾留守老人和关爱留守儿童方面的作用,实现自我发展和稳定增收。社会工作者为其提供培训支持,以提高队伍的服务水平和能力。三是明确需求定位,实施分类服务。社会工作者对老年人需求进行评估,将他们分为一般和重点两类服务对象,提供精神慰藉以及助医、助行、助洁等服务。

3. "戴畈模式"的适用性分析

"戴畈模式"以"党建+养老""互联网+养老""社会组织+养老"三结合为传统养老模式赋能增效。以政府为主导,通过行政力量推动,联合社会组织与社会工作者。巧妙调动农村优势资源,盘活"三留守"人群内生动力,实现以"三留守"人群为主的互助养老,以此破解"三留守"与"居家养老"难题。戴畈模式在参与社会服务、调动社区资源、激发社区内原动力等方面为农村社会工作提供了启发。

三 "社工小院"参与社会服务模式

(一)提供多元化服务与支持

"社工小院"是农村社会工作的新模式探索,其功能定位精准契合了社会工作专业的核心要素和社会工作部的职能;其主要任务在于提供多元化的社会服务和支持,推动社区的发展、治理能力的提升、治理体系的现代化;其目的在于有效解决农村社会问题,改善当地村民的基本生活水平。

"社工小院"与地方政府、社区组织等协同共治,旨在解决农村社会问题，提供精准社会服务。针对农村儿童、妇女、老人等群体，为其提供专业的心理辅导、生活照料、就业指导等服务，满足其多样化需求。通过建设图书馆等公共设施，组织干部和群众开展政策宣传、民主协商等活动，丰富民众的精神文化生活，提升干部群众动员能力，提高村民对政策的理解度和支持度，增强村民参与公共事务的积极性。

（二）针对性服务困弱群体

"社工小院"针对性服务困弱群体，例如，失去家庭关爱和社会支持的留守儿童、缺乏经济能力和家庭支持的空巢老人、被歧视并且生活水平低下的女性和因为社会变迁或者环境恶劣而导致的社区贫困者。"社工小院"通过应用小组工作、个案工作和社区工作的专业方法为他们解决实际问题。

"社工小院"建设问题反馈的流程机制，针对不同类型的服务对象找出科学的、有针对性的服务方法。研究者首先通过实地调研、文献采集等方法收集社区发展问题，其次应用专业的理论知识和实践经验分析问题并制定解决方案，再次对问题实施干预并对处理效果进行监控评估，以检测干预过程是否得到最理想的效果，最后进行结案并且对问题的后续发展进行跟进。"社工小院"通过对问题的跟进检测服务方法的效率和科学性，并且从社会个案的服务中总结出普遍的、具备概括性的科学方法。

（三）协同式参与社区治理与发展

1. "社工小院+党建"协同共治

基层治理是国家治理的基石，党的领导是加强基层治理体系和治理能力现代化建设的根本保证。习近平总书记在党的二十大报告中指出，"推进以党建引领基层治理"[1]。实现社区向善向好发展，发挥基层党组

---

[1] 《学习二十大报告党建关键词、重要论断丨推进以党建引领基层治理》，共产党员网，2023年2月27日，https://www.12371.cn/2023/02/27/ARTI1677467604740920.shtml。

织引领作用，而"社工小院"提供专业知识与技巧，发挥重要辅助作用。在日常生活中，"社工小院"开展宣讲党史、志愿我先行等活动，加强党员与群众的联系。同时，面对社区发展中产生的问题，"社工小院"进行实地调研分析，协助基层党组织了解社区居民的实际诉求，为社区发展提供决策支持。此外，"社工小院"与基层党组织一起开展慈善性、公益性活动，如捐衣物、阅图书等，提高社区的凝聚力和成员认同度，促进社区的稳定和谐发展。

2. 培育社会资本，促进内源式发展

当下农村社区发展普遍存在发展不均衡、动力不足等问题，为此，"社工小院"助力培育社会资本，促进社区内源性发展。社会资本是社区活力与资源的衡量要素，它的存量与结构可以体现社区内部的信任、互惠和规范程度。因此，作为社区发展关键因素，社区要发展，社会资本就必然要积累。

"社工小院"重点从三个方面培育社会资本。一是搭建传承舞台，传承乡村文化。"社工小院"组织开展各类文化活动，传承乡土文化、民族风情和手工技艺，实现社区文化认同，凝聚社区团体力量。二是链接外部资源，建立交流合作平台。"社工小院"以自身为平台，依托社区积极申请政府扶持，获得人、财、物的支持。"社工小院"与高校、企业合作，招募来自全国各地的志愿者在社区开展志愿服务活动。"社工小院"邀请各领域专家对社区民众进行职业培训，提升其素质和技能水平。三是因地制宜设计协助策略，协助发展乡村产业。"社工小院"对现存的产业分析研究进一步发展，在缺乏经济产业的地区发展旅游业或其他产业。

3. 发掘"新乡贤"，带动全民参与

"新乡贤"作为社区发展中的重要力量，如何使其发挥社区治理作用是需要关注的问题。"社工小院"在社区中发掘较有影响力和号召力的"新乡贤"，鼓励他们积极参与社区治理。与"新乡贤"达成合作，支持他们组织开展各种社区活动，发挥其示范作用，带动全民参与。此外，"社工小院"还为"新乡贤"提供培训和资源支持，提升他们的领导力和影响力，进一步推动社区发展。"社工小院"协同式参与社区治理与发展模式见图1。

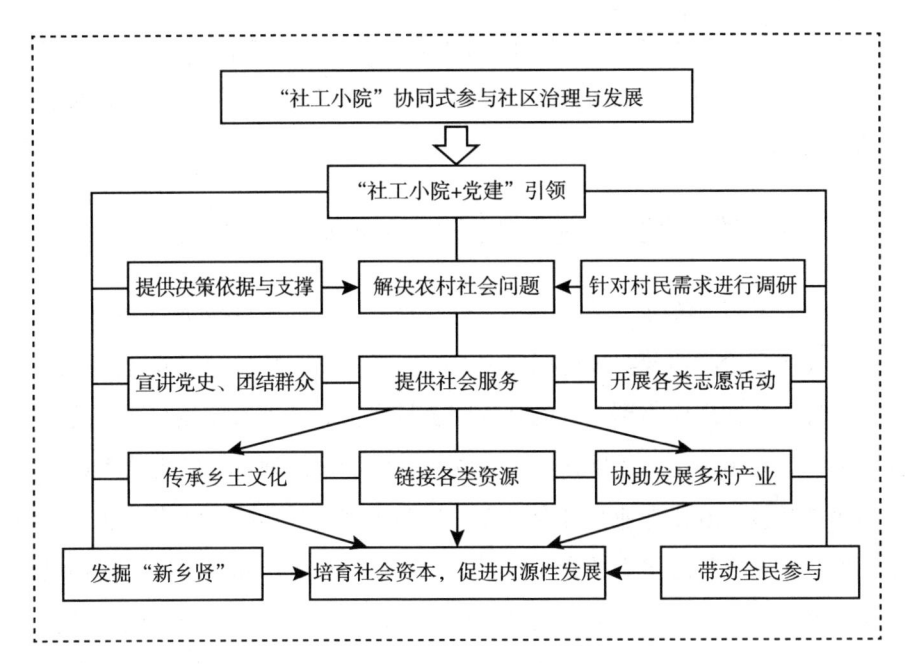

图 1 "社工小院"协同式参与社区治理与发展模式

四 "社工小院"模式的创新之处

(一)"三人成行"精简式组织结构

"社工小院"作为一种新型的农村社会服务模式,与传统的社工机构、乡镇社工站等有显著不同。它只需要一间小屋,两三个人,就能实现其模式的运行,大大降低了运行成本。"社工小院"内部人员相对较少,职责明确,利用信息化技术提高"社工小院"内部的信息交流和协同工作效率,注重成员的沟通协作。传统的乡镇社工站在乡村基层治理中存在组织结构复杂、决策流程烦琐、信息传递速度慢且准确性低等问题。这些问题增加了运行成本,拉远了与民众的距离,不利于提供服务。而"社工小院"的出现,有效地解决了以上问题。"社工小院"的组织结构更加精简,

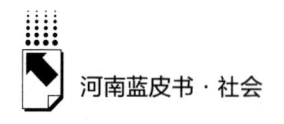

减少了运行过程中的冗余环节，极大地节省了运行成本。同时常驻乡村的工作模式，也拉近了与民众的距离，更加方便为民众提供服务，实现了服务的"最后一米"。

（二）"学校+小院+乡村"三位一体专业人才培育模式

"社工小院"采用"学校+小院+乡村"三位一体专业人才培育模式。这种模式将理论学习与实际应用紧密结合，学生先在学校进行专业知识的学习，再将这些知识应用到实际的基地和乡村中去。学生不仅能在课堂上掌握社会工作的基本理论，还能通过实践深入理解和运用理论，实现从理论到实践的无缝对接。既使专业性社会工作学生实现理论与实践、教育与实务的结合，也使相关农村志愿型社会工作者的专业能力得到培养和提升。这种培育模式不仅为学生提供了全方位的学习环境，还特别强调了对农村地区社会工作的专注和投入。同时，这一过程也极大地促进了农村地区社会工作者的专业成长，使他们在服务社区的过程中更加专业和高效，推动了农村社会服务水平的提高。

（三）以"社工小院"为核心，构建乡土科普服务网络

基于乡土社会的科普志愿服务需求，本文提出了一种基于"社工小院"的新型服务模式。该模式以"社工小院"为核心，构建了一个辐射乡土社会的志愿服务圈，提供了一个让专业人才深入乡村、与村民直接交流的平台，为专业人才更好地了解并解决村民的困难提供了途径。"社工小院"作为一个常设站点，在乡村社会中发挥了极其重要的作用。它不仅是一个提供专业服务的场所，更是一座连接政府、专业人士和村民的桥梁。"社工小院"可以有效地开展实地调研，更准确地把握农村的社会需求，从而提供更为精准和有效的社会服务，提高了服务效率，增强了村民对社会工作专业人才的信任，拉近了与村民的距离，让社会工作的专业知识和人才更加贴近村民，便于更好地开展实地调研和提供社会服务。

(四)"正式与非正式"多方合力保障

社工小院实现了保障机制的创新。第一,"社工小院"建立正式的保障制度来确保其服务的有效性和可持续性。这一制度以中国社会工作联合会的指导为依托,确保所有工作都在专业化和规范化的基础上进行。第二,"社工小院"深入乡村,以服务互动的方式融入当地的社会规范中。这种非正式的制度补充了正式制度的不足,让"社工小院"能更好地适应并服务于乡村社区,从而更有效地推进基层社会治理。第三,"社工小院"积极与高等院校、企业及社会各界资源建立广泛合作,构建了一个多方支持的物质保障体系。这种跨界合作不仅为"社工小院"的工作提供了丰富的资源支持,也促进了基层社会治理的创新和发展,使"社工小院"能够更加自信地应对各种挑战,给乡村社区带来更多福祉,提高农村社会服务水平,推动基层社会治理提质增效,有效推进乡村全面振兴。

五 制约"社工小院"模式发展的潜在困境及应对策略

(一)社工小院的发展困境

1. 社工小院"在地化"困境

农村是熟人社会,社会规范在互动中潜移默化产生,是非正式的、模糊的,且极具影响力。村民在有限的空间中交往,从熟悉中凝炼出行为规矩并深信这些规矩的可靠性。这不同于现代法理社会的礼俗社会,传统习俗作为社会规范的效力极为显著。"社工小院"设立于农村,主要功能是服务村民、服务农村,自然要贴近村民。受教育、文化等因素影响,村民的参与积极性较弱,思想观念更为传统,接受新事物过程慢。而"社工小院"作为一个村庄的外来者,往往缺乏正式权威、亲情的连带与熟人社会的保证,因此在运行中会受到农村社会自发的约束甚至排斥,易出现信任危机、服务困

难等问题。

2."社工小院"相关主体角色模糊困境

社工小院要提供有效的社会服务，就要涉及基层政府、企业、居民自治和社会组织等。这些主体如何有效互动、和谐共治，还未形成统一的规则体系。加之长期受自上而下的结构性权力的制约，村民的自治主体地位无法有效提升，社会工作的专业管辖权也受到限制，农村治理主体向多元化发展更为困难。尽管"社工小院"内部运行模式已清晰，但在跨部门协作参与社区治理互动时还没有明确的边界划分。这就容易陷入农村社会工作的常见问题——专注于大量下沉的行政性事务而忽略自身的专业工作任务中。

3."社工小院"长效发展困境

现阶段农村社会工作建设面临多重困境，其中包含专业人才短缺、资金投入不足等，严重制约了乡村振兴的进程。而造成这些问题的原因主要体现在以下两个方面。一是农村社会工作具有多样性和复杂性，从业人员福利低、机会少，在这种环境下人们往往不愿意到农村从事社会工作；二是传统的社会工作主要依靠政府购买服务开展工作，这种单一的经济保障不足以支撑社会工作的稳定开展。

（二）应对社工小院发展困境的策略

1."情感与生活"双融策略

应对"在地化"困境，社工小院以情感融入、生活融入为主，通过开展社会服务，逐步形成身份、资本和价值观念的三重"场外"嵌入。乡土社会中，价值认同是极为重要的。要融入乡土情感中，就要置身于乡村情境，学习乡村的村规民俗，与村民沟通交流，站在村民的角度去理解问题、思考问题。要完全融入乡村，仅仅依靠情感互通是不够的，还要实际参与乡村生活。社工小院研究生常驻农村，他们吃住在农村、活动在农村，有效参与农村社会生活。他们能够运用专业的理念与技巧帮助农民解决实际问题，通过组织和参与如广场舞大赛、读书会、儿童益智教育等活动加强与村民的联系。在与村民的互动中增强彼此间信任，逐渐由"局外人"向"局中人"转变。

2. 厘清责任主体，明确功能定位

一方面要解决主体责任问题，关键是明确各相关主体的功能定位和"社工小院"的职责所在，进一步做好任务分工。政府要进行顶层设计，从制度层面确定各主体必须做什么、禁止做什么的要求，理顺角色职责分工。另一方面要赋予"社工小院"合法身份，为其提供独立运作的空间，以链接社会多元主体的合作关系。同时要做到权力下放与引导政策支持。而身为行动主体的"社工小院"应与其他主体进行协商共治，以自身特有的专业性同地方组织形成优势互补。如"社工小院"可对其他主体面临的问题进行调研分析并提出对策建议，提供科学决策支持；而其他主体可为"社工小院"开展活动提供服务人员、场所等。双方建立良好的合作机制，形成合力，提升社会服务治理水平，推进社区治理进程。

3. 优化资源配置，加强信息化平台建设

为突破客观因素的制约，为"社工小院"发展注入强劲动力，研究设计从优化资源配置和信息化社会服务构建两个方面入手。首先，人力资源是"社工小院"的运行核心，而"社工小院"的常驻人员是一名导师与分别是高年级和低年级的两名研究生，人数较少。为此，"社工小院"会根据服务的对象与范围来确定是否独立开展服务，或是招募志愿者、联结其他组织一同开展工作。松紧结合的人才需求弹性设计以确保资源的有效利用，既能满足服务对人才的需求，又能在一定程度上避免人力资源的浪费。其次，解决资金问题，主要坚持开源节流理念，除政府提供的专项资金支持外，"社工小院"还积极寻求多元化资金渠道，如学校支援、社会捐赠和企业合作等。同时要合理采购和使用办公设备、活动材料等，以及建立一个良好的物资循环系统，既能保障"社工小院"的有效运行，又能确保社会服务的质量和效率。最后，信息化社会服务的构建是提升"社工小院"影响力和服务效率的重要途径。通过收集社会问题与案主情况，建立相应的电子化服务平台，增强与案主的互动，为其提供个性化、便捷化的服务。

综上所述，"社工小院"要实现可持续发展，就必须在人、财、物等资

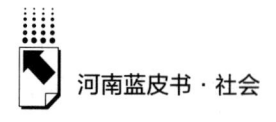

源的有效配置上下功夫，同时加强信息化社会服务的建设和运用，使"社工小院"能够更好地服务社会，实现其社会价值。

六 结语

全面建设社会主义现代化国家和乡村振兴战略深入发展，对农村社会工作也提出了新要求。为实现社会工作本土化发展，适应乡村振兴新进程的需要，笔者尝试构建农村社会服务新模式"社工小院"。本文通过实证研究、案例研究等方法分析了周山村"梦里老家"，煤窑沟村"金洼地"和戴畈村"戴畈模式"等"类社工小院"模式，重点剖析了这些模式如何运行、社工如何参与，以及这些模式的适用性。在此基础上，笔者构建了可复制、可推广的"社工小院"——理论与实践紧密结合的社会服务新机制，重点介绍了其人才培育模式、社会服务模式与乡村振兴模式。同时也对"社工小院"运行中可能存在的在地化、长效化等困境进行了研究并提出应对策略。对"在地化"农村社工运作模式的研究，有利于开创性开展农村社会工作，推动社会治理重心向基层下移，提高农村社会服务水平，推动基层社会治理提质增效，加快推进乡村全面振兴。

B.10
河南推进乡村文化治理的实践探索研究

王思琪*

摘　要： 乡村文化治理是实现物质文明和精神文明协调发展的现代化建设的重要环节，对于满足农民的精神文化需求、引领乡村文明风尚和实现乡村治理现代化具有重要意义。但随着城镇化和工业化的发展以及乡村人口的不断外流，乡村文化治理面临乡村文化失序弱化、乡村文化治理主体缺失、乡村文化产业发展不足等问题。因此，推进乡村文化治理必须以保护传统文化资源为重点弘扬乡村优秀传统文化、以文化产业发展筑牢乡村治理基础、以文化人才培养提高乡村文化治理能力，推动形成乡村文明和治理有效的正反馈格局，从而促进乡村全面振兴。

关键词： 乡村文化治理　乡村全面振兴　乡村治理现代化　河南

党的二十大报告指出，"全面建设社会主义现代化国家，最艰巨最繁重的任务仍然在农村"，要坚持农业农村优先发展。2024年中央一号文件提出"推进乡村全面振兴"。推进乡村全面振兴是实现中国式现代化的必然要求，体现为全面推进乡村产业、人才、文化、生态、组织振兴。其中，乡村文化振兴是推进乡村全面振兴的重要前提，为乡村振兴提供源源不断的文化推力与精神动力。

乡村文化是村民在长期生产与生活实践中逐步形成并发展起来的道德情感、风俗习惯、是非标准等的总和，具体体现在价值取向、道德尺度等方

---

* 王思琪，河南省社会科学院人口与社会发展研究所研究实习员，主要研究方向为城乡社会治理。

面，展现为村貌农舍、家族家谱、村规民约等要素形态。乡村文化是村民生活的重要组成部分，小到影响村民的处事方式、对社会的认知；大到作为村民赖以生存的精神依托，为其提供着人生的意义感、价值感，潜移默化地沉淀着乡村治理的价值基础。乡村文化也是乡村社会的符号象征和精神纽带，发挥着为乡村社会塑形、铸魂的重要功能，指引着乡村善治的实践方向。因此，在推进现代化河南建设新征程中，关注河南推进乡村文化治理的实践探索、存在的不足，并提出有针对性的发展建议，对于实现乡村全面振兴，促进乡村治理现代化有着重要的理论和现实意义。

一 推进乡村文化治理的重要意义

（一）满足农民的精神文化需求

推进乡村文化治理有助于满足农民的精神文化需求，体现了乡村文化治理作为对象属性的治理形式所要实现的治理目标。乡村文化治理包括对文化进行管理、制定文化政策推进乡村文化发展；以生产更丰富的文化产品、提供更优质的文化服务来满足农民的精神文化需求。具体而言，首先，政府作为乡村文化重要的提供者，通过构建完善、高效、实用的公共文化服务网络体系，满足农民的精神文化需求；其次，在推进乡村文化治理过程中，充分尊重不同乡村文化主体需求的差异性，整合不同的文化惠民活动资源，以丰富的、差异化的文化产品来满足不同群体的文化诉求；最后，在推进乡村文化治理过程中，充分发挥村民的文化主体性，为村民搭建舞台，让其在繁荣乡村文化的过程中"挑大梁、唱主角"，促使乡村文化治理效果满足村民需求，符合村民对乡村文化治理的期待。

（二）引领乡村文明风尚

随着城市化、工业化的推进，乡村文化受到城市文化的侵蚀，出现失序弱化等问题,主要表现为孝老敬亲、宽容、互助等乡村文化价值观受到影响,村民对乡村文化的认同度降低,赌博、迷信等不良风气兴起。面对这些难题,推进乡村文化治理有助于实现乡村物质文明与精神文明协调发展,以乡村文化的繁荣促进乡村发展。一方面,推进乡村文化治理要实现优秀乡土文化的现代化表达,挖掘和发挥乡村优秀文化的时代价值。例如,通过对乡村家风古训、村规民约的深挖,重新唤醒与激活乡村优秀文化的价值,使之在转变乡村民众思想、引领共识、端正乡风民风等方面发挥重要作用。另一方面,通过各种类型的精神文明创建活动、移风易俗行动的开展,以科学、创新的意识改变乡村文化中不好的一面,为乡风文化注入现代化的内涵与底蕴,发挥文化治理在统一思想、凝聚人心、引领乡村文明风尚方面的重要作用,为推进乡村全面振兴营造文明有序的发展环境。

(三)实现乡村治理现代化

推进乡村文化治理有助于实现乡村治理现代化,这体现了乡村文化治理的工具属性,即将文化看作一种治理工具,借助文化的治理功能,拓展乡村治理的深度,为乡村治理提供全新思路。乡村文化治理是实现乡村治理现代化的必然选择。一方面,在乡村社会的变迁中,对农民日常生活的关注成为重要的研究取向,乡村的日常生活元素成为乡村治理的常态化单元。乡村文化是农民日常生活的重要组成部分,通过对社会主义核心价值观的宣传与弘扬等,发挥文化的价值引导、认同、化育等"软治理"功能,化解农民精神生活荒漠化、生活无秩序感等问题,从而为村民构建稳定、和谐、健康的生活秩序。另一方面,乡村文化通过发挥"以文化人"的文教传统,培育村民的公共精神,使广大民众积极参与乡村文化治理。在推进乡村文化治理过程中,对乡村文化中所蕴含的公共价值、理想信念、伦理道德等中华优秀传统文化进行深挖、阐释、弘扬,能够增强民众对乡村共同体的认同,提高民众对乡村发展的关注度和参与度,从而形成治理合力。

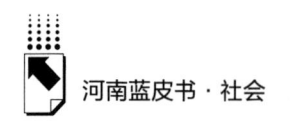

二 河南推进乡村文化治理的实践探索

（一）信阳市光山县："文化产业特派员"制度赋能乡村文化治理

2022年7月，河南启动"文化产业特派员"制度试点工作。信阳市光山县作为首批试点县之一，积极吸引城市的文化机构和团队，开展"一村一员"特派服务。光山县先行先试，先后落地余粮乡创、净居茶隐等"文化产业特派员"项目18个，充分激活光山县的历史文化、生态资源，带动光山县经济发展。2023年暑期，光山县共接待游客21.63万人次，同比增长134.9%，旅游收入约达1.86亿元，同比增长323.1%。其中，余粮乡对光山花鼓戏及其传承中心再次开发，结合年轻人喜好及东岳村文化特色对农产品包装进行重新设计，打造知识博物馆等景点，促进东岳村一、二、三产业融合发展，极大地提高了村集体经济收入。深度挖掘历史文化资源，找寻文化资源在当下的表达。光山县依托司马光故里和邓颖超祖籍地的文化资源，以儿童友好这一重要命题将两宋历史文化和红色文化相结合进行创新性发展，确立将光山县打造为儿童艺术展演地、儿童研学目的地、儿童装备和产业展示体验地的城市发展目标。坚持文化惠民，在推动乡村文化产业发展的同时不断健全文化服务体系。光山县成立46家乡村文化合作社，累积开展戏曲进乡村、花鼓戏公益演出等活动以及艺术培训、书画摄影展等系列活动300余场。光山县以"文化产业特派员"制度为抓手，焕新唤醒乡村人文生态资源，以文化产业的发展带动乡村振兴，为乡村留下可持续运营业态，入选全国乡村振兴示范县和全国文化产业赋能乡村振兴试点县、河南省经济体制改革十大案例。[①]

（二）新乡县东大阳堤村："培育主体—拓展空间—丰富活动—发展产业"的乡村文化建设模式

新乡县东大阳堤村以乡村文化振兴作为推进乡村全面振兴的根基，坚持

[①] 《实施文化产业特派员制度，写好文化赋能乡村振兴答卷》，光山县人民政府网站，2024年4月22日，https：//m.guangshan.gov.cn/show.php？classid=116&id=87021。

以"发展靠群众、群众靠发动、发动靠活动、活动靠文化"理念促进乡村发展，形成了共建、共育、共享的乡村文化发展机制。经过多年的发展，东大阳堤村从一个贫困村、落后村蝶变为富裕村、文明村，先后获得全国乡村治理示范村、全国民主法治示范村、省级文明村等荣誉称号。具体来看，东大阳堤村探索形成了"培育主体—拓展空间—丰富活动—发展产业"的乡村文化建设模式。一是培育乡村文化建设主体，焕发乡村文化活力。以乡村各类文化组织为抓手，动员村民参与乡村文化治理，东大阳堤村已成立女子军乐、打鼓、戏曲等7支文化宣传队和近200人的志愿服务队；以举办村民喜闻乐见、丰富多彩的文化活动为载体，为村民提供互助合作、参与管理、展示自我的平台，让村民从观众变为参与者，极大地满足了村民的精神文化需求，增强了村民的文化自信和文化认同。二是拓展文化发展空间，促进文化建设。东大阳堤村以文化合作社为依托，在村内建成文化长廊、"小院课堂"、新时代文明实践站、健身广场、图书阅览室等多样化的文化服务设施。并为保障文化合作社日常活动的开展，配备了乐器、电子宣传屏、流动宣传栏等硬件设施。三是开展丰富多样的文化活动，满足群众文化需求。东大阳堤村立足地域特色，结合乡村历史文化传统，积极回应群众的所思、所需、所盼。通过开展"感党恩、听党话"活动、举办孝道宣传大会、开办"小院课堂"等，形成每月一主题、月月有活动、节假日规模更大的活动机制。四是健全文化产业体系，促进乡村发展。东大阳堤村依托自身资源禀赋，坚持"绿色生态"理念，谋划建设"康养+医养+旅游"产业链，搭建形成"一街四区两平台"，推动乡村快速发展。东大阳堤村通过乡村文化建设，推动乡村文化活起来、文明树起来、村民乐起来、乡村兴起来，从而实现乡村的全面振兴。[1]

（三）息县弯柳树村：以文明乡风建设助推乡村文化治理

息县弯柳树村以文明乡风建设为抓手，通过举办不同形式的文化活动弘

---

[1] 乡村振兴课题组：《以文化赋能乡村振兴的实践与启示》，《河南日报》2024年5月17日。

扬中华优秀传统文化，持续提升村民道德素质，树立乡村文明风尚。弯柳树村通过文明乡风建设，由环境脏乱差、孝道式微、家庭不睦等不良风气盛行的省级贫困村转变为环境优美、乡风文明、产业兴旺的小康村、明星村，先后获中华孝心示范村、第二批全国村级文明乡风建设典型案例、河南省德孝文化建设示范村等荣誉称号。具体来看，一是开设道德讲堂，提升村民道德素质。2013年，弯柳树村开设村级道德讲堂，为村民们讲孝道、宣传党的政策，弘扬中华优秀传统文化，截至2021年，已开展道德讲堂200多场次。通过持续开展"弯柳树大讲堂"，改变村庄发展乏力、贫穷落后的面貌。二是倡导德孝文化，树立文明家风。弯柳树村在2015年开始定期开展"好媳妇""好婆婆""十大孝子"等先进表彰活动，为受到表彰的村民颁发荣誉证书和礼品，在家门上悬挂表彰奖牌。家庭是社会的细胞，是基层社会治理的重要基础，弯柳树村通过对"好媳妇""好村民"等荣誉进行个人表彰与家庭表彰的结合，既有助于营造良好家风，也发挥了先进典型的引领作用，德孝观念日益深入人心。三是制定村规民约，规范乡村治理。在弯柳树村"两委"的组织下，全体村民参与制定了弯柳树村"两约四会"，即《村规民约》、《生态文明公约》、村民议事会、红白理事会、道德评议会、禁毒禁赌会。"两约四会"的制定极大增强了村民的参与意识，村风民风也进一步好转。四是组建社团，发挥村民主体作用。村民参与乡村文化建设是持续推进文明乡风建设的关键。弯柳树村结合村民兴趣爱好，组织成立了义工团、歌舞团、宣讲团等。通过不同的社团组织，村民们积极参与文明乡风建设。例如，弯柳树村歌舞团和宣讲团展演《五星红旗》《婆婆也是妈》优秀文艺节目，并受邀到上海、重庆等地演出。五是文明乡风推动乡村产业发展。弯柳树村村风民风的改变，吸引9家企业到村建厂，为乡村提供了600多个就业岗位，极大地提高了村民的人均年收入与村集体经济收入。①

---

① 《【第二批全国村级"文明乡风建设"典型案例】河南省息县弯柳树村：德孝文化扶心志 移风易俗树新风》，中华人民共和国农业农村部网站，2021年12月8日，http：//www.moa.gov.cn/xw/bmdt/202112/t20211208_ 6384161.htm。

（四）平顶山市郏县：文化产业赋能乡村文化治理的有益探索

近年来，郏县坚持把发展文化产业作为推进乡村振兴的重要抓手，促进一、二、三产业融合发展，推进宜居宜业宜游和美乡村建设，2023年入选河南首批文化产业赋能乡村振兴试点县。具体来看，郏县从以下几个方面推进文化产业赋能乡村文化治理。一是完善县域公共文化基础设施。截至2023年11月，郏县已建成15个乡（镇、街道）文化馆、图书馆的总馆和分馆，基层综合性文化服务中心覆盖377个行政村，县、乡、村三级公共文化服务网络已形成，并打造6处"郏邑书香驿站"。二是抓好乡村文化人才队伍建设。为所有行政村配备专、兼职文化管理员。此外，县、乡两级针对文化活动组织开展、文化遗产传承保护、农家书屋管理利用等方面举办技能培训班，提高乡村文化人才能力水平。三是举办丰富多彩的文化活动。结合中华传统节日，各乡（镇、街道）开展"中国年·郏乡味""中国节·郏团圆"等系列主题文化活动，扎实开展文艺、戏曲、图书、公益电影"六进"活动，丰富群众的精神文化生活。四是培育特色文化产业。郏县立足县域文化遗产资源，指导创建了河南省文化产业示范基地1个、河南省文化产业特色乡村2个、河南省文化产业扶持项目4个。立足文化企业发展实际，培育发展了万里茶道茶食（含金镶玉制作）文化产业、陶瓷文化产业、厨具文化产业、饮食文化产业等。同时，实施"郏乡有礼"文创精品培育工程，借势大型文旅主题活动，组织举办"郏乡有礼"文创产品展销会，搭建集展示、交流、销售于一体的平台，推动文创产业发展。五是以节庆活动促进县域文旅发展。郏县立足县域特色，结合年轻人消费习惯，创新举办了丰收中国过大年、新春扶贫山货年集、民间艺术表演赛等节庆活动。2023年1月至10月，"全县共接待游客407.75万人次，比2019年增长66.65%"[①]。

---

① 《郏县入选河南省首批文化产业赋能乡村振兴试点县》，人民网，2023年11月13日，http：//henan.people.com.cn/n2/2023/1113/c378397-40638833.html。

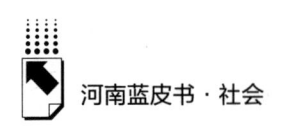

三 河南推进乡村文化治理面临的主要问题

（一）乡村文化失序弱化

乡村文化治理必须立足于乡村文明的土壤，乡村优秀传统文化是乡村文化治理的基石。随着城镇化和工业化的推进和乡村人口的不断外流，乡村文化受到极大冲击，乡村优秀传统文化衰落，乡村文化失序弱化，主要表现在以下两个方面。一方面，乡村社会结构的改变动摇了乡村文化的社会根基。在市场经济、现代性要素、人口不断流动的共同影响下，乡土社会从熟人社会转变为半熟人社会，形成半工半耕的生产方式，以礼俗秩序为代表的乡土伦理价值体系也受到经济理性的冲击，乡村文化生态环境发生改变。另一方面，乡村优秀传统文化衰落。由于市场力量对日常生活的扰动，农民的文化实践逐渐去中心化，乡村文化的再生产逐渐脱嵌于乡村社会，严重破坏了乡村文化实用性、公共性、伦理性三者互构的文化生态均衡，乡村文化与乡村社会渐趋疏离。乡村文化所蕴含的团结、诚实、重义轻利等道德理念受到功利思想的冲击，一些不良文化、低俗风气在乡村蔓延，乡村文化价值体系遭受侵蚀，道德伦理、习惯规约等治理力量弱化。以村口、戏台等为代表的乡村公共文化空间，既是村民日常消遣、沟通和交流之地，也是乡村文化的存在和展示场所，但随着农民生产和生活方式的改变，部分乡村公共文化空间已不存在或者处于空置状态，乡村文化在村庄的日常性流淌与关键事件节点的传播受到影响，乡村文化在村民心目中的地位日益下降，凝聚力、向心力消解。

（二）乡村文化治理主体缺失

乡村文化治理的推进必须立足于农民、农村的一般性特点和实际情况。当下城乡流动的社会情境给乡村文化治理的推进带来了极大挑战，集中体现为乡村文化治理主体缺失。具体来说，一是在村青年人口逐渐减少。青年群体是推进乡村文化治理、传承乡村文化遗产的重要主体,但现在乡村青年常年在外务工、求学等,返回家乡也多定居县城,外出青年与乡村的联系逐渐减少。二是留守妇女缺少时间、精力参与乡村文化治理。乡村人口结构的变化,使留守妇女成为乡村文化治理的主角。但由于家中青壮年劳动力的外出,留守妇女承担着家庭的农业生产、照料责任等,较少有空闲的时间和精力参与乡村文化治理。此外,随着教育城镇化的发展,年轻留守妇女跟着孩子进入县城,青年女性较少参与乡村文化治理。三是青少年入城,逐渐与乡村疏离。教育城镇化使大量农村儿童进入县城接受教育,日常生活和学习轨迹均远离乡村,缺少乡土生活的体验,对乡土文化较难形成情感认同。加之,学校教育和年轻父母的家庭教育更倾向于城市文化,农村儿童成为乡土文化的局外人,无法承担起传承乡土文化的责任。四是老年人传承乡村优秀传统文化力不从心。乡村老年人群体是乡村传统民俗、技艺等的传承者,熟知村庄历史、民俗等,但由于老年人群体年纪较大、精力有限等,他们传承乡村优秀传统文化的效果有限。

(三)乡村文化产业发展不足

乡村文化产业是推进乡村文化治理的重要支撑,也是乡村文化治理的重要目标。目前乡村文化产业发展存在以下三个方面的问题。一是文化资源转化为文化产品难。对县域乡村文化治理进行调研后发现,虽然大部分乡村都有着历史文化资源,但主要是对这些文化资源进行保护,较少对村级文化资源进行开发。二是文化品牌影响力小。调研发现,部分县结合本地非物质文化遗产进行文创产品开发,并形成一定的文化品牌。但该文化品牌的影响力有限,未来仍需以发展文旅产业为主要抓手,确立依托乡村周边游、扩大省内游、吸引省外游的目标,持续扩大文化品牌的影响力。三是乡村文化产业基础差,带动文化产业发展的能力有限。在农村人口空心化与产业发展空心化的背景下,乡村文化人才匮乏、农业生产效益不高、资源配置效率较低等导致乡村资本增值难,乡村文化产业发展面临人才与资金不足的双重困难。

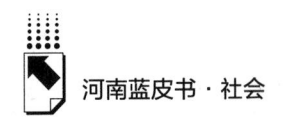

四 河南推进乡村文化治理的优化路径

(一)以保护传统文化资源为重点弘扬乡村优秀传统文化

优秀传统文化是中华民族生生不息的精神之源。乡村优秀传统文化作为中华优秀传统文化的重要组成部分,是乡村社会延续和发展的文化根基和精神命脉,在塑造乡村风貌、提升乡村社会文明程度、推进乡村可持续发展等方面发挥着重要的作用。因此,在推进乡村文化治理过程中,要以保护传统文化资源为重点弘扬乡村优秀传统文化。

具体而言,一是深入挖掘和弘扬乡村传统文化中的优秀思想。首先,要注重挖掘乡村优秀传统文化中蕴含的邻里和睦、孝老敬亲、勤劳节俭、待人友善的人文精神和道德哲理,培育乡村文明风尚。其次,要注重对乡村优秀传统文化的弘扬,一方面,要结合传统节庆、重大节日等开展文化活动,为村民搭建舞台,让村民成为乡村文化活动的"主角",以喜闻乐见、新颖别致的方式演绎乡村文化;另一方面,要建立微信公众号、抖音号、快手号等乡村文化宣传平台,以宣传内容的生活化、生动化、具象化等增强乡村优秀传统文化与民众在情感上的共振,提高民众对乡村优秀传统文化的认同感。二是加强对乡村文化遗产的保护。一方面,要加强对以古建筑、古文物、古村落为代表的乡村物质文化遗产的保护和修缮,尽量保留物质文化遗产原貌,使之成为留住乡愁、传承乡村文化、唤醒乡村文化记忆的重要载体;另一方面,要传承好以传统民间技艺、传统民俗节日、传统音乐习俗等为代表的非物质文化遗产。既可以"场景式"还原传统技艺、传统风情,营造乡村居民共同的传统文化空间,也可以举办特色的民俗节日活动,在民众的积极参与中扩大非物质文化遗产影响力,提高民众对乡村文化的认同感与自信心。三是以数字技术促进乡村优秀传统文化实现创造性转化和创新性发展。一方面,要以社会主义核心价值观为引领,结合时代发展与社会所需,将乡村优秀传统文化和现代文明结合起来,重塑乡村优秀传统文化生命力,使之能够更加适合当代乡村社会发展的时代趋势,增强影响力和感召力;另一方面,要注意发挥数字技术在保护与传承乡村文物、民俗、传说等方面的重要作用,借助数智技术实现乡村优秀传统文化的创新性表达,增强对青年一代的吸引力。

(二)以文化产业发展筑牢乡村文化治理基础

实现乡村物质文明和精神文明协调发展,既是推进中国式现代化发展的本质特征,也是实现乡村全面振兴的必然要求。乡村文化产业是以乡村独具特色的文化为产业主要发展资源而形成的兼具经济属性和文化属性的产业形态。乡村文化产业的发展为乡村文化价值的实现提供了新的渠道,实现了另一种意义上的文化振兴。此外,乡村文化产业的发展,一方面,以文化的资本属性带动资金、信息等聚集,吸引人才回归,为推动乡村治理现代化夯实人才基础;另一方面,乡村文化产业的发展推动乡村经济的繁荣和乡村产业结构的优化,为实现乡村治理现代化提供资金支撑。因此,在推进乡村文化治理过程中,要通过推动乡村文化产业发展筑牢乡村文化治理基础。

具体而言,一是创新乡村文化产业发展模式。乡村文化产业的发展要做到立足特色,找准并突出比较优势,做实深度支撑,推动乡村文化产业快速、扎实发展。一方面,发展乡村文化产业要坚持以地域特色为体、多元文化为用,要结合时代发展所需,将创意设计和时代元素融入乡村文化,保持乡村文化产业的发展活力,增强乡村文化品牌的吸引力以及市场竞争力;另一方面,要进一步创新乡村文化产业发展的主体培育机制,既要发挥乡村非遗传承人等内部主体的积极作用,也要吸引外部人才进入乡村文化产业,以多元主体推动文化产业发展。二是探索文化产业发展新业态。乡村文化产业不能就文化单论发展,而应创新文化产业的发展思路,推进乡村文化资源进行多领域的深度融合,发展"文化+"业态,释放文化生产力乘数效应。例如,积极推进乡村文旅融合发展,乡村游已成为当下文旅消费的重要方式之一,"文化+乡村旅游"就是在盘点乡村特有的文化资源的基础上,将美景、生态、美食等与乡村文化结合起来并转化成游客喜爱的旅游产品、旅游路线，形成"文创+旅游"的发展模式。三是乡村文化产业的发展要处理好社会效益和经济效益之间的关系。乡村文化产业的发展是以乡村独具特色的文化资源为根基，围绕当地文化传统和文化资源，打造具有本地特色的文化产业品牌。因此，乡村文化产业的发展应当以社会效益为首位，确保发展的文化本位，警惕文化过度资本化、商业化给乡村优秀传统文化带来侵蚀，确保实现经济效益与社会效益的有机统一和协调发展。

（三）以文化人才培养提高乡村文化治理能力

推进乡村文化治理，人才是关键。没有人才的积极参与，乡村文化治理就无从谈起。因此，推进乡村文化治理要立足于乡村的人口结构，科学重整乡村居民整体结构，既要充分发掘乡村内生力量，培养乡村本土文化人才，也要鼓励外出人才返乡和吸引优秀人才入乡推动乡村文化治理。

具体而言，一是加强培育乡村本土文化人才，增强乡村文化治理的内生力量。乡村文化是村民日常生活的重要组成部分，为此，推进乡村文化治理既要增强村民的文化主体意识，使其积极主动参与乡村文化治理，也要提高村民参与乡村文化治理的能力，使其成为乡村文化人才。在增强村民的文化主体意识方面，要结合村民年龄、业余爱好等成立读书会、文艺队等公共文化组织。各类公共文化组织要结合传统节日、村民的日常生活、乡村重要事件等开展形式多样的文化活动，并积极动员广大村民参与其中，以公共文化活动的参与极大提升村民参与乡村文化治理的主动性，使其成为推动乡村文化建设的深度参与者。在提升村民参与乡村文化治理的能力方面，要根据不同村民的特点采取差异化的培养方式。例如，乡村儿童是乡村未来的塑造者，是促进乡村文化繁荣发展的潜在后备力量，对于乡村儿童的培育要做好文化"扎根"工作。一方面，要通过家庭教育和学校教育的结合，在日常生活的潜移默化以及课堂的专门学习中培养儿童对乡村文化的情感认同；另一方面，通过实践教学，让孩子们亲身体验丰富多彩的乡村文化，激发他们对乡村传统文化的兴趣。二是积极吸引外部力量，扩大乡村文化治理人才队伍。首先，要促进本土人才回流。在外出青年集中返回家乡的时间段内，政府、村社组织要积极策划举办文化活动,展示乡村生活的独特面向,增强外出青年与乡村的情感联系,唤醒外出青年的乡村记忆,从而促进外出青年返乡。同时,要加大对外出青年返乡利好政策的宣传力度,提高返乡青年对政策的知晓度与认知度,从而使外出青年坚定返乡意愿,加速回乡步伐。其次,吸引外来人才到乡村发展。以完善的基础设施、利好的政策、优美的生态环境等吸引外来人才到乡村发展。同时,要用好乡村现有资源为推进乡村发展的人才提供生活便利,如利用乡村闲置住房,为外来人才提供一定的居住便利,使其能够带来创新性改变,为乡村文化发展贡献力量。

公共服务篇

B.11 乡村振兴背景下河南基层公共文化服务体系建设研究

王静宜[*]

摘 要： 优质文化生活是人民群众美好生活的重要组成部分。建立优质文化资源直达基层机制，对于满足广大人民群众日益增长的精神文化需求、促进人民精神生活共同富裕具有重要意义。近年来，在省委、省政府的高度重视与不懈努力下，河南乡村基层群众的基本文化权益得到有效保障。但基层公共文化服务在基础设施、文化供给、人才队伍等方面仍面临挑战。对此，要从强化思想理论认识、加大公共文化事业投入、下沉优质公共文化资源、完善公共文化服务体系等方面着手，推动基层公共文化服务高质量发展，从而保障乡村基层群众的基本文化权益。

关键词： 乡村振兴 基层公共文化服务 河南

---

[*] 王静宜，河南省社会科学院人口与社会发展研究所实习研究员，主要研究方向为教育社会学。

《中华人民共和国国民经济和社会发展第十四个五年规划和2035年远景目标纲要》明确了"提升公共文化服务水平"的发展目标,提出"优化城乡文化资源配置""创新实施文化惠民工程""广泛开展群众性文化活动"等具体举措。党的二十大报告提出"健全现代公共文化服务体系,创新实施文化惠民工程""统筹乡村基础设施和公共服务布局,建设宜居宜业和美乡村"等发展重点。党的二十届三中全会进一步提出"建立优质文化资源直达基层机制"。这是新形势下加强和改进公共文化服务体系建设的重要举措,对于满足广大人民群众日益增长的精神文化需求、促进人民精神生活共同富裕具有重要意义。近年来,河南省委、省政府高度重视乡村文化建设,不断加大公共文化事业投入力度,完善农村公共文化基础设施,丰富农村公共文化供给,活跃农村群众精神文化生活,乡村基层群众的基本文化权益得到有效保障。

一 河南基层公共文化服务体系建设现状

河南是人口大省,也是农业大省。国家统计局数据显示,截至2023年底,河南常住人口9815万人,农村常住人口4114万人,常住人口城镇化率为58.08%,比全国平均水平低8.13个百分点。全国已有上海、北京、天津、广东等9个省(市)的常住人口城镇化率超过70%。[①]"全面建设社会主义现代化国家,最艰巨最繁重的任务仍然在农村",对于河南来说尤为显著。近年来,河南各地把推进乡村文化建设作为精神文明建设工作的重要内容,作为推动乡村振兴的重要举措,通过不断创新实施文化惠民工程,活跃农村群众精神文化生活,推动全省公共文化服务体系建设取得显著成效。

(一)强化顶层设计,夯实政府主体责任

近年来,河南认真贯彻落实中共中央、国务院关于推动乡村文化发

---

① 数据来源于河南省统计局网站。

展的一系列政策文件，扎实做好推进乡村文化阵地建设的各项制度设计。河南相继出台《河南省推进基层综合性文化服务中心建设实施方案》《河南省村（社区）综合性文化服务中心建设和服务标准》《县域基本公共文化服务目录》《河南省公共文化服务保障促进条例》等一系列政策文件，建立了以省委常委、宣传部部长任组长，副省长任副组长，省直23个相关单位任成员单位的公共文化服务体系建设协调领导小组，连续5年对全省18个省辖市及部分县（市、区）人民政府开展全省公共文化服务绩效考核，有力地推动了乡村基层公共文化服务体系建设。

（二）完善设施网络，精准对接基层文化需求

河南各地根据省委、省政府安排部署，加大投入，提高标准，强力推进乡村公共文化设施建设。截至2022年，河南共建成各级公共博物馆（纪念馆）400个、文化馆208个、公共图书馆175个，成立艺术表演团体（机构）2323个、文化站2497个[1]，这些公共文化服务网络尽可能向乡村延伸。例如，市、县及以下艺术表演场馆207个，市、县及以下艺术表演团体（机构）2291个，地方戏曲类表演6.93万场次，综合类艺术表演5.61万场次。[2] 再如，图书馆在乡镇（街道）设立分馆，图书馆实现市、县、乡三级"通借通还"服务率达100%。乡村公共文化服务主阵地是乡镇综合文化站和村级综合性文化服务中心。其中，河南乡镇综合文化站在"十二五"时期已全部建成并免费开放。村级公共文化设施建设主要依托村（社区）党组织活动场所、城乡社区综合服务处、文化活动室等现有设施，配备图书阅览室、文化活动室、文化广场、宣传栏、文化器材等。截至2022年底，河南农村广播节目综合人口覆盖率达到99.7%，农村电视节目综合人口覆盖率达到99.6%[3]，建成乡镇综合文化站2497

---

[1] 数据来源于国家统计局网站和河南省统计局网站。
[2] 数据来源于河南省统计局网站。
[3] 数据来源于国家统计局网站。

个、村级综合性文化服务中心45988个、农家书屋46997个，综合性文化服务中心覆盖率达到99%，基本实现全覆盖。①

（三）优化品牌活动，为群众美好生活"加码"

全省各地扎实开展群众性文化活动，围绕"老家河南、天下黄河、华夏古都、中国功夫"四大IP，打造示范性活动品牌，形成"百城万场"系列广场文化活动、"群星耀中原""出彩河南人"群众文艺精品展演活动和"书香河南"全民阅读系列活动等多个品牌。2023年以来，河南举办包含广场舞、合唱、戏曲、摄影、美术书法、乡村才艺展示、经典诵读、全民阅读、太极拳、自行车赛十大项目的群众文化活动各类赛事近3万场次，直接参与群众近2400万人次，线上、线下惠及群众近8000万人次。其中，"中原舞蹁跹"全省广场舞大赛参赛团队8604支，参演群众超18万人次，线上、线下惠及2000万人次；"唱响新时代"群众合唱大赛举办展演342场、选拔赛146场，参与团队1821支，参演群众突破30万人次，线上、线下受众约1572万人次，充分彰显文化的生命力在民间里、在群众中。② 同时，自河南省委宣传部、省文化和旅游厅在全省积极推动乡村文化合作社试点建设以来，截至2022年1月，河南整合农民文艺团队3477个，成立乡村文化合作社900余家，发展社员近万名，组织开展各种活动累计7000余场。乡村文化合作社有效解决了乡村文化建设中存在的不平衡不充分、人才短缺、经费不足等问题，在全省初步形成了以乡村文化合作社为载体的乡村文化建设新模式。③

---

① 《省统计局相关调研显示——河南公共文化服务提质升级》，"大河网"百家号，2024年5月14日，https://baijiahao.baidu.com/s?id=1798981778394988851&wfr=spider&for=pc。
② 《为百姓幸福生活持续添彩——河南省"新时代 新征程 新风貌"十大群众文化活动综述》，"大河网"百家号，2023年12月28日，https://baijiahao.baidu.com/s?id=1786493588555899153&wfr=spider&for=pc。
③ 《河南推行乡村文化合作社：为乡村振兴共同富裕提供强大精神支撑》，河南省人民政府网站，2022年1月7日，http://m.henan.gov.cn/2022/01-07/2379320.html。

（四）探索创新形式，释放公共文化服务活力

为丰富基层群众精神文化生活，各地积极探索文化与旅游、文创、戏曲等融合发展的新产品、新业态、新模式。例如，2024年，河南省文化和旅游厅创新开展"咱村有戏"戏曲文化活动，焦作积极响应，截至2024年7月，"太极文化百村行——咱村有戏"共开展活动132场次，参演1.58万人次，线下受益10.84万人次，通过直播吸引线上144.12万人次观看。① 灵宝深度挖掘"文化金矿"，打造"中华文明探源地"名片和"道家之源"品牌，通过《跟着书本去旅行——灵宝篇》，高质量打造灵宝城市文化品牌。周口开设舞蹈、美术、音乐、豫剧、京剧、古筝等多个课程的公益培训班，课程设置更接地气，文化产品更加多样，培训覆盖面更广，全面满足不同年龄阶段人群对文化艺术生活的热爱和需求。② 鹤壁淇县招募30余名优秀文艺志愿者，组成红色轻骑兵公益演出团队，开展"红色轻骑兵送文艺下乡"演出500余场，把党的好政策、好声音送到群众心头。③ 洛阳宜阳县创建的"滨河之声"活动20余年从未间断，2024年开展送戏下乡、惠民演出等各类文化活动1985场次，依托各乡镇邻里中心开展各类合作社作品展、艺术辅导培训56场，惠及群众5.9万人次，让群众尽享文化硕果，切实提高群众幸福感、获得感、参与感。④

（五）强化培训引导，持续壮大文化人才队伍

建立健全基层文化人才的发现、培养、使用和评价机制。全省各级公共

---

① 《河南焦作：尽享乡村文化狂欢》，学习强国网站，2024年7月23日，https://www.xuexi.cn/lgpage/detail/index.html?id=6770104588217636056&item_id=67701045 88217636056。

② 《河南周口：提升公共文化服务效能 持续为群众幸福生活添彩》，学习强国网，2023年4月7日，https://www.xuexi.cn/lgpage/detail/index.html?id=10864510749346508632&item_id=10864510749346508632。

③ 《河南鹤壁淇县：倡导文化惠民 深入实施市民文明素质提升工程》，学习强国网，2023年4月7日，https://www.xuexi.cn/lgpage/detail/index.html?id=1867279334164641486&item_id=1867279334164641486。

④ 《河南宜阳：品牌引领公共文化服务"惠"生绘色》，经济网，2024年8月27日，https://www.ceweekly.cn/area/henan/2024/0827/453330.html。

图书馆、文化馆均按照编制配备工作人员，缺口大多通过兼职或政府购买形式解决。据统计，截至2022年末，全省公共图书馆从业人数3101人，文化馆从业人数3248人，文化站从业人数9856人，相比2021年均有大幅增加，特别是文化站从业人数的增长比例达22.71%。①同时，加大从业人员培训力度，引导开展文化志愿服务。截至2023年6月，全省文化志愿者服务队伍3.92万个，志愿者人数99.69万人。其中，南阳注册文化志愿团队108个，文化志愿者5.65万人，每年开展志愿者活动近2000场次；周口文化志愿团队670多个，文化志愿者5000多人，每年开展活动1200多场次，服务群众525万余人。

二　存在的突出问题

近年来，通过持续完善乡村文化基础设施建设，丰富农村公共文化供给，完善公共文化服务体系，河南各地基层基本公共文化权益得到了有效保障，群众文明素养和文明程度明显提升。但由于底子薄、基础差，人口基数大，乡村公共文化服务还存在较为明显的不充分、不平衡问题。"不充分"主要表现为河南大部分地区普遍存在城乡融合不充分问题，农村在基础设施、文化供给、公共服务等方面与城市差距较大，农民的幸福指数不高。"不平衡"主要表现为地域之间精神文明建设工作开展的不平衡，市与市之间、县与县之间，甚至同一个县的不同村镇之间在公共文化服务方面差异明显，加之各地在执行相关政策时可能存在力度和效果上的差异，进一步导致了乡村公共文化服务发展的不平衡。具体表现在以下几个方面。

（一）文化经费投入总体偏低，公共文化服务效率有待提升

文化经费总体投入不足，河南文化事业投入总体偏低，2022年度河南人均文化事业费36.25元，不足全国平均水平的一半；在中部六省中，河南

---

① 数据来源于河南省统计局网站。

人均文化事业费也处于较低水平。[①] 同时，河南地方财政没有用于农村文化事业的专项经费。例如，周口文化事业费占财政总支出的比重较低，县级公共文化设施如文化馆、图书馆、乡镇综合性文化服务中心等运行维护费用未纳入经常性预算支出，乡镇、村（社区）多功能文化活动室和农家书屋缺乏专项经费，书籍更新慢，日常管理和维护跟不上。安阳、驻马店由于缺乏公共文化服务经费，县、乡、村互联互通的数字化服务网络体系尚不完善，数字化基础设施和服务平台建设相对滞后，各类文化机构的数据中心尚未形成较好的贯通机制。

（二）基础设施建设有待加强，文化服务活动效果欠佳

一方面，部分地区的公共文化基础设施存在老旧、不达标的情况，尤其是村级设施建设仍有缺口，公共文化设施的建设和覆盖率仍然较低，导致服务不均衡。例如，焦作没有美术馆和妇幼儿童服务中心，文化馆不达标，工人文化宫、青少年宫、老年活动中心等场馆设施陈旧老化，山阳区、中站区、马村区、示范区4个城区没有图书馆。另一方面，设施服务水平和规范有待提升。多数地区的基层服务设施和村委办公场所建在一起，在服务设施面积、配套器材配置和服务效能发挥方面存在不达标情况。一些基层地区甚至存在公共文化设施挪用、杂物堆积等现象，图书室成为摆设更是普遍现象。例如，驻马店汝南县老君庙镇农家书屋的书本种类较少、更新较慢，看书、借书的人寥寥无几，未能很好发挥基层综合文化中心的服务功能；商丘民权县庄子镇李胡同村图书阅览室甚至成为杂物堆放室。

（三）供给精准度偏低，基层公共文化服务不"解渴"

一方面，城乡之间重视程度不同以及投入资源的差异，导致地区基层公共文化服务供给总量仍然不足、精准度偏低。例如，目前农家书屋

---

① 数据来源于国家统计局网站。

普遍存在配送的图书与村民的文化习俗、生活生产等实际需求有很大差距，书籍更新慢，开放时间不足，数字化资源建设水平低等情况，加之乡村发展落后，村民缺乏读书意识，学习能力相对较弱，造成农家书屋出现图书资源无人问津的情况。另一方面，供给质量不高。基层公共文化供给存在政府主导性强与村民参与不力、主体地位缺失的矛盾。目前主要是自上而下的"政府办文化""政府送科技"的传统模式，政府既承担了乡村文化建设供给者的角色又承担了文化生产者的角色，对群众文化参与诉求的回应不足，活动内容和形式创新性不足，传统的文化产品、文化服务较多，融入科技元素的创新型品类较少，群众参与积极性不高，社会力量参与不足，尚未形成规模性的多元化公共文化服务投入机制、多主体的公共文化产品供给机制，极大地制约了群众对现代化、多元化文化需求的满足。

（四）专业人才紧缺，人才队伍建设有待加强

加强公共文化服务体系建设，人才队伍是基础。目前基层在人才队伍建设上面临两大问题。一是人才队伍数量不足。基层文化工作人员数量较少，编制严重不足，许多地方难以保证2~3个编制名额。同时，由于基层工作繁杂，大多数乡镇综合文化站从事文化工作的工作人员只有1名，但几乎所有的专干并不专用，同时身兼数职承担着其他业务工作，影响到乡镇文化站的正常开放，导致个别乡镇综合文化站出现"空壳站""僵尸站"现象。近年来，信阳、许昌、巩义等多地撤销了乡镇综合文化站编制，将人员归属到乡镇社会事务中心管理，文化专职人员数量相对减少，单独编制的取消导致人员工作积极性大大降低。二是人才队伍专业性不强。受城镇化进程加速、人才激励保障机制不完善、工作报酬不稳定等因素影响，基层专业人才稳定性不强、流动性较大。同时，乡村人才业务素质不高，普遍缺少专业文化人才。现有文化管理人才知识结构老化、视野不宽、观念陈旧，缺乏开拓创新精神，直接影响了基层文化活动的正常开展。

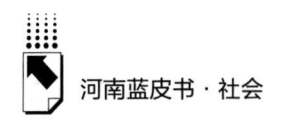

三 未来工作建议

乡村振兴,既要塑形,也要铸魂。增进民生福祉,就是要更好满足人民群众精神文化需求,公共文化服务体系的高质量发展可以更好地增强人民群众文化获得感、幸福感。乡村公共文化服务要始终坚持以习近平新时代中国特色社会主义思想为指导,牢牢把握满足人民群众对美好生活的向往这个总目标,持续完善公共文化服务体系,建立优质文化资源直达基层机制,健全社会力量参与公共文化服务机制,进一步提高优质文化资源的均衡性和可及性,满足人民群众现代化、多元化公共文化需求。

(一)强化理论学习,高擎思想之"旗"

推动公共文化服务高质量发展,要坚持马克思主义在意识形态领域的指导地位,坚持党的文化领导权不动摇。要在全省深入学习贯彻习近平新时代中国特色社会主义思想,特别是习近平文化思想和习近平总书记关于公共文化服务的重要论述和重要指示批示精神,中共中央办公厅、国务院办公厅印发的《关于加快构建现代公共文化服务体系的意见》《国家基本公共文化服务指导标准(2015—2020年)》,以及《中共中央关于进一步全面深化改革、推进中国式现代化的决定》中关于公共文化服务的工作部署,从根源上解决思想认识不到位和认识偏差问题。利用基层党校、干部学校等阵地,开展基层党员干部的培训、轮训,持续抓好党员干部学习培训。特别要抓好县、乡、村班子成员的学习培训,进一步提升基层党员干部的政治站位、思想认识和工作能力,引导广大基层党员干部坚持以人民为中心的工作导向,尊重人民主体地位,保障人民文化权益,积极主动投身于基层公共文化服务发展大局,巩固基层文化阵地,以文化人、以文育人。

(二)加大经费投入,提升文化服务效能

一是加大基层经费投入。以中央和省级财政为主,地方财政配合,形成

上下联动的投入机制，建设基层公共文化服务设施。同时，河南应逐步提高公共文化事业相关支出在财政预算中的比例，以确保公共文化服务获得足够的资金支持。各级政府要根据相关标准，将基层综合性文化服务中心建设和运行所需资金纳入财政预算。二是加大资金监督检查力度。严格执行资金拨付使用流程，认真落实《中央补助地方公共文化服务体系建设专项资金管理暂行办法》，确保专款专用。建立健全基层公共文化服务经费使用的监督机制，定期开展公共文化服务体系建设资金监督检查工作，落实各级投入责任、资金监督管理、预算绩效管理，切实加强财政资金监管，确保资金使用的合规性和有效性。针对公共文化服务体系建设重点专项资金，有针对性地开展事前、事中、事后绩效评价和检查等监管工作，提高资金使用效益。三是发挥政府投入的带动作用。鼓励和引导社会资金支持基层综合性文化服务中心建设，健全社会力量参与公共文化服务机制，推动社会力量建设运营文化设施、打造运行活动项目、调动配送服务资源等，鼓励通过服务外包、项目授权、税收优惠、财政补贴等方式，委托符合条件的企业和社会组织运营基层场馆或部分项目，提高服务水平。可以与企业、社会组织等合作，共同开展文化活动，实现资源共享、互利共赢。例如，浙江温州投入财政资金约3000万元在全市乡镇建设210个文化驿站，撬动社会资本约1亿元投入基层文化设施建设。

（三）健全基层设施，推动城乡一体化建设

推动公共文化服务高质量发展，一个重要方面在于保证基层公共文化设施的建设和管理，统筹推进公共文化服务"硬件"和"软件"设施建设，完善基层公共文化服务网络，持续提升公共文化服务的数量和质量。一是查漏补缺。针对基层文化设施老化陈旧问题，要加快改造步伐，使其具备基本功能；针对个别公共文化场馆、基层文化服务中心缺失的问题，要进一步加大资金投入，推动建立乡村公共文化建设专项资金项目，实现基层公共文化设施全覆盖；针对革命老区、民族地区，要向特殊群体倾斜，推动各级各类图书馆、文化馆、博物馆等建立联动机制，加强总分馆制建设。例如，江苏在率先建成省、市、县、乡、村五级公共文化服务设施网络的基础上，启动并实施"双千计划"；广东推动提升基层公共文化服务设施质量；湖南推动乡村公共文化服务"门前十小"全覆盖。各地切合当地发展实际，不断建设公共文化基础设施，为实现基本公共文化服务均等化奠定基础。二是重在管理，加大对基层设施使用的管理力度。建立健全规章制度，规范服务行为。针对河南多数农村公共文化活动场所缺失、无人管理的现象，要整合各种资源，统筹使用人力、物力、财力，防止基层公共文化设施被挤占、挪用。例如，上海出台《上海市社区公共文化服务规定》《关于推进上海市社区文化活动社会化专业化管理的工作方案》，不断建立健全设施的标准体系和内部管理制度，取得很好的效果。例如，对基层文化设施进行专项支持，健全乡村文化设施及文化活动专人管理和组织保障机制。

（四）优化产品供给，满足群众文化需求

为了采取更多群众喜闻乐见的形式，提供更多特色化、个性化、多样化的优质产品，一是健全基层公共文化服务供需对接机制。通过征集群众文化需求，更好对接"群众点单"和"政府买单"。创新实施文化惠民工程，促进优质文化资源有效融入城乡公共文化空间和群众日常生活，打通基层公共文化服务"最后一公里"。探索开展"自下而上、以需定供"的互动式公共文化服务，实行集中高效的配送与运营，着力提高基层公共文化服务效能。例如，江苏自2022年9月以来实施的"澄艺快递"公共文化服务精准配送项目已在江阴配送447场次，惠及群众超过50万人次。通过群众点选和政府配送的方式，将公共文化服务精准送到基层，群众好评如潮。[1] 二是加强农村公共文化服务的高质量供给。在高质量发展的新要求下，准确把握群众精神文化需求，建立"部门牵头、赛事牵引、协会组织、政策激励、群众参与"的群众性文化活动机制，鼓励引导各地结合本地历史文化资源、中

---

[1] 《江苏高品质公共文化服务添彩美好生活》，中华人民共和国文化和旅游部网站，2023年12月19日，https://www.mct.gov.cn/whzx/qgwhxxlb/js/202312/t20231219_950376.htm。

华优秀传统文化，找寻传统文化与现代社会之间的连接点，创新培育体现黄河文化、元典文化、根亲文化、功夫文化等中原文化元素的群众文化活动，开展好中华传统节日主题文化活动，培育特色文化活动品牌，努力用活中华民族创造的宝贵精神财富。三是推动"送文化"与"种文化"有机结合。加大对基层群众文化活动的扶持引导力度，完善创作引导激励机制，积极提供艺术指导、场地安排、安全城市管理等方面的便利，鼓励各级各类文化单位与城乡基层"结对子、种文化"，建设精干高效的基层文化人才队伍，培育"不走"的群众文艺团队。加强群众文化活动品牌建设，充分发挥"群星奖"等示范作用，点燃群众文艺精品创作的热情，为群众提供更多展示自我风采的舞台，增强城乡基层文化建设自我发展、自我服务功能。四是完善公共文化服务产品多元化供给机制。通过政府购买服务、政府和社会资本合作等，引导和鼓励社会力量积极参与基层公共文化服务，提供多样化文化产品和服务，社会化运营基层文化设施，不断增强基层公共文化服务创新活力。例如，河南灵宝涌现一大批典型案例，"小房子儿童绘本馆""长安玖号院""振宇红色文化馆""红亭驿民俗文化村"等社会力量积极参与灵宝公共文化服务，在全民阅读、民俗文化普及、文旅融合等服务领域成效显著，在当地产生了良好的社会效益。

（五）提升人才素质，建设基层公共文化队伍

要想把基层公共文化活动办得出彩出新，离不开优秀人才的支撑。一是增加基层公共文化人才队伍数量。一方面，明确核定乡镇综合文化站人员编制名额，确保乡镇综合文化站配备2个以上的人员编制名额。健全乡村文化人才入口制度管理，规范人才的招募、选拔与岗位安置，多渠道招录优秀文化人才。另一方面，开通人才流动的"绿色通道"，引导人才下沉基层，鼓励高校毕业生等年轻群体扎根基层，每年积极落实高校毕业生"三支一扶"计划，招募高校毕业生担任"文化村官"到乡镇从事基层公共文化服务工作，打造高素质的基层公共文化人才队伍。例如，江苏自2021年起，启动实施"千支优秀群众文化团队培育计划"，重点加强对基层尤其是农村地区

群众文化创作人才和活动"带头人"的培育，目前已培育606支优秀团队。① 二是健全符合文化领域的人才评价激励机制。要建立人才队伍管理机制，营造有利于人才脱颖而出的政策环境，打造有利于人才创新、创造的文化生态。要能识才、重才、爱才，真正把人才凝聚到党的宣传思想文化事业中来。通过完善乡村公共文化服务体系，优化乡村文化站职称评聘渠道，持续健全乡村文化管理员队伍建设，例如，江苏在全国率先建立乡土人才职称评价制度，制定《江苏省乡土人才专业技术资格条件》，有序开展初、中、高级乡村振兴技艺师职称评价工作，充分发挥人才评价在基层公共文化人才发展中的重要作用。② 三是强化基层文化人才队伍培训。每年定期开展面向基层工作者和文化合作社社员的专题培训工作，在数字文化服务、群众文艺作品创作与推广、公共文化与文旅融合等方面加大对基层工作人员培训力度。并邀请文化领域的专家学者对基层文化人才队伍进行指导，帮助其提升专业文化素养和业务工作能力。同时鼓励和支持在职人员参加继续教育，不断提升自身理论水平和综合素质。例如，浙江近年来以乡村文艺团队"三团三社"、文化示范户和乡村文化能人为抓手，在全省实施乡镇文化下派员和村级文化专管员制度，带动基层的阵地利用、队伍发展和人才培育，推动基层文化从业人员专职化、专业化、专心化。③

参考文献

王成东：《基层公共图书馆服务乡村振兴策略研究》，《文化创新比较研究》2022年

---

① 《对省政协十三届二次会议第0559号提案的答复》，江苏省文化和旅游厅（省文物局）网站，2024年7月23日，http：//wlt.jiangsu.gov.cn/art/2024/7/23/art_64303_11305400.html。
② 《对省政协十三届二次会议第0559号提案的答复》，江苏省文化和旅游厅（省文物局）网站，2024年7月23日，http：//wlt.jiangsu.gov.cn/art/2024/7/23/art_64303_11305400.html。
③ 《浙江省打造"五级一体化"公共文化服务体系丨让现代文明遍地开花》，"文旅中国"百家号，2023年6月30日，https：//baijiahao.baidu.com/s?id=1770106198315325227&wfr=spider&for=pc。

第 8 期。

吕抒原：《河南省公共文化建设现状分析与建议》，《河南图书馆学刊》2020 年第 6 期。

金栋昌、王宇富、徐梦真：《中国式现代化进程中推动公共文化服务高质量发展的理论逻辑与实践进路》，《图书馆论坛》2023 年第 5 期。

谢颖：《健全社会力量参与公共文化服务机制推动优质文化资源直达基层》，《人民政协报》2024 年 8 月 13 日。

B.12 河南省志愿服务高质量发展研究*

郑州大学课题组**

摘　要： 志愿服务是社会文明进步的重要标志。党的十八大以来，党中央高度重视我国志愿服务事业的发展，党的二十大更是着重强调完善志愿服务制度和工作体系。志愿服务队伍逐渐发展壮大，已成为社会主义现代化建设的重要力量。本文对河南省志愿服务的发展情况开展调研，发现河南省志愿服务目前在政府支持力度、社会参与程度、服务领域拓展和服务形式创新等方面取得了良好的进展，但是也存在志愿队伍建设不完善、志愿服务精神深化不足、志愿服务运作机制不健全以及志愿服务总体效能有待提升等问题。基于此，本文通过调研深入分析问题根源，结合河南省实际情况，探索出注重人才队伍建设、深化志愿服务精神、健全运行管理体系、加强项目宣传引导等有效路径，以推动河南省志愿服务的高质量发展，促进河南省志愿服务的规范化、优质化、持续化和常态化发展。

关键词： 志愿服务　高质量发展　河南

---

* 本文系2023年郑州大学高等教育教学改革研究与实践项目（研究生教育）（项目编号：YJSJY202353）和2024年河南省研究生教育改革与质量提升工程（项目编号：YJS2024JD05）的阶段性成果。

** 课题组负责人：蒋美华，郑州大学政治与公共管理学院教授，博士生导师，主要研究方向为社会工作与社会治理、社会性别与社会发展。课题组成员：薛润田、范新琦、晋浩瑞、彭梦丽、项漪雯、王可心、柯海铃、廖世峰、黎江雨宁、韩汝冰、牛東舒、谢润泽、王亚欣、郭奕辰、韩龙鑫均为郑州大学政治与公共管理学院研究生；韩虹谷，伦敦政治经济学院社会学系研究生；关靖琪，中国社会科学院大学商学院研究生；庄肃茂，河南师范大学社会事业学院研究生。

一 引言

志愿服务是社会大众参与社会治理、共同建设社会的重要途径，志愿服务的高质量发展对于完善社会治理格局、提升社会总体文明程度具有重要意义。截至2024年11月，河南省登记在册的志愿服务组织有52230个，志愿者人数12869790人[①]，为推动河南省志愿服务的高质量发展提供了有力保障。为了能够切实提升河南省志愿服务总体质量和水平，促进基层治理体系的良性运作，本文以参与观察法、半结构式访谈法及案例分析法为主要研究方法对河南省各地市的志愿服务情况展开调查研究。一方面，课题组部分成员深入河南省有关社会工作机构开展了3～6个月的实习调研，在实习调研过程中亲身参与多项志愿服务项目和活动，以参与观察法收集资料。另一方面，2024年6～9月，课题组成员依据访谈提纲对河南省7个开展过志愿服务的社会组织、30名志愿者以及15名志愿服务对象展开访谈，以半结构式访谈法收集到丰富的一手资料。与此同时，课题组成员还充分利用互联网收集近年来河南省优秀的志愿服务案例资料，以案例分析法来丰富和拓宽研究视野。基于充分调研，本文梳理了河南省志愿服务取得的进展和存在的不足，并进一步探索促进志愿服务高质量发展的路径，希望有助于提升基层治理能力、优化社会治理格局。

二 河南省志愿服务高质量发展取得的进展

近年来，河南省志愿服务事业在国家政策的积极引领下，发展势头不断向好。这一进程显著体现在政府层面的政策扶持与资源倾斜、社会力量的广泛与深度参与、服务领域的持续拓展，以及服务形式的不断丰富与创新等方面。

---

① 数据来源于志愿河南网站最新统计数据。

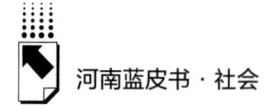

（一）政府支持较为有力

为了给河南省志愿服务事业的发展营造良好的社会环境，政府在政策层面为志愿服务提供了大力支持，也在具体实践中对志愿服务活动做出了积极回应。

1. 政策支持力度较大

2024年4月，中共中央办公厅、国务院办公厅发布《关于健全新时代志愿服务体系的意见》，首次将"两企三新"融入志愿服务事业的蓝图中，明确了到2035年基本形成系统完备、科学规范、协同高效的志愿服务制度和工作体系的主要目标。[①] 自河南省全面实行《河南省志愿服务条例》以来，志愿服务的相关法律法规问题、志愿服务管理部门的职责以及志愿者的权益和义务等得到了进一步明确。[②] 在这些政策的支持和保障下，河南省在志愿服务方面取得了显著成绩。为响应国家的大学生志愿服务西部计划，河南省发起了大学生志愿服务乡村振兴计划。2024年7月，800名大学生志愿者在出征仪式上庄严宣誓，积极投身农村建设。[③] 政府的支持性政策为河南省志愿服务事业的高质量发展创造了更加有益的成长环境。

2. 政府回应程度较高

第一，政府积极搭建志愿服务平台。近年来，政府通过搭建志愿服务平台，鼓励志愿服务组织在环保实践、教育援助、扶贫帮困等多个关键领域内积极作为。例如，在政府的支持下，由全国老龄办、国家卫生健康委老龄健康司、国家反诈中心、工信部反诈中心指导，蚂蚁集团、蚂蚁公益基金会发起的"蓝马甲"志愿服务组织成立，在群众防诈骗宣传上做出

[①] 《新时代志愿服务健康有序发展的政策指引和工作指南》，中国共产党新闻网，2024年5月12日，http://theory.people.com.cn/n1/2024/0512/c40531-40234124.html。

[②] 《〈河南省志愿服务条例〉新闻发布会在郑召开》，河南省人民政府网站，2018年12月12日，http://m.henan.gov.cn/2018/12-12/725768.html。

[③] 《800名大学生志愿者奔赴乡村振兴一线》，河南省人民政府网站，2024年7月28日，http://m.henan.gov.cn/2024/07-28/3027988.html。

了突出贡献①。

第二，政府不断加强与志愿服务组织的对接与合作。政府部门在资源调配、政策导向及跨部门合作上具有独特优势，能够为志愿服务项目的开展提供必要的指导与协助。志愿服务组织与政府部门密切配合，有助于保障志愿服务活动的顺利进行。调研中，安阳市某博物馆志愿服务组织方说道："有一次普通话活动周就在安阳举办，我们要保证这个活动做好就必须和教育部门、文字博物馆协调好、配合好。"政府部门与志愿服务组织的对接与合作也推动了志愿服务的高质量发展。

（二）社会参与度显著提升

广泛的社会参与是志愿服务得以持续化、常态化的重要保障，也是推动志愿服务高质量发展的强大动力。目前，河南省志愿服务群众参与程度日益提高，群众参与质量逐步优化。

1. 群众参与程度日益提高

一方面，河南省的志愿服务人数与以往相比显著增加。近年来，河南省志愿者队伍的数量不断上升，队伍规模不断扩大，志愿力量覆盖省内多个市区，逐渐解决了各地志愿服务队伍"有没有"的问题。

另一方面，群众参与志愿服务的热情空前高涨。随着志愿服务被越来越多的人所关注，志愿服务的无偿性、公益性及其给社会发展带来的帮助引导更多群众自发参与到这一领域中来。在课题调研中，一名郑州市志愿组织工作人员在谈及志愿者招募时说："我们在走访时，有一些群众说自己想主动加入我们，在空闲的时候也想参与志愿服务，我们缺人的时候就会请他们来帮忙。"此外，政府与单位、工会逐渐展开深度合作，也为志愿服务的开展吸引了人才。在这一过程中，有很多群众也逐渐意识到参与志愿服务是一种实现人生价值、响应社会号召的途径。在调研中，一位郑州市企业职工志愿

---

① 《"青春"守护"夕阳红"蓝马甲河南高校志愿者将开展百场为老服务》，河南省人民政府网站，2024年6月13日，https：//m.henan.gov.cn/2024/06-13/3007473.html。

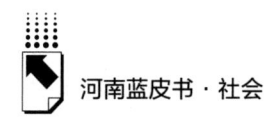

者说道:"全国人口普查工作我能参与其中,我觉得特别有意义和价值。公司对我们参与志愿服务活动也非常支持。"

2. 群众参与质量逐步优化

调研发现,参与志愿服务的普通群众的综合素质相较于以往有所提升。例如,漯河市临颍县某志愿组织对有意愿参与项目的群众每月定期开展培训,支持志愿者考取相关资格证书。此外,河南省部分志愿服务项目通过推动社会成员多元参与并保证项目供需对接稳定,拓宽了服务项目的发展渠道。服务项目的深入开展可以吸引更多资源用于人才的培训、设施的改善以及项目管理的优化,从而提升民众参与的整体质量,形成良性循环。例如,新乡市"电商传情 文明花开"志愿服务项目探索创新出"电商+农民合作社+农村经纪人+农产品落地+农户"的运作模式。① 该项目获中央、省、市媒体的多次报道,吸引了更多支持资源,也激发了更多当地群众自力更生、创新创业的热情。

(三)服务领域不断拓展

为了更好满足各类群体需求,河南省志愿服务的领域也在不断拓展,主要体现在服务对象趋于普遍化、服务种类趋于多元化。

1. 服务对象趋于普遍化

随着当前社会问题的复杂性和服务需求紧迫性的日益提高,国家对志愿服务事业发展提出了更高要求。志愿服务也不再局限于扶危救困,而是面向全体社会成员,着力提升群众的生活质量,促进社会的和谐进步。例如,汝州市文艺志愿者协会"戏来了"志愿服务项目,以曲剧折子戏为主,围绕乡村振兴、移风易俗等主题内容,组织文艺志愿者开展下基层送欢乐演出活动,让新时代文明实践改善普通群众的生活质量,促进社会发展②;洛阳市

---

① 《电商传情 文明花开》,"文明河南在新乡"微信公众号,2023年7月11日,https://mp.weixin.qq.com/s/z5VVUeOSLXLq5APuxhwtzg。

② 《汝州市文艺志愿者协会〈戏来了〉文明实践志愿服务项目荣获省级一等奖》,"汝州市文艺志愿者协会"微信公众号,2023年7月24日,https://mp.weixin.qq.com/s/RmSE-lDhRKwP9Ao0pvKPOA。

招募"共享奶奶",帮助双职工家庭缓解带娃焦虑。① 这些志愿服务的对象范围逐渐扩大,将志愿服务的覆盖面由弱势群体扩展至普通大众,使志愿服务真正做到面向大众、惠及民生。

2. 服务种类趋于多元化

人们对志愿服务日益多样化的需求和志愿服务的理念更新也对河南省志愿服务内容的丰富性和多元性提出了要求。河南省的志愿服务不再局限于传统的助困救灾,而是扩展至群众生活的各个方面。例如,洛阳市因地制宜设计特色鲜明、群众喜爱的文明实践项目,有效激发城市文明活力,进一步增进民生福祉②;洛阳博物馆志愿者团队坚持讲好文物故事,传递洛阳优秀历史文化,让更多的公众走进洛阳博物馆、了解洛阳博物馆,促进洛阳博物馆的全面建设。③ 这些种类丰富的志愿服务项目,满足了社会群体在各个领域的多元服务需求,有效提升了社会成员的满意度和幸福感。

(四)服务形式有所创新

河南志愿服务组织的发展不仅体现为服务内容的丰富和服务领域的拓展,更体现为服务形式上的不断创新与融合。

1. 科技赋能志愿服务

通过科技赋能,一方面,能够以数字化手段使活动更新颖,从而提高志愿服务活动的关注度;另一方面,能够提升志愿服务项目的实施效果和实施效率,为服务对象提供更加精准化、便捷化的服务。例如,洛阳"城市文化传统的传承"项目通过"科技+"手段,志愿者在当地社区和学校开展活动,运用互联网技术传播历史文化,让公众更好地了解

---

① 《洛阳"共享奶奶"助力多方共赢》,洛阳网,2024年7月17日,https://news.lyd.com.cn/system/2024/07/17/032459737.shtml。
② 《洛阳:文明实践为群众幸福加码》,"洛阳网"百家号,2024年7月9日,https://baijiahao.baidu.com/s?id=1804062388520116202&wfr=spider&for=pc。
③ 《洛阳:传承城市文脉,书写河洛志愿者的初心答卷》,河南省人民政府网站,2023年7月12日,https://www.henan.gov.cn/2023/07-12/2777111.html。

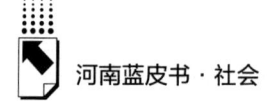

洛阳历史，在轻松愉快的氛围中探索和了解优秀的中国传统文化。① 同时，这种科技加持的文化宣传方式，让人们对该志愿服务活动产生了更大兴趣，从而吸引更多人参与到活动当中。与传统的志愿服务形式相比，利用互联网创新服务形式可以使服务项目达到更好的效果，提升服务对象的满意度。

2. 新媒体助力志愿服务

在人员招募上，志愿服务组织通过新媒体招募志愿者可以降低招募成本，简化招募流程，优化志愿服务队伍结构。以新乡市辉县市"爱心小信封"助学活动为例，该活动借助"志愿河南"App线上招募志愿者，有效扩大了招募范围并丰富了志愿者来源。该志愿服务组织通过"志愿河南"App能够寻找到更多与其项目标准相符合的志愿者群体，实现招募对象的精准化筛选，也有效节约了招募时间和资金。②

在服务宣传上，新媒体宣传可以进一步扩大志愿服务的社会影响力，优化服务效果。以新乡市"电商传情，文明花开"志愿服务项目为例，该项目利用微博、微信公众号、快手等新媒体平台，定期发布项目动态、志愿者风采、农产品推介视频等内容，将项目成果以多种形式展现出来，通过多渠道推广和宣传吸引了大量粉丝关注。③ 该项目团队还邀请网络红人进行体验分享，邀请主播进行直播助农带货，拓宽了农产品的销售渠道，切实解决了农产品销售难的问题。

三 河南省志愿服务高质量发展面临的困境

河南省志愿服务目前虽然已经取得了一定的进展，但在实践过程中仍面

---

① 《洛阳：传承城市文脉，书写河洛志愿者的初心答卷》，河南省人民政府网站，2023年7月12日，https：//www.henan.gov.cn/2023/07-12/2777111.html。
② 《"爱心小信封"彰显浓浓大爱》，新乡文明网，2024年7月31日，http：//hnxx.wenming.cn/wmsd/202408/t20240801_8616226.html。
③ 《电商传情 文明花开》，"文明河南在新乡"微信公众号，2023年7月11日，https：//mp.weixin.qq.com/s/z5VVUeOSLXLq5APuxhwtzg。

临一些困境，主要体现在志愿服务队伍建设仍需加强、志愿服务精神亟须深化、服务运作机制有待健全、志愿服务总体效能有待提升等方面。

（一）志愿服务队伍建设仍需加强

目前，河南省志愿服务队伍建设主要存在志愿服务主体类型单一、志愿服务队伍专业素质不高，以及志愿服务队伍稳定性较低等问题。这些问题不仅限制了志愿服务活动的广泛性和深入性，也对志愿服务的社会影响力和持续发展潜力构成了挑战。

1.志愿服务主体类型单一

目前，河南省志愿服务队伍中的志愿者主要来源于某些特定群体，如在校大学生、退休工人、国企职工等，其他群体参与不多。一方面，当前社会大众对志愿服务的认识仍停留在传统层面，认为只有具备一定能力和素质，且相对空闲的人群才适合参与志愿服务，而忽略了志愿服务可以是一个志愿者和服务对象共同成长的过程，也没有意识到参与志愿服务的形式可以是多样的，既可以是亲身参与，也可以是资源链接。另一方面，当前的志愿服务制度可能存在一些限制新主体参与的因素，如注册门槛高、管理流程复杂等。在调研中，商丘市的一名受访者在访谈中谈道："我们有的时候也可想为别人做点啥了，在家闲着也是闲着，但就是碰不到合适的机会，人家那活动不是要年轻的就是要有文化的。"郑州市一名大学老师讲道："我感觉很少遇到别人组织我们这些老师参与志愿服务，因为别人可能觉得我们没时间、没精力，但其实我们也想贡献力量。"

2.志愿服务队伍专业素质不高

尽管当前河南省志愿服务队伍的整体素质已经有了较大提升，但是在提供一些特定服务时，往往要求志愿者具备更加专业的知识和技能，如医疗、特殊教育等。由于各主要服务组织的志愿者来源并不固定，他们往往缺乏相关的专业素养积累，而这些技能并非经过一朝一夕的培训就可以掌握，这就直接导致志愿服务的质量不高，难以满足受助者的实际需求和期望。郑州人

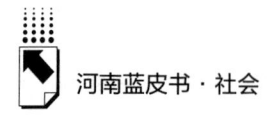

民医院的一名工作人员说道:"有的时候就算是只需要导医这种的志愿者,也需要稍微具备一些专业知识。但是这方面的志愿者资源确实太少了,需要长期培养。"

3.志愿服务队伍稳定性较低

志愿服务队伍稳定性较低主要表现为志愿者流失率高、参与持续性差。这一问题出现的原因主要有两个。一是,激励不足使志愿者在参与志愿服务过程中难以满足自身需求,从而出现中途退出的情况。在调研中,一名郑州市志愿者说道:"我上大学期间会为了积分参与志愿活动,但是那时总是让我们去摆放共享单车,有意思的活动我们又抢不到,所以积分攒够了我就很少去参加了。"二是,任务分配不合理也是导致志愿者流失严重的原因之一。例如,有的志愿者可能因任务分配过重而感到压力大,最终选择退出志愿服务;有的志愿者则可能因为感到自己被忽视或任务过于轻松而失去参与的热情。一名开封市的志愿者说道:"我希望组织者可以差别化地分配任务,让我们志愿者能够更好地发挥各自的长处。不至于出现有些志愿者无法发挥自身能力,有些志愿者又过度劳累的情况。"

(二)志愿服务精神亟须深化

志愿服务所传达的"奉献、友爱、互助、进步"的志愿精神与社会主义核心价值观高度契合,使之成为培育和践行社会主义核心价值观的有效载体。然而当前的志愿服务精神亟须在具体服务的实践中进一步加以深化。

1.志愿服务精神普及度不高

目前,河南省志愿服务精神普及度仍然不高,其根源在于民众对志愿服务精神的价值认知不够以及相关传播机制不够完善。民众通常将志愿服务视为一种偶发性的社会活动并带有义务性质,而非内在驱动的、持续性的生活方式,这种认知极大地限制了志愿服务精神在社会各阶层的深入渗透。由此,志愿服务活动虽在一些领域开展,但往往缺乏系统性规划与持续性的动力机制,这不仅削弱了志愿服务的实际效果,也阻碍了志愿服务精神在社会中的普遍认可度的提升。由于民众对志愿服务精神的认知停留在表面,没有深刻理解其作为社会进步与个人成长重要动力的深层意义，加之缺乏有效的志愿服务传播体系与持续性的宣传策略，使志愿服务精神难以在社会中形成广泛共识。

2. 志愿服务精神践行不彻底

在志愿服务精神的践行层面，存在诸多挑战不容忽视。首先，志愿者群体内部，动机的多样性与不稳定性成为一大难题。许多志愿者的参与动机源于短暂的热情冲动或外界压力，而非源自内心深处的强烈信念与责任感，这导致志愿服务行为难以持续，易陷入"短暂热潮"的困境。其次，在活动组织层面，形式化问题同样显著，部分志愿服务活动过分追求形式上的热闹，却忽视了服务内容的实质与受助者的实际需求，导致志愿服务效果大打折扣。最后，在大学生志愿服务领域，有学者指出存在参与动机功利化、活动组织形式化以及评价体系数量化等三大乱象。[1] 这些乱象映射出志愿服务精神在贯彻与落实过程中的深度不足。

（三）服务运作机制有待健全

《河南省志愿服务条例》的实行促进了河南省志愿服务的规范化，科学的志愿服务运作机制正在逐步形成。但目前河南省志愿服务仍存在组织管理不到位、组织积极性不高、资源筹措与使用不当等问题，需要重点关注并加以解决。

1. 志愿服务组织管理不到位

首先，调研发现，河南省志愿服务组织在开展规模较大或具有挑战性的服务项目时，需要经过层层审批才能够使项目得以开展，导致服务开展效率降低，遇到突发状况也难以迅速反应。平顶山市一名定期参与志愿服务的志愿者提及："我觉得志愿服务的整个审批流程可以再简单一些。如果走审批手续拿到政府的这个项目都非常有难度的话，后续的志愿服务肯定更难开

---

[1] 杨威：《大学生志愿服务的三个乱象——让大学生志愿服务活动回归初心》，《人民论坛》2018年第19期。

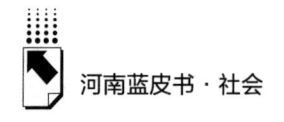

展。"其次,志愿服务组织在活动开展过程中协调不到位,且缺乏系统、规范的活动流程导致活动现场不够有序,影响活动效果。漯河市一名公益组织负责人说道:"平时一些小型的、常开的活动,我们都组织得挺有序的。可是一遇到比较新的、大的项目时,尽管前期做了准备工作,但在开展时还是会出现一些状况,容易手忙脚乱。"

2. 志愿服务组织积极性不高

首先,志愿服务组织积极性不高往往源自其在活动开展过程中权限不够、自主性不强。郑州市一名服务于心智障碍者的社工机构负责人说道:"只有组织本身最了解组织所服务的群体的需求,而像政府或者企业对我们这个领域了解不深,但是人家有一定的话语权,往往会结合自身的需求和目标提供资源,可能会让志愿服务组织做出一些相应的调整。"自主性不强使志愿服务组织不能充分地践行志愿服务的宗旨和初心。其次,河南省志愿服务组织自身意识也有待增强,这一问题往往来自监督和激励机制的不完善,导致志愿者服务组织重短期效益而轻长远发展。一名南阳市的志愿者讲道:"有时候只是去看看服务对象,然后就进行捐款了,没有什么实际行动。还有就是服务计划不完善,我们后续没什么跟进。"

3. 志愿服务资源筹措与使用不当

首先,在服务资源筹措方面,河南省部分志愿服务项目资源筹措渠道少,组织方也未能很好地发挥资源整合功能,导致有限的资源不能被充分使用。郑州市中心医院一名工作人员在谈及过去组织的志愿活动时提到,"目前我们医院在开展志愿活动时,资源整合不充分,不能充分利用医院内外的各种资源,项目执行起来总是遇到阻碍。"其次,河南省志愿服务组织对于资源使用过程监督和管理都不够到位,在资源使用上存在一些浪费现象。

(四)志愿服务总体效能有待提升

近年来,河南省的志愿服务已经有了显著进步,部分志愿服务项目取得了良好的服务成效。但从整体上看,河南省志愿服务项目仍存在服务影响力不足、服务效果难以持续等问题,志愿服务总体效能有待加强。

1. 服务影响力不足

首先,河南省有部分志愿服务项目在宣传工作上还有待提升。如郑州市某医院的医疗健康志愿服务项目开展以后,提升了公众健康意识,满足了一些社区或特定群体的医疗健康需求,但也存在宣传力度不够,缺乏多样性和针对性的宣传手段等问题,导致活动知悉范围小、社会影响力有限。由此可见,即使志愿服务项目扎实开展且取得了良好成效,但宣传不足仍然会限制服务项目的影响面,由此难以形成较强的社会效应。

其次,河南省开展的部分志愿服务项目未能很好地发挥辐射影响作用。例如,在周口市西华县举办的"乡村'大喇叭'奏响普法'好声音'"志愿服务项目提升了村民法治思维能力,强化了村镇法治建设①,但这一志愿服务项目的影响力局限于西夏亭镇,影响范围有待拓展。而在新乡市辉县市开展的"爱心小信封"助学活动在切实帮助当地困难儿童的同时,也成为一个响亮的品牌,影响着越来越多的爱心人士、企业和政府部门为困难儿童提供帮助和支持。②

2. 服务效果难以持续

志愿服务事业要想实现高质量的、长足的发展,必须使志愿服务收获的果实长期存留。当前,河南省开展的部分志愿服务项目缺乏长期追踪的常态化服务模式,导致服务的效果难以为继。在调研中,一位郑州市志愿者说:"除了即时性的服务,我认为应该帮助儿童建立家庭社会的知识系统,才能够促进儿童内心的成长,这方面我们做得不够好,很多服务都'戛然而止'了。如果说我们当下的陪伴很舒服,但是接下来儿童在家庭和社会中没有相应的支持系统,那么这个效果是很难长久的。"

---

① 《周口:乡村"大喇叭"奏响普法"好声音"》,周口文明网,2024年8月27日,http://hen.wenming.cn/difangdongtai/202408/t20240827_6816315.html。
② 《"爱心小信封"彰显浓浓大爱》,新乡文明网,2024年7月31日,http://hnxx.wenming.cn/wmsd/202408/t20240801_8616226.html。

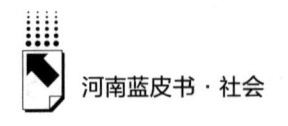

四 河南省志愿服务高质量发展的有效路径

为了推动河南省志愿服务的高质量发展，本文针对河南省志愿服务高质量发展面临的困境进一步探索有效路径，具体包括注重人才队伍建设、深化志愿服务精神、健全运行管理体系、加强项目宣传引导。

（一）注重人才队伍建设，保证志愿服务优质化

人才队伍是志愿服务的根本力量来源。因此，需要通过多元化的人才招募、专业化的人才培训和多方合作巩固人才队伍，强化人才队伍建设，推动志愿服务高质量发展。

1. 拓宽人员参与渠道，确保人才多样性

为充分吸纳、合理应用各类人才，需采取多元化策略，构建跨领域、跨行业的招募网络，打破传统界限，广泛吸纳来自拥有不同背景、不同专业及经验的人才，为志愿服务项目注入新鲜血液与多元视角。应当针对有空闲时间但综合素质有待提升的志愿者构建一套以实践为导向的培养体系，通过组织丰富的志愿服务实践活动，让志愿者在实战中磨砺技能、积累经验。对于能力卓越、资源丰富但时间受限的志愿者，则需要改变传统的参与形式，积极探索创新志愿服务模式，搭建资源共享与知识传递的平台。例如，志愿者可以通过线上指导、资源对接等形式间接参与志愿服务活动，促进知识资本的社会化流动，为志愿服务事业注入新的活力。

2. 持续赋能志愿队伍，确保人员专业性

为提升服务人员的专业性，应当以按岗培训与专项培训为核心构建一套全面而精细的培养体系，以满足志愿服务专业化的需求。针对志愿服务中不同岗位的具体要求，应当精心设计培训内容，以确保培训内容与岗位需求高度匹配。此外，专项培训作为培养体系的重要补充，应该邀请行业内的专家、学者进行授课，为志愿者带来前沿的服务理念与宝贵的实战经验。通过专项培训，拓宽志愿者的视野，提升志愿者的专业素养与创新能力。

3. 建立人员保障机制，确保人员稳定性

首先，志愿组织应当积极寻求与企事业单位、各大高校以及其他社会组织的深度合作，共同建立志愿服务人才培养输送基地，加强人才储备。通过联合制定科学的人才培养方案，整合优质教育资源，为志愿服务领域持续输送既具备专业素养又拥有丰富实践经验及创新能力的优秀人才。其次，组织内部也应不断加强人才储备与梯队建设，通过严格的内部选拔机制，挖掘并培养一批具有领导才能、专业技能及高度责任感的志愿者骨干，引领并推动志愿服务项目顺利开展。最后，应注重为志愿者规划清晰的成长路径，提供广阔的成长空间，以增强志愿服务的吸引力和团队凝聚力，确保志愿者队伍的长期稳定与不断壮大。

（二）深化志愿服务精神，实现志愿服务常态化

面对志愿服务精神深化方面存在的问题，亟须采取以结合本土优秀文化形成特色志愿服务精神为核心、以融入思想道德建设营造志愿服务文化氛围为基石、以搭建协同参与机制深化志愿服务精神为抓手的三重策略并进方式，实现志愿服务的常态化，探索形成全民参与、多元共融的志愿服务高质量发展格局。

1. 结合本土优秀文化，形成特色志愿服务精神

为塑造独具特色的志愿服务精神体系，重点应深化并弘扬本土优秀文化，构筑起以善于奉献、勇于担当、敢于创新为特色的中原志愿服务精神内核，为群众提供明确的价值引领与精神动力。为进一步弘扬志愿服务精神并推动其薪火相传，可尝试在志愿服务活动中融入中原优秀传统文化元素，打造优秀文化传承和志愿服务有机结合的中原品牌项目，以此增强群众的文化自信和社会责任感，并让志愿者在长期实践中感受志愿服务的力量，焕发志愿服务新活力。

2. 融入思想道德建设，营造志愿服务文化氛围

首先，应加强社会主义核心价值观教育，尤其重视培养青少年的思想道德素质和社会责任感。通过在学校开设相关课程、举办讲座等方式，培养青

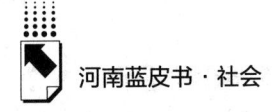

少年正确的志愿服务意识和自觉服务能力；借助道德讲堂、文化节活动等形式提升群众的道德认知和思想觉悟，引导全民形成正确的思想道德观念和志愿服务理念。其次，应激发群众的善意心志与奉献精神。结合官方网站、社交媒体、公益广告和社区活动等传播好志愿服务声音，持续提高志愿服务的美誉度和影响力，不断提升群众的认同感、责任感与使命感。最后，增强志愿服务践行力也是营造志愿服务文化氛围的重中之重。通过定期举办志愿服务周、志愿服务日等方式提供常态化的志愿服务体验，推动志愿服务融入日常，辅之以定期开展专业培训、搭建经验分享平台以及鼓励群众参与策划和执行志愿服务项目等举措，逐步形成"知行合一"的良好风尚。

3. 搭建协同参与机制，形成全民志愿服务格局

首先，志愿服务组织要提倡"志愿服务人人可为、处处可为"的理念，通过深化志愿服务精神，广泛设立志愿服务站点，因地制宜开设多样化岗位，为志愿者提供更广阔的服务空间，以此引领志愿服务网络的高质量覆盖。其次，民众要形成"我为人人、人人为我"的志愿服务观，用实际行动争做志愿服务先行者，使人人都成为志愿服务的参与者和受益者，共同实现美美与共的愿景。最后，社会和政府应当强化保障能力以确保志愿服务行之有效。一方面，社会要通过跨区域合作建立志愿服务联盟、全面贯彻链式传播机制等方式积极盘活区域内志愿服务资源；另一方面，政府要通过加快建立健全志愿服务体系、强化法律法规保障和完善激励与监督机制等措施，保证各项志愿服务项目有章可循、有法可依。

（三）健全运行管理体系，推动组织运作规范化

健全运行管理体系旨在保障志愿服务的规范化运作，实现志愿服务的有效供给，赋予志愿服务发展活力。为此，构建志愿服务全过程监督管理、优化资源运作方式、更新志愿者考核激励机制等成为探索志愿服务高质量发展的必然要求。

1. 完善监督管理机制，实现组织管理科学性

在监督方面，从内部监督来看，志愿服务组织应建立自我监督机制，明

确组织内部各部门、各岗位的职责与权限，确保工作流程清晰、责任可追溯。从外部监督来看，政府部门应加强对志愿服务组织的监管，制定完善的法律法规，建立志愿服务组织评估体系，定期进行组织考核与项目评估。此外，群众也应积极参与，通过媒体、网络等渠道对志愿服务组织的项目进行监督和评价，促使志愿服务组织不断提高服务质量。在管理方面，河南省志愿服务高质量发展需要疏通组织运作堵点，提高运行效率。针对志愿服务项目审批程序复杂、人员办事效率低、组织反应迟滞等问题，解决重点方向在于理顺组织架构、精简办事流程、提高服务意识与办事效率。此外，志愿服务组织应制定完善规章制度，包括组织章程、财务管理、志愿者管理等，提高组织运行的协调能力，确保组织运行有章可循。

2. 优化资源运作机制，保障资源配置合理性

首先，利用信息技术提高组织的资源整合能力。借助大数据信息共享功能，政府牵头搭建由相关部门、社会、志愿服务组织、学校等组成的志愿信息平台，建立信息共享合作关系，化解资源信息不对称矛盾，实现资源整合。将志愿服务的提供者与志愿服务对象连接，实现线上调动资源、线下资源投放。信息共享平台的搭建能有效提高资源的统筹协调，助力志愿服务项目高效实施。其次，协同合作实现资源高效对接，捋顺"条块衔接"的运行机制。一方面，河南省志愿服务团队之间需加强合作，以避免资源的重复配置和浪费，着力搭建交流学习平台，组织优秀志愿服务团队参与学习共建与资源共享，有效提高志愿服务资源的利用效率；另一方面，河南省志愿服务组织可依据自身优势和项目特点加强与各部门、学校的合作，强化社会资源支持体系，拓展线下实践阵地，进一步盘活本土资源。

3. 更新考核激励机制，激发志愿服务组织积极性

首先，加强制度设计，更新考核激励机制。制度化的设计为民众参与公共事务提供了保障，从而有效保护了志愿服务动机，例如，将物质激励与精神激励相结合，能极大地激发志愿者的服务热情，推动志愿服务活动高效、有序开展。安阳市某博物馆的工作人员讲道："我们馆会对优秀志愿者和十佳志愿者进行奖励，安排他们去别的馆参观学习，这对志愿者本

身是一次激励。"另外,科学的评估机制也能够引领志愿服务组织兼顾短期效益和长效发展,推动河南省志愿服务组织可持续发展。其次,提升志愿组织的自主性。在政府部门政策志愿服务组织开展项目的过程中,应当赋予志愿服务组织更大的权限,让志愿服务组织有更大空间发挥专业能力。最后,在项目开展中也应设立容错纠错机制,允许恰当范围内的错误发生,注重经验教训的总结,让志愿服务组织在面对突发状况时能够迅速做出反应。

(四)加强项目宣传引导,促进服务效能持续优化

有效的宣传能够提升社会各界对志愿服务的认知与参与水平,精准的引导有助于推动志愿服务的规范化建设,确保志愿服务项目持续并充分发挥效能。因此,需要通过打造品牌、加强宣传和科学引导,推动志愿服务效能的持续化。

1. 打造品牌,扩大服务影响力

一方面,提升服务品质,树立品牌形象。除了提升服务品质,志愿服务组织还应当针对医疗、教育、环境保护等不同领域的志愿服务,提供个性化的服务内容,关注服务对象的特殊需求,增加公众对志愿服务的信任和依赖,从而形成品牌的信任背书,并且通过有意识的塑造和传播品牌形象,提高品牌的识别度和记忆度。另一方面,重视经验总结与服务推广,形成示范效应。在志愿服务过程中,要注重总结成功经验,提炼出可复制、可推广的服务模式和方法,并通过有效途径进行推广,扩大品牌的影响力。例如,可以选择具有代表性的地区或项目进行品牌服务的试点,总结成功的试点经验并逐步在全省范围内推广。

2. 大力宣传,提升服务社会效益

首先,构建多渠道宣传平台,提升覆盖面。通过传统媒体和新兴媒体的结合,实现宣传的全方位覆盖,使志愿服务的成果能够触达不同年龄层和社会群体,提高民众对志愿服务的认知度和认可度,进而增强其社会影响力。其次,注重对志愿服务进行总结提炼,展示志愿服务的社会效益。通过志

服务的总结文案向民众展示服务成效,能够增强宣传推广的可信度和说服力。具体化的服务成效展示不仅可以赢得公众的信任,还能吸引企业和政府的支持,形成多方合作的良好局面。最后,可以与高校或研究机构合作,开展志愿服务的社会效益评估,形成权威的研究报告并在媒体上发布,进一步扩大志愿服务的社会影响力。

3. 科学发展,建立长效服务机制

首先,健全服务保障机制。一方面,志愿服务组织应当为志愿者提供必要的保险、健康体检和其他安全保障措施,确保他们在服务过程中良好的身心状态。设立专项资金或提供物资支持,解决志愿服务中的实际困难,保障服务项目的顺利实施。另一方面,在全社会范围内推进志愿服务的制度化建设,通过政策支持明确志愿服务的规范和标准,保障志愿服务的连续性和规范性。其次,建立科学的跟踪和反馈机制。一方面,从志愿服务项目策划、执行到总结反馈,都要有专人负责记录和分析,帮助识别志愿服务的薄弱环节,并提出改进建议。另一方面,通过多种方式收集服务对象、志愿者和相关利益方的反馈意见。将这些反馈融入服务项目的优化中,有助于提升志愿服务的针对性和有效性,从而进一步推动河南省志愿服务的高质量发展。

B.13 河南教育治理发展报告[*]

张 侃[**]

摘　要： 2024年，是实施"十四五"规划的关键一年，也是河南全面开启教育强省建设的起步之年。2024年，河南大力推进教育治理体系和治理能力现代化，教育质量稳步提升、教育综合改革不断深化、教育服务能力明显增强，各级各类教育都取得了显著成就，教育现代化水平持续提升。但同时，河南教育发展也经历着"百年未有之大变局"，在人口规模的巨大化、人口变动趋势的逆转、教育全面进入"后普及教育"阶段的大背景下，河南教育治理高质量发展也面临新的冲击和挑战。河南教育发展需要兼顾现存受教育人口仍规模巨大和少子化趋势已经逐渐蔓延、凸显的双重影响，不断提高教育质量，更加注重教育公平，以人口变动趋势的逆转为契机，大力推进河南教育治理的高质量发展。

关键词： 教育治理　高质量发展　教育强省

2024年，是新中国成立75周年，是实施"十四五"规划的关键一年，也是全面开启教育强省建设的起步之年。2024年，河南持续推动高等教育起高峰、职业教育建高地、基础教育促优质，河南教育在高质量发展、均衡化推进、综合改革深化、教育强省建设等方面都取得了明显进展，为中国式现代化河南实践贡献了教育力量。

---

[*] 本文系河南兴文化工程文化研究专项项目"20世纪50年代院系调整对河南高等教育历史经验的总结与研究"（项目编号：2023XWH230）的阶段性成果。

[**] 张侃，河南省社会科学院人口与社会发展研究所副研究员，主要研究方向为高等教育学、教育社会学。

一　河南教育治理高质量发展现状分析

2024年7月党的二十届三中全会召开，大会审议通过的《中共中央关于进一步全面深化改革　推进中国式现代化的决定》中提出，"教育、科技、人才是中国式现代化的基础性、战略性支撑"[1]，为教育发展指明了新的方向。近年来，河南大力推进教育治理体系和治理能力现代化，教育质量稳步提升、教育综合改革不断深化、教育服务能力明显增强，各级各类教育都取得了显著成就，教育现代化发展水平持续提升。

（一）大力推进学前教育普及普惠优质均衡发展

学前教育是基础教育的重要组成部分。近年来，河南学前教育的发展逐步进入了快车道，毛入园率稳步提升，师资队伍专业素质、幼儿园办园水平都得到了持续提高，普惠性学前教育资源大幅增加，学前教育在全面普及的基础上得到了优质均衡发展。截至2023年底，河南全省共有幼儿园2.26万所，其中普惠性幼儿园数量占比85.35%，占比较2020年提高了17.04个百分点；在园（班）幼儿323.62万人，普惠性幼儿园覆盖率89.17%，比2020年提高了15.47个百分点；学前教育毛入园率92.46%，比2020年提高了2.16个百分点。[2]

2023年5月，河南启动了学前教育领航共建"1235"工程[3]，开启了打

---

[1] 《中共中央关于进一步全面深化改革　推进中国式现代化的决定》，中国政府网，2024年7月21日，https://www.gov.cn/zhengce/202407/content_6963770.htm。
[2] 根据《2020年河南省教育事业发展统计公报》和《2023年河南省教育事业发展统计公报》数据计算所得。参见河南省教育厅网站，https://jyt.henan.gov.cn/xxgk/jygk。
[3] "1235"工程，即1个核心目标：高质量办好每一所幼儿园；2个培育：培育省级领航共同体和省级领航工作室，培育名保健医和名班主任；3个实施要点：科学保教、规范办园、多元评价；五育并举：幼儿德、智、体、美、劳全面发展。参见《郑州市学前教育优质均衡发展再谱新篇》，河南省人民政府网站，2024年6月21日，https://www.henan.gov.cn/2024/06-21/3011450.html。

造河南学前教育新模式的改革之路。2024年3月22日，河南省幼儿园领航共建"1235"工程推进会在郑州市召开。工程推进实施以来，河南在政策上、资金上给予了大力支持，取得了丰硕成果。现已有588所幼儿园参与首批河南省幼儿园领航共建"1235"工程，其中，首批37所领航幼儿园与111所共建薄弱幼儿园结成领航共建共同体；60个幼儿园领航工作室吸纳了380所各地有提升愿望的幼儿园，河南推进学前教育事业高质量发展跑出了"加速度"。[①]

（二）持续完善义务教育优质均衡推进机制

义务教育是教育的重中之重，是整个国民教育序列的基础。近年来，河南持续完善义务教育优质均衡推进机制，采取"名校+薄弱校""名校+乡村校""名校+新建校"等模式深化集团化办学，创建集团学校2554所，覆盖7110所学校，百姓家门口的好学校越来越多。[②] 为了切实提高农村义务教育水平、壮大农村义务教育师资力量，2023年，河南在全国率先实施地方教龄津贴制度，推动农村教师"周转房"和"安置房"建设，高质量打造农村教师暖心工程，累计投入资金63亿元，建成教师周转宿舍9.86万套。

2024年2月，河南印发的《关于构建优质均衡的基本公共教育服务体系的实施方案》提出，到2027年河南初步建立优质均衡的基本公共教育服务体系，全省30%左右的县（市、区）实现义务教育优质均衡发展目标；到2030年，全省基本公共教育服务供给水平显著提高，80%左右的县（市、区）实现义务教育优质均衡发展目标；到2035年适龄学生享有公平优质的基本公共教育服务，全省各县（市、区）均实现义务教育优质均衡发展目标。该方案在列出了详尽时间表的同时，还勾画出了详细

---

① 《河南省幼儿园领航共建"1235"工程推进会在郑州召开》，郑州教育信息网，2024年3月22日，http://interact.zzedu.net.cn/h5/new/detail?ID=26545222。

② 《"全面贯彻党的二十大精神 奋力推进中国式现代化建设河南实践"主题系列——"建设教育强省，助力实现河南现代化"专场新闻发布会散发材料》，河南省教育厅网站，2023年11月14日，https://jyt.henan.gov.cn/2023/11-14/2847785.html。

的发展路线图，提出要通过"十项行动"①来进一步加快推进河南义务教育的优质均衡发展。

（三）加快推进普通高中多样化特色发展

普通高中是我国高级中等教育的主体，是高级中等教育的基本组成部分。近年来，河南以实施普通高中内涵建设行动为抓手，大力推进普通高中的多样化优质特色发展，持续深入实施普通高中育人方式改革"1256工程"②，对口帮扶32所薄弱县（市、区）普通高中，深化高考综合改革，促进新高考、新课程、新教材整体联动，推动高中育人方式改革。③ 2023年4月，河南省教育厅印发的《关于进一步推进普通高中多样化发展相关工作的通知》提出，通过特色办学撬动学校发展方式和育人模式转型的改革思路，明确了"普通高中教育从分层教育逐步向分类教育发展，打造全省普通高中多样化发展新格局"的改革目标，以更好地促进学生全面有个性地发展。2023年4月，河南遴选出第一批省级普通高中多样化发展示范校，共有30所学校，分为综合创新类、学科特色类、普职融通类和国际特色类四个类别。2024年7月，第二批省级普通高中多样化发展示范校公布，共有23所学校，分为外语特色类、人文特色类、科技特色类、艺体特色类、综合高中类五个类别。

在深化普职融通改革方面，河南也做出了新的突破和尝试。2024年，省教育厅印发《关于开展综合高中班试点工作的通知》《关于公布河南省首

---

① "十项行动"，即义务教育学校标准化建设行动、义务教育强校提质"四个一批"行动、师资配置优化行动、教师校长能力素养提升行动、中小学数字校园提升行动、特殊群体学生关爱行动、学生资助精准化行动、毕业生就业创业服务提升行动、学生卫生健康服务提升行动和公共文化体育服务提升行动。《中共河南省委办公厅 河南人民政府办公厅印发〈关于构建优质均衡的基本公共教育服务体系的实施方案〉》，河南省人民政府网站，2024年2月27日，https://www.henan.gov.cn/2024/02-27/2953882.html。

② "1256工程"指重点培育100所普通高中多样化发展省级示范校、200所普通高中省级示范性教学创新基地学校、500个普通高中省级示范性学科，设立600项普通高中育人方式改革研究课题。

③ 《"全面贯彻党的二十大精神 奋力推进中国式现代化建设河南实践"主题系列——"建设教育强省，助力实现河南现代化"专场新闻发布会散发材料》，河南省教育厅网站，2023年11月14日，https://jyt.henan.gov.cn/2023/11-14/2847785.html。

批综合高中班试点学校名单的通知》，开始推行在中等职业学校开展综合高中班试点工作，并公布了首批可以开设综合高中班的34所中等职业学校试点。①改革规定，考入中职学校综合高中班的学生入学后第一学年注册普通高中学籍，学生同时学习职业教育专业基础课程和普通高中文化课程，第二学年开始时可以进行一次选择，继续选择普通高中课程的学生在原学校保留普通高中学籍，选择中等职业学校课程的学生由学校为其办理中等职业学校学籍。这一改革试点的实施为未来双向打通普通高中教育和中等职业学校教育之间的壁垒奠定了基础，进一步丰富了学生的选择，也在制度上能够更灵活地适应经济社会发展的现实需要。

（四）持续深化职业教育高地建设

职业教育是与经济社会发展联系最直接、最紧密的教育，在一体化推进教育、科技、人才三大强国建设的战略布局中，国家对职业教育的重视程度越来越高，职业教育在教育体系中的分量也越来越重。河南高度重视职业教育发展，坚持把发展职业教育作为服务经济社会发展的关键环节，重点推动组建16个市域产教联合体，产教融合不断深化；在全国率先出台了职业教育校企合作相关的管理制度，规范校企合作；明确了35个急需紧缺专业，对率先开设相关专业的学校给予政策支持；推动建立学历证书与职业技能等级证书相融通的人才培养模式，2023年，全省教育系统共完成培训67.65万人次、取得证书的有47.42万人。②河南的职业教育发展实现了由规模扩张向质量提升、由政府主导向社会多元办学、由单打独斗向产教深度融合的重大转变，形成了从中职、专科、本科到专业硕士研究生的通道，已经初步构建起服务全民终身学习的现代职业教育体系，走出了一条具有河南特色的发展之路，

---

① 《河南省教育厅办公室关于公布河南省首批综合高中班试点学校名单的通知》，河南教育新闻网，2024年6月14日，https://news.haedu.cn/newstongzhi/2024/0614/1260245.html。
② 《"全面贯彻党的二十大精神 奋力推进中国式现代化建设河南实践"主题系列——"建设教育强省，助力实现河南现代化"专场新闻发布会散发材料》，河南省教育厅网站，2023年11月14日，https://jyt.henan.gov.cn/2023/11-14/2847785.html。

为全省经济社会发展提供了强有力的高素质技术技能人才支撑。

2022年,河南制定印发了《关于推动现代职业教育高质量发展的实施意见》,为从现在到2035年的河南职业教育高质量发展指明了方向;2024年河南启动实施了《现代职业教育体系建设改革三年行动计划(2024—2026年)》,计划出台《河南省职业教育条例》,以进一步加快推动国家职业教育创新发展高地建设。河南将以推进职业教育与产业紧密对接、协同发展为抓手,大力推动河南从制造大省向制造强省转变。[1]

(五)全力推动高等教育起高峰建设

高等教育是国民教育体系中至关重要的部分,是科技第一生产力、人才第一资源、创新第一动力的重要结合点。近年来,河南加快推进"双一流"建设和创建,在全力打造郑州大学、河南大学"双航母"的基础上,推动河南农业大学等7所高校的11个优势学科实施"双一流"创建;持续扩大高等教育资源,积极推进本科学校设置工作。2023年,新成立2所本科院校、新增11所高职院校[2],全省高校总数达到168所,高等教育全日制在校生规模突破300万人,河南成为全国高校数量、在校生人数最多的省份[3];持续加强高层次人才引育,先后聘任李蓬、张锁江、吴智、周卫等院士和知名专家学者担任高校校长。[4]

2024年,河南进一步在推进高等教育起高峰上下功夫,努力改变河南高等教育规模大而不强的境遇。一是继续强力推进"双一流"建设。郑州大学、河南大学在坚持把4个一流建设学科放在学校发展的首要位置、创新学科发展

---

[1]《河南将实施职业教育高地建设工程》,人民网,2024年3月15日,http://edu.people.com.cn/n1/2024/0315/c1006-40196136.html。
[2]《2024年全省教育工作会议召开 推进教育强省建设河南将这样"发力"》,大河网,2024年2月1日,https://baijiahao.baidu.com/s?id=1789688857312371167&wfr=spider&for=pc。
[3]《2023年河南省教育事业发展统计公报》,河南省教育厅网站,2024年3月22日,https://jyt.henan.gov.cn/2024/03-22/2965251.html。
[4]《引才用才 创新河南丨高规格聘任高校掌门人的深意》,河南省人民政府网站,2024年4月25日,https://www.henan.gov.cn/2024/04-25/2983329.html。

理念、增强学科发展动能的基础上，更好兼顾10个倍增学科协同发展，打造优势突出、布局合理的学科梯次发展格局；对标"双一流"建设成效评价体系，统筹大学整体建设和学科发展，瞄准国家重大需求，加快原始创新和关键技术攻关，持续提高学科突破的能力，全力实现"提质晋位"的目标；建强"双一流"建设后备队，河南师范大学、河南农业大学等7所高校立足于各自重心，聚焦11个学科，坚持非均衡发展战略，推动各类创新要素向创建学科流动，优化配置，加快实现若干领域的率先突破；充分发挥"双一流"创建高校联盟的功能，对内汇聚合力，对外争取资源，加快推动各项创建任务落地落实。二是继续深入实施高等教育"三个调整优化"工程。统筹推进高校结构布局，有序推进河南电子科技大学、郑州航空航天大学、河南国医学院等筹建申报工作，严把高职设置审批关，持续调整高校层次、类型、区域布局等结构；抓住新一轮学位授权审核机遇，高校扩充一批博士、硕士学位点，加力推进一批优势学科冲击A类学科；聚焦河南"7+28+N"产业链群发展需求，深入实施本科专业结构调整"3432"工程和职业教育专业结构调整"534"工程，健全专业设置引导、预警、退出机制，推动本、专科专业结构与经济社会发展需求更加匹配。三是努力构建更加完善的人才选拔和培养体系。河南以找准、用好、提升人才自主培养能力的"切口"为抓手，不断完善贯通拔尖人才选拔培养体系，推进高校和中小学人才培养紧密衔接，实施普通高中拔尖创新后备人才培养计划，支持符合条件的高校申请国家"强基计划"试点，探索建立基础学科拔尖学生选拔机制；健全招生单位研究生考试命题和博士研究生"申请—考核"招生选拔机制，构建各学段贯通、多方协同、科学完备的培养体系。

二 河南教育治理高质量发展面临的现实挑战

习近平总书记深刻指出："当今世界正在经历百年未有之大变局。"[①] 在

[①] 《习近平在中国共产党与世界政党领导人峰会上的主旨讲话（全文）》，中国政府网，2021年7月6日，https://www.gov.cn/xinwen/2021-07/06/content_ 5622851.htm。

此背景下，中国的教育发展也在经历着前所未有的巨大变革和挑战。教育之大变局与世界之大变局相伴而生，是世界大变局的内在基础和重要标志之一。当前教育发展面临三重背景，即人口规模的巨大化、人口变动趋势的逆转、教育全面进入"后普及教育"阶段。截至2023年底，全国人口140967万人，规模超过现有发达国家人口的总和，人口规模的巨大化决定了在未来很长一段时间内，我国的教育规模仍然巨大，仍需要投入大量资源。但同时，人口变动的趋势已经发生了逆转。2022年全国人口减少85万人，中国人口出现61年来的首次负增长，2023年全国人口减少208万人。从国际经验来看，一个国家在相继经过劳动年龄人口负增长和总人口负增长两个人口转折点之后，将进入不可逆转的人口负增长时代[1]，而早在2011年我国的劳动年龄人口就已经达到峰值并随之转入负增长[2]，这也意味着从2022年开始我国就进入了人口负增长常态化时期。少子化问题直接导致未来学龄人口的减少，对教育发展将造成愈来愈大的冲击。在教育发展内部，2019年全国高等教育毛入学率首次突破50%，达到51.60%，标志着高等教育发展进入普及化阶段，也标志着教育发展进入"后普及教育"阶段[3]；2020年，河南高等教育毛入学率首次突破50%，达到51.86%，河南也由此进入了教育发展的"后普及教育"阶段。进入"后普及教育"阶段的教育开始由"数量普及"向"质量普及"迈进、由"总体普及"向"全面普及"迈进，由更注重效率向更注重公平基础上的高效发展转变。在这样的大背景下，河南教育治理的高质量发展也面临新的冲击和挑战，具体表现在以下几个方面。

---

[1] 《蔡昉：中国的两个人口转折点》，澎湃网，2023年4月6日，https://m.thepaper.cn/baijiahao_22589117。

[2] 《人口迈入"零增长"，劳动年龄人口10年前已达峰，人才红利如何释放丨数读中国》，"第一财经"百家号，2023年1月19日，https://baijiahao.baidu.com/s?id=1755453464450394611&wfr=spider&for=pc。

[3] 杨东平：《后普及教育阶段：推进更为实质性的教育改革》，载熊丙奇主编《2021年中国教育观察》，社会科学文献出版社，2022。

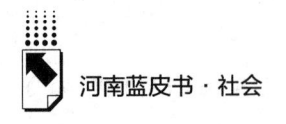

（一）基础教育的"减负"困局

2021年7月，中共中央办公厅、国务院办公厅印发了《关于进一步减轻义务教育阶段学生作业负担和校外培训负担的意见》，"双减"新政开始实施。"双减"新政的高效实施一方面有效减轻了中小学生的课内外学业负担，保障了教育公平；另一方面也引发了很多社会争论和焦虑，在推进实施的过程中也出现了一系列问题，亟待有效破解，以推进基础教育在"后普及教育时代"能够更好实现优质均衡发展。

一是现实环境的严峻让教育焦虑问题始终存在，并且越发增大，严重影响了减负政策推行的客观效果。2024年，河南高校毕业生人数达到90.03万人，再创历史新高。[①] 大学生就业形势更加严峻，就业竞争的加剧会向下传导至高考和中考，在学业竞争、就业竞争没有减轻反而持续加大的情况下，单方面减负是否会让孩子的竞争力降低最终在学业成绩和社会竞争力方面受到消极影响成为学生及其家长最为担心的问题，这也引致校内减负、校外加压现象的出现，很多家长仍用各种方法让孩子去上校外的辅导或强化班，客观上反而增加了家庭的教育成本、加重了学生的学习负担。最新的实证研究也表明，减负政策总体上在减轻学生学习负担和家庭教育支出方面效果并不显著，因为教育减负政策可以全面发挥作用的条件较为苛刻，只有在没有升学竞争或者升学率很高的情况下，限制课业负担和校外教育培训负担的措施才可能有效，而在升学竞争激烈的情况下限制教育供给的政策不仅难以减负，反而加剧了教育竞争，阻碍了社会流动。[②]

二是减负政策的推行难以做到硬性实施、全面覆盖，这也让减负的效果难以得到有效保障。在实践中，一些初中特别是较好的初中，并没有严格落

[①] 《访谈｜"真金白银"支持！河南多举措助力青年就业创业》，"大河网"百家号，2024年8月7日，https://baijiahao.baidu.com/s?id=1806719234658163021&wfr=spider&for=pc。

[②] 周子焜、雷晓燕、沈艳：《教育减负、家庭教育支出与教育公平》，《经济学》（季刊）2023年第3期。

实政策要求。小升初违规暗考屡禁不绝；学校在学生入学后通过分班考试的形式筛选学生，划分重点班和普通班进行差异化教学以提升中考升学率的现象也十分普遍，这只会进一步加剧教育竞争，削弱减负政策的效果，同时倒逼一部分学生"抢跑"，对真正落实减负政策的学校和学生都是一种更大的不公平。

三是硬性普职分流会过早加剧教育竞争，进而削弱减负政策的效果。2023 年，河南初中毕业生升入普通高中的比例为 58.61%，低于全国平均水平（59.61%）1.0 个百分点。中考分流带来的竞争压力是巨大的，而普职过早分流，让教育竞争前移，一方面削弱了减负政策的效果，另一方面也阻碍了基础教育优质均衡发展。

（二）学业竞争大众化下教育竞争更加激烈且具有强传导性

2024 年，河南高考报名人数 136 万人，比 2023 年增加 5 万人，再创历史新高，居全国第一。屡创新高的参加高考人数表明，以高考为最终目标的教育竞争还在不断加剧。自 1999 年高校扩招以来，随着参加高考的人数越来越多，高考的入学率也在不断攀升，2023 年河南的高等教育毛入学率达到 57.54%。根据马丁·特罗的高等教育大众化理论，随着扩招的推进，接受高等教育将越来越成为一种难以轻易拒绝的普遍"义务"。

有研究指出，2017 年我国的高考报名率[①]第一次超过 50%，标志着学业竞争大众化时代的来临。[②] 在这样的大背景下，一方面学历变得越来越重要，越来越成为个人进入社会获取工作的基本要求；另一方面学历的贬值也越来越快，普通大学、大专毕业生已经越来越难以找到理想的工作，岗位对重点大学、热门专业的要求越来越高。参与以高考为核心目标的教育竞争中不再是受教育者的一个可选项而成为一个必选项。从每年都在升高的高等教育毛入学率可以看出上大学越来越容易了，但上好大学的难度却在不断增

---

① 高考报名率，即当年高考报名人数除以当年 18 岁适龄人口数。
② 陆一：《学业竞争大众化与高考改革》，《教育研究》2021 年第 9 期。

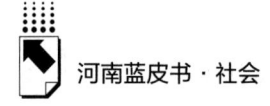

加，有研究表明，2014~2022年，我国985高校的录取率从1.73%下降到1.38%。[1] 相关研究指出，重点高中的毕业生更可能被重点大学录取，而基础教育阶段是否能获得优质教育对后续教育发展具有决定性的影响，教育机会的累积性优势效应显著。[2] 这就决定了教育竞争不可能只局限在某一个点或某一个阶段，而是具有很强的传导性，高考的激烈竞争必然会传导到中考，再传导到小升初、幼升小。在学业竞争大众化的大环境下，教育竞争将覆盖整个国民教育体系，强度也会越来越大。我们必须将从小学到大学的整个教育体系看作一个有机体来实施综合性的整体化改革，才能真正做到化解问题、标本兼治。

（三）少子化趋势下教育开始面临"学生荒"

2022年，河南人口自然增长率为-0.08‰，这是自1961年以来河南人口自然增长率首次为负。[3] 少子化趋势下，适龄人口减少带来的"学生荒"问题正悄然蔓延。据测算，全国预计有一半以上区、县的义务教育学龄人口规模下降，继幼儿园关停潮后，少子化的冲击已经开始向小学、初中蔓延。有研究指出，学龄人口规模在2021~2022年达到峰值约3.28亿人，随后开始持续下降，将在2035年降低至2.5亿人，比2022年减少7800万人。[4] 这带来的直接问题就是现有教育资源的过剩，仅就师资来说，有研究预测，即使到2035年以前义务教育体系不再纳入新教师，仅依靠已有教师自然退休，仍会有95万小学专任教师、33万初中专任教

---

[1] 《上大学变容易了，上好大学越来越难》，"有数DataVision"微信公众号，2023年8月17日，https://mp.weixin.qq.com/s/zywEOq1ZJa1QS_Ranu0BSg。
[2] 吴愈晓：《教育分流体制与中国的教育分层（1978—2008）》，《社会学研究》2013年第4期。
[3] 《河南2022年常住人口减少11万，河南人口自然增长率62年来首现负增长》，新浪财经网，2023年2月20日，https://finance.sina.com.cn/jjxw/2023-02-20/doc-imyhkezp5222372.shtml。
[4] 张立龙、史毅、胡咏梅：《2021—2035年城乡学龄人口变化趋势与特征——基于第七次全国人口普查数据的预测》，《教育研究》2022年第12期。

师过剩。① 如图1所示,河南幼儿园在园人数于2018年达到顶峰的437.99万人,之后开始持续下降,2023年的在园人数比2018年减少了114.37万人,减少了26.1%;小学在校生人数于2020年达到顶峰的1021.59万人,之后开始下降,2023年比2018年减少了58.71万人,减少了5.7%;普通初中目前还未迎来拐点,在校生人数仍在逐年增加,但增速有所下降。

图1 2014~2023年河南幼儿园在园人数、小学在校生人数、初中在校生人数变化趋势

资料来源:根据历年《河南省教育事业发展统计公报》数据整理。

人口自然增长率的负增长叠加城镇化快速发展带来的人口流动的加速,让河南学生数量加速减少,特别是由于城乡之间、地域之间经济社会发展的差异较大,乡村和相对教育资源薄弱地区的"学生荒"更加凸显。有研究预测,2023~2027年,河南全省小学学龄人口预计下降200余万人,在校生人数预计下降约190万人;小学在校生人数预计减少20%以上的区县超过一半,预计减少30%以上的区县超过1/8。② 以南阳为例,南阳作为农业大市

---

① 虞梓钰、胡耀宗:《人口变化背景下我国义务教育班级规模调整——基于第七次全国人口普查数据》,《上海教育科研》2024年第1期。
② 黄蕙昭、钟腾达:《"学生荒"大考》,《财新周刊》2024年第26期。

和人口大市曾经常住人口过千万，但是经历十余年的常住人口负增长后，这个"中州粮仓"已经退出千万人口大城的行列，预计到2027年南阳小学学龄人口减少超过30%，初中学龄人口减幅也将超过15%，2023年以来，南阳已经有近700所小学因人数不到20人而被撤并。① 虽说学龄人口减少让很多学校和教学点被撤并，可以节余下来一部分教育资源进行优化再利用，但仍很难让现有的教育资源缺乏的状况得到改善，究其原因，是更加集中的学校入学人数让城区和部分乡镇的大班额问题越发严重，不得不再投入资金以解决"城镇挤"的问题。撤校"省下来"的钱远不能补足并校、建校"花出去"的钱。例如，扶沟县2023年撤并了上百所在校生人数不足50人的教学点，整合了近580万元资金，但在同一年为了满足学生进城就学的需求，县政府在城区投资了6.21亿元建设4所义务教育学校，并规划未来继续投资6.8亿元建设4所中小学校，以应对由于农村学生进城上学而出现的上万个学位差额。②

总之，在"学生荒"大趋势下，一方面，可预见的未来学生数量会持续减少，冗余的师资和教学设施都面临如何安置、调整、优化的问题；另一方面，学生的流动更加频繁，分布集中但不均衡，区域分化更加凸显，未来如何着眼人口的变动趋势加强前瞻性布局，"优化区域教育资源配置，建立同人口变化相协调的基本公共教育服务供给机制"③ 将是河南亟待解决的问题。

三 推进教育治理高质量发展的对策分析

面对着百年未有之大变局，河南的教育发展也站在了一个新的起点上，进入"后普及教育"阶段的河南教育，需要兼顾现存受教育人口仍规模巨

---

① 黄蕙昭：《"学生荒"全景图》，《财新周刊》2024年第26期。
② 黄蕙昭：《"学生荒"全景图》，《财新周刊》2024年第26期。
③ 《中共中央关于进一步全面深化改革　推进中国式现代化的决定》，中国政府网，2024年7月21日，https://www.gov.cn/zhengce/202407/content_6963770.htm。

大和少子化趋势已经逐渐蔓延、凸显的双重影响，不断提高教育质量、更加注重教育公平，以人口变动趋势的逆转为契机，大力推进河南教育治理的高质量发展。

（一）进入"后普及教育"阶段的河南教育事业应加大投入、立足"高质量"发展

2020年，河南教育事业全面进入了"后普及教育"阶段。进入"后普及教育"阶段的河南教育面临新的挑战和任务，最核心的就是要坚持教育优先的发展战略，进一步加大教育投入，推进教育事业的全面高质量发展。河南的教育投入力度一直在不断加大，2023年，全省教育经费总投入3123.88亿元，同比增长5.20%，其中，国家财政性教育经费投入2333.18亿元，同比增长4.10%；全省幼儿园、普通小学、普通初中、普通高中、普通高等学校学生平均教育经费总支出均比上年有所增长，增幅分别为8.55%、4.24%、0.63%、2.61%、5.75%。[①] 教育经费支出是河南公共财政的第一大支出。但同时我们也应该看到，河南是教育大省，教育基础薄弱、教育人口众多、区域间发展不平衡等问题严重，教育投入不足的问题仍长期存在，这从河南财政性教育经费支出占GDP的比重始终难以达标就可以看出。1993年我国就提出，财政性教育经费支出要达到国内生产总值的4%，我国在2012年首次实现了这一目标，但河南到目前仍未达到这一目标。2023年，河南国家财政性教育经费投入2333.18亿元，占GDP的比重为3.95%。

改革开放以来河南的教育事业取得了跨越式发展，各项改革成果丰硕，教育投入也在持续增加。但是由于河南人口多、底子薄的基本省情，教育资源不足的问题也始终存在。如何一方面进一步加大全省教育投入力度同时提升教育经费的使用效率，另一方面大力推进各级各类教

---

① 《快报！2023年全省教育经费总投入3123.88亿元》，"河南省教育厅"微信公众号，2024年8月10日，https://mp.weixin.qq.com/s/SQmFhw7aXLEdl_BuK4rfmA。

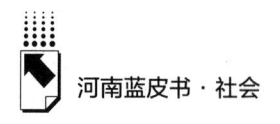

育的内涵式高质量发展,是我们在"后普及教育"阶段推进河南教育总体实现教育现代化,建成教育强省进程中要认真思考、着力解决的重要问题。

(二)兼顾少子化和学业竞争大众化的影响,大力推进基础教育优质均衡发展

基础教育的发展要着眼人口变化趋势,加强前瞻性布局。各地教育行政部门和相关教育研究机构要立足本地情况,在全面充分实地调研掌握第一手数据的基础上进行科学规划,防止大拆大建。河南小学在校生人数在2020年已经达到顶峰,但是普通初中在校生人数仍在持续增长还未达峰,但这只是全省的整体情况,具体到各地的差异也是巨大的,要注重在加强省级顶层设计的同时不搞"一刀切",要充分发挥地方的主动性和积极性,实事求是地根据各地情况制定具体的应对方案。必须在教育布局中综合、动态地衡量区域发展和人口集散的影响,通盘考虑人口自然增长率的下降和人口流动加快的双重因素影响,避免过度基建或盲目新改建寄宿制学校"制造寄宿需求"。在对存量的优化撤并和增量的新建中,要规划好教师队伍的分流与进出,有效保障各级各类学校的运行和发展,切实推进基础教育的可持续、高质量发展。

面对学业竞争大众化的影响,要正视系统性教育竞争的存在,努力遏制其不好的影响,持续在实践中优化减负政策,凸显基础教育的公平性和公益性,推进基础教育的优质均衡发展。一是,要加大优质教育供给。一方面要增加数量,在科学规划的基础上优化各级学校布局,加大相关教育投入,改善学校的软硬件设施;另一方面要提高质量,通过提升教师素质和改进教学方法不断提升教学效率,让学生通过学校教育就能满足所有的教育需求,用更少的教育投入达到学习目标。二是,要减轻升学竞争压力。可以通过提供更多优质高中教育机会供给的方式增加教育机会以减少竞争。同时可以探索逐步取消硬性设置初中升高中时的普职分流比例,将竞争的关口后移以减少竞争。总之,当前人口的少子化趋势是一个很好的契机,可以有效缓和学业竞争大众化所带来的竞

争压力、提升人均教育资源占有率，但这并不是一个自然而然的过程，而是需要相关部门科学统筹、优化配置、全面治理，以真正有效地缓解系统性的教育恶性竞争以及由此带来的一系列问题，最终推动基础教育的优质均衡发展。

（三）加快构建职普融通、产教融合的职业教育体系，大力推动现代职业教育高质量发展

河南职业教育的发展要充分立足于河南经济社会发展的实际，在切实增强职业教育适应性上下功夫，加快构建具有河南特色的现代职业教育体系，为现代化河南建设提供人才和技能的有力支撑。

一是要大力推进现代职业教育体系的构建。首先，要强化中等职业教育的基础性地位，坚持升学与就业并重，推动学校多样化发展，探索专业大类培养模式；其次，要推进高等职业教育提质培优，大力推进高职学校高水平建设，以积极推进高职学校入围国家"双高计划"为抓手，促进全省高职学校办学水平的全面提升；最后，要推进职业教育的横向融通，积极探索综合高中建设，推动职业教育和普通教育的协调发展、渗透融通，推进普通高中和中等职业学校职业教育课程互选、学分互认。二是要大力推进产教融合、校企合作。首先，要健全政府、企业和其他社会力量深度参与的多元办学格局，充分调动各方力量参与职业教育发展；其次，要大力推进产教深度融合，鼓励各地依托产业园区、龙头企业和骨干学校，建设一批集产、学、研、创、赛、考于一体的公共实习实训中心（平台）；最后，要推进校企协同育人，充分发挥企业办学主体作用，大力发展学徒制，鼓励引导企业按比例设立学徒岗位。三是要大力推进职业教育教学改革不断深化。首先，要着力强化双师型教师队伍建设，强化师资培训，加快推进固定岗与流动岗相结合、校企互聘兼职的教师队伍建设改革；其次，要推动教育教学数字化升级，主动对接国家智慧教育平台，加快推进省级职业教育管理平台和资源平台应用；最后，要推进教学内容与教材的优化改良，建立贯通职业教育各层次的课程衔接体系，将新技术、新工艺、新规范及时纳入教学内容，倡导使用新型活页式教材、工作手册式教材和数字化教材。

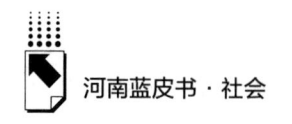

（四）以"双一流"建设和创建为抓手，大力推动高等教育内涵式高质量发展

河南是高等教育大省，拥有最多的高等学校数量和在校生人数，但是长期以来高等教育规模大而不强的局面始终没有得到根本转变。要切实改变这一局面，实现从高等教育大省向强省的转变，"双一流"建设和创建是重要的破局之举。要以现有的两所"双一流"建设高校和7所创建高校的建设为抓手，以服务国家战略需求为主线，通过打造学科高峰实现高等教育高端突破。7所创建高校要深刻把握一流创建和建设的不同重心，聚焦11个一流创建学科，坚持非均衡发展战略，推动各类创新要素向创建学科流动，优化配置，加快实现若干领域的率先突破。

同时要进一步深化高等教育领域综合改革，持续实施高等教育"三个调整优化"工程，加快推动高等学校设置"十四五"规划实施，努力实现高等教育内涵式高质量发展。

一是要进一步推进高校分类发展。构建科学合理的高校分类体系和认定标准，按照"双一流"、特色骨干、应用型本科、高等职业教育等层次类型来对现有高校进行划分，对不同类型的高校进行分类管理，鼓励高校科学定位、特色发展，避免高校建设千校一面和盲目向高层次研究型大学发展的倾向。

二是要进一步调整优化学科学院和专业结构。大力调整优化学科学院结构，要重塑升级传统优势学科，大力发展新兴交叉学科，前瞻培育未来学科，持续加强基础学科，创新发展人文社会学科。调整优化专业结构，以河南经济社会发展的现实需求为导向，不断提高学科专业与河南经济高质量发展的契合度；加强专业结构对经济社会发展需求适应度、支撑引领作用的研究，着力提升河南高校服务河南现代化建设的能力。

三是要着力提升本科和研究生教育教学质量。推进本科教育提质创新，进一步强化人才培养中心地位，建立健全人才培养全过程质量监控和评价机制；持续深化一流本科专业和课程建设，加强数理化生等基础学科人才培养。加快研究生教育高质量发展，实施以大团队、大平台、大项目为支撑的高质量研究生教育发展模式；推行宽进严出的研究生培养模式，加大培养过程中的分流淘汰力度；强化研究生管理队伍建设，提升管理队伍的专业化服务水平。

B.14
河南省文体康养融合发展研究

冯庆林*

摘　要： 文体康养融合发展既防病健体又修养身心，体现了优秀传统文化与现代人文关怀的有机结合。作为一种全新的生活方式，文体康养融合发展已成为贯彻落实"积极应对人口老龄化"和"健康中国"两大国家战略的有效途径。本文在对文体康养融合发展典型案例进行调查和思考的基础上，提出更新传统健康观念，营造有利于文体康养融合发展的社会心理氛围；吸纳中华传统养生文化精髓，构建"养病+养生+养心"为一体的现代老年健康文化体系；加大社会政策支持力度，助推机构和社会组织介入社区开展文体康养融合发展活动；出台省级文体康养融合发展规划大纲，对开展老年文体活动实行标准化、流程化、人文化管理；大力支持开展老年群众性文体活动，为文体康养融合发展创造必要条件等对策建议。

关键词： 文体康养　融合发展　河南

"世界卫生组织将健康定义为生理、心理及社会适应三个方面全部良好的一种状况，即能够使生活过得更好的东西。"[①] 文体康养既是一种生活态度，也是一种全新的生活方式，能够使人们在生理、心理及社会适应三个方面全部达到良好状态。文体康养融合发展既防病健体又修养身心，体现了优秀传统文化与现代人文关怀的有机结合。作为一种全新的生活方式，文体康养融合发展已成

---

* 冯庆林，河南省社会科学院人口与社会发展研究所助理研究员，主要研究方向为人口社会学。
① 〔印〕阿马蒂亚·森、〔美〕玛莎·努斯鲍姆主编《生活质量》，社会科学文献出版社，2008。

为贯彻落实"积极应对人口老龄化"和"健康中国"两大国家战略的有效途径。

截至2023年底，河南省60岁及以上常住人口为1966万人，占全省常住人口的20%，其中65岁及以上常住人口为1462万人，占全省常住人口的14.9%。[①] 贯彻落实积极应对人口老龄化国家战略，河南省需要加快构建以居家养老为基础、社区养老为依托、医养康养相结合的"多元一体"养老服务体系。医养康养相结合的形式多种多样，其中文体康养融合发展特点突出。以医养康养结合为基础的文体康养融合发展有利于增强老年人健康养老和积极养老的意识，有利于减少老龄人口亚健康，有利于从整体上推动老龄人口的高质量发展。为深化对这一问题的认识，本文选取了省内外几个典型案例进行深入调查和分析。

一 文体康养融合发展的社会调查

（一）怡康苑养老院推进医养康养相结合的科学化综合服务模式

怡康苑养老院位于河南省许昌市鄢陵县梅里路北段，成立于2019年，是依托鄢陵医院（二级甲等综合医院）优质的医疗资源，整合医、康、养、护资源，融合建设的以医养结合为特色的大型养老机构。该院共有养老床位1280张（其中普惠养老床位占60%、企业自主定价床位占40%），目前实际开放床位1000张，现入住老人700余人，入住率达70%。

近年来，怡康苑养老院按照"居家社区机构相协调、医养康养相结合的养老服务体系和健康支撑体系加快健全"的发展目标，整合医疗、公共卫生服务、医保、养老等资源，对公共卫生服务、家庭医生签约服务、慢病管理、医养康养结合等实行一体化管理，并且借助"医共体"及"互联网+"，带动"医共体"内下设医疗机构、社区卫生服务中心、乡镇卫生院开展医养康养结合服务，构建资源共享、定位明确、分工协作、系统连续的县、乡、村三级联动医养康养服务体系和服务机制，最终达到家庭养老床位

---

① 河南省统计局：《2023年河南省国民经济和社会发展统计公报》，2024年3月30日。

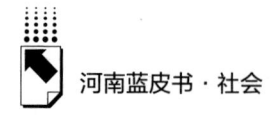

与家庭病床的融合,实现将医养康养结合由机构向社区和家庭延伸与提升的预期目标。

怡康苑养老院的具体做法总结如下。

一是以机构为基础,制定和完善各项标准和流程。例如,完善医养康养结合服务人员配备,并且对其开展评估和明确介护级别;制定社区居家养老服务的标准化服务包,以及制定对相关人员的培训和技术考核细则。

二是以乡镇卫生院、社区卫生服务中心为依托,大力推进医养康养相结合。例如,将健康档案信息、老人生活能力评估信息输入医养康养结合一体化信息平台;建立社区医养康养服务网络,派驻乡医和护士到养老社区进行巡诊;按照考核方案,对基层服务人员进行严格的考核管理和监督指导。

三是以村卫生室及社区卫生服务中心为抓手,积极落实医养康养结合的各项措施。例如,将社区居家老人的医疗康复、护理照护、文体活动等服务项目纳入一体化管理平台,由家庭医生、护士护工、社工义工等联合组建服务团队,推进各种服务项目正常运行,从而形成可持续发展的长久运行模式。

怡康苑养老院的基本经验总结如下。

一是采用了"1+N"多种类的科学照护模式。其服务团队中有医师、护士、评估师、康复治疗师、健康管理师、心理咨询师、营养师、文娱活动师、社工护工等专门人才。便于以协同配合、各显其能的方式,提供具有全链式特色的医养康养结合的优质服务。

二是将"以养促养、以医助养、以护助养"的医养康养结合发展理念融入为老服务工作的实际活动,形成了县、乡、村三级联动医养康养相结合的服务体系和服务机制。

(二)游牧寿康养老联盟创新发展"医养康养"新业态的人性化贴心服务模式

游牧寿康,是指在变动不居的自然风景和历史人文景观游览、鲜活有趣的游艺联欢等活动过程中，促进老年人的健康长寿及提高其幸福感。其全称为义马市泰山寿康老年公寓，于2017年底成立，目前旗下设置三大项目：寿康康养公寓管理联盟服务中心、社区养老运营服务中心、游牧寿康养老运营服务中心。这是一个集机构院舍养老、居家社区养老、旅居文化养老等于一体的具有较大规模的社会养老服务集团。多年来，游牧寿康秉持健康养老和积极养老的发展理念，精心打造以居家养老为基础，社区养老为依托，游牧旅居式养老为引导，机构养老为补充，医养康养结合为保障，先进科技为支撑的综合性、多元化、一站式的养老服务新模式。

游牧寿康的具体做法总结如下。

一是以游牧旅居式养老为突破口，改变老年人传统生活观念及消费习惯，增强老年人健康养老和积极养老的意识。游牧寿康启动了游牧旅居式养老服务项目，最终实现社区养老、居家养老、机构养老的有机衔接和交融互补。针对年龄较小、身体状况尚可、子女较少、空巢家庭、兴趣爱好较广的老年群体，游牧寿康将唱歌、摄影、美食纳入游牧旅居式养老服务中，以会员制形式吸引和引导广大居家老人参与其中，让他们在游览观光与文艺自娱融为一体的旅游休闲活动中体验生活情趣，尽享老有所乐。

二是精心打造凸显人文关怀的服务板块，从精神层面拉近与老年人的距离，让老年人在体验为老服务全过程中感受温馨和幸福。基于多年从事养老服务的实践经验，游牧寿康管理层充分意识到：解决老人的精神孤寂和心理孤独问题比在衣食住行方面的生活照料更为重要。而某些养老机构恰恰局限于有形的生活照料，仅仅关注老人们能否"吃好、喝好、睡好"，忽略了深藏于老年人内心那种无形的对于精神慰藉的强烈需求。有鉴于此，游牧寿康管理层想方设法强弱项、补短板。通过开展有益身心健康的活动，让老年人感受深切的人文关怀，以及体现自身的社会价值。譬如，用儿童时期的游戏勾起老人们对美好往事的回忆；组织和引导老年人经常参与一些简单的公益活动或简易的园艺劳作，使他们焕发活力，体验积极养老的人生价值，获得充实感；组织中小学校师生及诚邀企事业单位干部职工在节假日探望老人；通过联欢过程中的交流和沟通，增添老人们的生

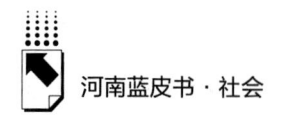

活乐趣。

三是提升心理慰藉精神层面的贴心服务，让老人们感受社会大家庭的深情和温暖，增强他们的归属感和幸福感。针对老人的心理情感需求，游牧寿康管理层制定了相关规章制度，除了要求专业护工对老人的日常护理尽职尽责，还特别要求护工成为"心理咨询师"及"健康理疗能手"，鼓励其在给老人们按摩洗脚、捏肩捶背等的过程中，通过聊家常、讲故事、唱歌、唱戏等心理交流方式成为老人们的知音。

游牧寿康的基本经验总结如下。

一是思想观念转变先行，以思想观念更新形塑养老服务新模式。面对社会养老服务业发展的新形势、新情况、新要求，游牧寿康决策层清醒地意识到：不能再恪守"关起门来办养老院"的静态养老服务理念，坐等有需求的家庭送老人上门；相反，需要虚心学习和适时接受社区居家养老、跨界医养结合养老、旅居文化养老乃至"虚拟养老院"养老等新形式，并且吸纳精华，将其有机融入机构养老向外延伸服务的社会网络中。

二是因地制宜，综合创新。一个地区的经济社会发展状况及人口老龄化发展程度，往往决定这一地区社会养老服务所应采取的基本运营模式和发展策略。游牧寿康所在的义马市的经济社会发展程度及老龄化发展程度都较高，同时，这里的老年人对于生活照料、医疗保健、文体娱乐等方面服务的接纳度也较高。正是基于对上述实际情况的考量，游牧寿康以发展会员制作为桥梁和纽带，并且依托互联网、物联网、云计算、大数据、智能软件等科技载体，探索创设出一种兼具居家养老、社区养老、机构养老的优点，融合旅居养老、文化养老、智慧养老等特征的综合型多功能的养老服务运行模式。

（三）问道康养社区提升医养康养结合质量的多元化精细服务

问道康养社区是河北省石家庄唯一的民营五星级养老机构。拥有社区养老房间200多间，养老床位300多张，入住率为95%。该康养社区服务大厦共21层，1层为接待大厅，内设医疗机构（诊疗室、康复室、中西医药房等）；2~3层为餐饮区、娱乐休闲区、老年大学等；4~21层为生活康养区，每层均设有护理站。多年来，问道康养社区精心打造"家+心+身"3H可持续照料体系。该体系让老年人充分感受到居家型养老的温馨如意、自我价值体现的心灵慰藉、专业型呵护的身心愉悦。

问道康养社区的具体做法总结如下。

一是有求必应，细致周到。在为老年人提供全方位生活照护的基础上，还提供管家理财、读书学习、外出旅游、唱歌跳舞、体育锻炼等休闲娱乐活动，为老年人创造健康、快乐、安心、有尊严的美好生活。

二是注重老年人兴趣平台建设，提升其精神文化生活水平。充分考虑老年人的身体健康和精神文化生活需求，将老年大学办在康养社区内，把文体活动重点纳入为老服务项目，为老年人搭建学习提升和娱乐社交的综合性平台。该平台用科学的管理、高端的配套、专业的师资、公益的价格、贴心的服务，让老年人享受多姿多彩的银龄生活。

问道康养社区的基本经验总结如下。

一是将机构星级养老服务融入"家"的归属感。从建筑设计、空间布局到服务体系，问道集团充分考量老年人生理特点和心理需求，打通养老社区、养老机构、居家养老三者之间的通道，全力将医疗资源、服务体系、物理空间、产品服务、信息系统五种要素相结合，精心打造全龄化居家型养老社区。

二是实现完善的服务体系、丰富的服务项目和智慧社区管理理念的有机融合。通过组建生活管家、健康管家、科学膳食管家、文化管家、积分管家、旅居管家六维一体式管家服务板块，精心打造了拥有182个服务项目的问道养老服务体系。

（四）知青文化发展中心增促医养康养结合质量效能的人文化交往服务模式

知青文化发展中心成立于2019年，隶属于河南知青协会，现有48个分会及直属艺术团，其中包括乒乓球俱乐部、球迷俱乐部、葫芦丝研究院、知青书画家协会、知青老年大学、合唱团、舞蹈团、模特艺术团、朗诵艺术团

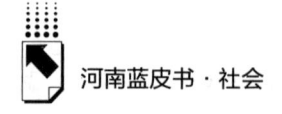

等。主要活动内容包括文化旅游、综艺表演、康养保健、生活体育、歌咏竞赛、球类比赛、法律讲座、书画展览、诗词创作、影视拍摄、广场舞大赛等。知青文化发展中心年均开展各级各类活动近千场,其中比较有名的活动有康博会、中原民歌大会、全国知青乒乓球比赛等。近年来,该中心每年组织举办大中型文艺活动近百场,文化旅游活动200余场。当年的知青,如今都是退休后想进一步充实和完善自我的"年轻小老人"。秉持"点燃知青老人第二青春"的宗旨,该中心以无偿或低偿的优质服务,将全省知青老人紧密连接在一起,帮助他们共同奏响"夕阳红"这支美妙乐曲。

知青文化发展中心的具体做法总结如下。

一是正常活动与临时活动相结合;二是大型活动与小型活动相结合;三是公益活动与商业活动相结合;四是线上活动与线下活动相结合;五是社会活动与生活活动相结合;六是文化活动与经济活动相结合;七是文字宣传活动与视频宣传活动相结合;八是省会活动与地市活动相结合。

知青文化发展中心的基本经验总结如下。

以"活动"带动知青老人文体康养融合发展。该中心的座右铭是"活动,搞活动,多搞活动",年均近千场的活动不仅拉动和扩大了内需,也促进了老龄人口的高质量发展。

二 对文体康养融合发展类型的分析和思考

从文体康养融合发展现况来看,大体分为以下几种类型。

(一)机构嵌入社区推动

现阶段,许多养老机构依据"家庭社区机构相协调、医养康养相结合"的为老服务方针,积极主动地嵌入社区,发挥自身优势,联手社区各方力量,力求在文体康养融合发展方面有所作为。应当说,机构嵌入社区是推动文体康养得以融合发展的支撑性因素。因为,那些内设医疗、康养、文体活动等设施的养老机构,具有能够满足文体康养融合发展的环境条件、专业素质、服务水平和效能，其权威性和感染力较强，群众信赖度也较高。机构嵌入社区推动文体康养融合发展，有利于加强老年健康服务体系建设，有利于提高老年人健康水平，有利于促进以医养康养结合为保障的居家社区养老服务全面、深入开展。从前文调查案例来看，机构嵌入社区推动文体康养融合发展，其侧重点有所不同。例如，怡康苑养老院侧重于增促医养康养结合的科技含量及实施路径，但是，在以文体活动提升康养质量效能方面却有所忽略。即便在人才队伍建设中专门配备有文娱活动师、心理咨询师等，也只是作为康复治疗时的辅助手段，不能满足老年人个性化文体生活需求，这方面有待进一步完善和提升。相比之下，河北省石家庄市问道康养社区做得较好，在医养康养结合的精细、多元的养老服务体系中，以文体活动增促康养质量被摆在重要位置，其成效显著。当然，河南省义马市游牧寿康养老联盟这方面做得更好，其富有特色的游牧旅居式养老服务项目，推动社区养老、居家养老、机构养老有机衔接和交融互补，最终集机构院舍养老、居家社区养老、旅居文化养老等于一体，打造了可为各地借鉴的文体康养融合发展的好样板。

（二）社会组织参与支持

积极应对人口老龄化，需要集聚全社会力量共同参与。社会力量是指能够参与、作用于社会发展的基本单元，包括自然人、法人（社会组织、党政机关事业单位、非政府组织、党群社团、非营利机构、企业等）。在推进文体康养融合发展的过程中，虽然党政机关事业单位在制订发展规划、提供政策法规支持等方面起主导作用，但是社会组织的参与支持也十分重要且必不可少。社会组织是人们为执行某种社会职能、完成特定的目标而建立的共同活动群体，是促进社会良性运行与健康发展的重要社会力量。在推进文体康养融合发展中，社会组织往往能够运用各自特定的资源优势及其影响力，以组织化、人文化、技能化的手段，辅助党和政府做好文体康养方面的为老服务工作，其效能显著，甚至有时会收到让人意想不到的奇效。在这方面，河南省知青文化发展中心可谓硕果累累。其灵活多样的活动形式、丰富多彩

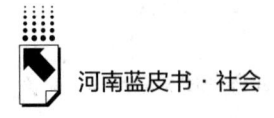

的活动内容、积极向上的活动氛围，给广大知青老龄群体的生活带来了勃勃生机，让他们在老有所为和老有所乐中告别身心方面的亚健康状态，提高生活品质和发挥个人价值。不过，目前在欠发达地区的小城镇和农村地区，社会组织参与支持文体康养融合发展尚不普遍，并且尚未形成常态化业态和较大规模，其数量和质量有待在进一步推进中加以拓展和提升。

（三）群众自主自由选择

在互联网技术日益发达且全面、深入地渗入老百姓生活之际，对于医养康养结合活动群众自主自由选择也日益增多。借助于网络信息技术的发达及大众媒体的传播，对于医疗保健、休闲养生、琴棋书画等方面的基本知识和技能，老龄群体中参与者甚多。现阶段，我国人口老龄化具有年轻老龄化的特征，即60~75岁的年纪较轻老年人居多。在公园散步、唱歌、练剑、练太极拳、走模特步、跳广场舞，以及外出旅游等都少不了他们的身影。广泛开展老年群众性文体活动是文体康养融合发展的基础，可以提升老年人居家社区养老的生活质量。不过，群众自主自由选择具有自发性、随意性、个性化等多重特征，往往需要社会主流媒介加以科学指导和正确引导。当然，更需要全社会力量给予帮助和支持。

三 进一步促进文体康养融合发展的对策建议

基于以上调查及分析，本文提出如下对策建议。

（一）更新传统健康观念，营造有利于文体康养融合发展的社会心理氛围

健康是指人在身体、精神和社会适应三个方面均处于完好的状态。然而，长期以来"以治病为中心"的传统健康观念对城乡居民影响深远，习惯性认为"没病就是健康"，而对老年人参与文体康养活动的积极意义认识不足。健康是保障老年人独立自主生活和参与社会活动的基础，在居家社区养老服务中深入

推进文体康养融合发展,是对老年人价值的肯定和尊重,是"以人的全面发展为中心"的现代健康观念的体现,是老龄人口得以高质量发展的必要条件。因此,全社会应当充分运用各种大众传播媒介,帮助人们更新传统健康观念,确立现代健康观念,从而为文体康养融合发展营造良好社会心理氛围。

(二)吸纳中华传统养生文化精髓,构建"养病+养生+养心"为一体的现代老年健康文化体系

文化养生既有利于延长人的生命长度,又有利于提高人的生命质量。这种身体生理与精神心理相结合的修养身心的方式,是现代老年人居家社区养老的最佳选择。我国传统养生文化源远流长,其中,中医药养生文化、茶文化和太极文化等修身养性的思想底蕴深厚,是构建"养病+养生+养心"融为一体的现代老年健康文化体系的宝贵资源。因此,建议深入挖掘并吸纳中华传统养生文化的精髓,争取政府和相关部门的政策扶持和资金投入,为老年健康文化体系的建设提供有力保障。通过整合社会资源,如医疗机构、养老机构、社区组织、志愿者团体等,形成合力共同推动老年健康文化体系的建设与发展。加强宣传教育和普及工作,提高老年人及其家属对老年健康文化体系的认识和了解程度,增强他们的参与意识,提高他们的参与积极性。

(三)加大社会政策支持力度,助推机构和社会组织介入社区开展文体康养融合发展活动

机构是开展文体康养融合发展活动的主力军和中坚力量,其专业资源优势及服务质量往往无可替代。在家庭养老、社区养老、机构养老协调发展的新时期,家庭和社区是文体康养融合发展的基础,机构是支柱和主导。因此,各地政府应当以优惠政策鼓励机构在社区安营扎寨,以多种方式开展文体康养融合发展活动,为广大参与居家社区养老的老年人提供优质的服务。社会组织是开展文体康养融合发展活动的生力军和重要力量,其独特的个性化和人文化服务方式及显著的社会效益格外引人注目。对于营利性或半营利性社会组织,在社会政策支持方面,政府及其部门应当以购买服务或适当补贴的

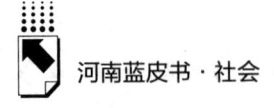

方式，鼓励其积极介入社区开展文体康养融合发展活动。而对于公益性社会组织，则应通过以精神鼓励为主、物质奖励为辅的方式加以鼓励和支持。

（四）尽快出台省级文体康养融合发展规划大纲，对开展老年文体活动实行标准化、流程化、人文化管理

具体来说，就是按照不同阶段的老龄人口对老年人参与文体康养融合发展加以分类指导和对口帮助。首先，对60～69岁的年轻老人，针对他们退休后还得照料孙辈的现况，应宣传和引导家庭和社会尊重他们个人的兴趣和爱好，鼓励他们在老龄文体活动中发挥中坚作用，支持他们参加社区或社会团体等组织举办的诸如读书学习、唱歌跳舞、写字绘画、畅游山水、散步跑步、打拳练功、棋类球类、网络交往等文体活动。尤其是对那些在文体方面有一技之长的退休老人，有关方面也可邀请他们参加一些间歇式的文体工作，并且给予他们一定的物质补贴或精神鼓励。其次，对于70～79岁的老年人，针对他们已摆脱照料孙辈的家庭负担且时间较多的现况，应侧重于宣传和引导他们积极参与休闲娱乐活动，如近程游览旅行、沙龙聚会、文化学习、文艺表演、体育健身、棋牌游艺、工艺制作、上网E族、休闲养生等有益身心健康的老年文体活动。最后，对于80岁以上的老年人，针对他们身体健康状况有所下降的现况，则应鼓励并出台相关政策支持家庭、机构或其他社会力量，给予他们更多的人文关怀和精神支持。尤其是对那些失能半失能老人，轻度文体活动既有利于他们康复身体，也有利于他们保持心理健康。因此，在做好对他们生活照料的基础上，应侧重于以文化娱乐、养生健身等活动辅助他们康复身体，并且适时给予他们心理疏导及精神慰藉。此外，也应将临终关怀融入文体康养。因为，对于生老病死的坦然接受，能够减轻老年人及其亲属的精神负担，这本身体现了一种更高层面的现代人文关怀。

（五）大力支持开展老年群众性文体活动，为文体康养融合发展创造必要条件

目前，各地自发性的老年群众性文体活动较多，有广场舞、太极拳、老年棋摊、老年气功、老年交际舞、老年合唱团、老年健步走、老年模特表演等。凡此种种，均需要各种有效且可持续的社会支持。一是要建设文体康养融合发展的社会保障体系，对公园、老年大学、养老中心、社区文体养老设施，以及社会化的老人文体教育、培训、比赛等活动进行社会引导，以期达到促进老龄文体活动蓬勃开展的目标。二是要建立多渠道投入、多管道融合、多方募集的融资渠道，确保老年人在养老阶段对文体活动的多方面需求得到满足，并且鼓励全社会力量像重视托幼一样做好社会性养老、社区型养老、居家供养各种模式下文体设施的建设保障工作，用文化体育促进老年人身心健康，提升老年人生活质量。

B.15
河南省推进高标准人力资源市场体系建设的现状、问题与对策分析

张晓欣 陈向英 韩晓明*

摘 要： 就业是社会稳定和经济发展的重要基础，人力资源市场体系是涉及就业的综合性系统。高标准人力资源市场体系建设是对现有人力资源市场体系的全面升级，其高效建设势必推动人力资源要素有序流动、充分发挥市场在人力资源配置中的决定性作用、更好地发挥政府作用，促进人力资源市场效能提升。本文首先对高标准人力资源市场体系的基本内涵、主要特征做出准确界定，梳理了涉及的各项理论、方法、政策法规；其次对河南省高标准人力资源市场体系的建设成效进行了客观评价，发现河南省在建设高标准人力资源市场体系方面存在人力资源市场分割依然比较严重、人力资源市场制度体系不完善、经营性人力资源服务机构违法违规问题时有发生、人力资源市场软硬件设施建设不足、人力资源市场监管能力不足等问题；最后提出多措并举破解人力资源市场分割、进一步完善配套法律法规和政策体系、规范经营性人力资源服务机构市场行为、加强人力资源市场软硬件设施建设、全面提高人力资源市场监管能力等建设高标准人力资源市场体系的对策建议。

关键词： 人力资源 市场体系 人力资源服务

---

* 张晓欣，河南省社会科学院人口与社会发展研究所副研究员，副教授，主要研究方向为人力资源和社会保障；陈向英，河南省社会科学院人口与社会发展研究所副研究员，主要研究方向为经济学；韩晓明，河南省社会科学院人口与社会发展研究所助理研究员，主要研究方向为人力资源和社会保障。

河南省推进高标准人力资源市场体系建设的现状、问题与对策分析

就业是最基本的民生，不仅关乎个人的生存和发展，也是社会稳定和经济发展的重要基石。习近平总书记在中共中央政治局第十四次集体学习时强调，"促进高质量充分就业，是新时代新征程就业工作的新定位、新使命"①。总书记站在战略和全局的高度，深刻揭示了在当前和今后一个时期就业工作在党和国家事业中承担的使命和肩负的任务，彰显了党中央对就业工作的高度重视。人力资源市场是促进人才顺畅有序流动、激发人才创新创业创造活力的重要平台，对于实施人才强国战略和促进高质量充分就业具有重要意义。近年来，河南省坚持以市场需求为导向，深化人力资源供给侧结构性改革，推动加快建设统一开放、竞争有序的高标准人力资源市场体系，人力资源服务业呈现快速增长、全面发展、结构优化的良好态势。但是在经济全球化浪潮冲击、信息技术全面渗透的背景下，人力资源市场存在供需衔接不够顺畅、新兴技术和产业领域人才缺口较大以及吸纳人才的产业和载体不足等问题，现有的人力资源市场难以支撑现代化高质量发展。对此，河南省需要立足当前发展实际，进一步厘清高标准人力资源市场体系的基本内涵、主要特征和存在的问题，并提出相应的对策建议。

一 高标准人力资源市场体系的基本内涵和主要特征

人力资源市场是指一个社会或经济体系中，与人力资源（劳动力）相关的供求关系、交易和活动的总和，主要包含人力资源的供给方（劳动者）与需求方（用人单位）通过市场机制实现人力资源交流配置，以及人力资源服务机构为劳动者和用人单位提供相关服务的行为。自 1978 年改革开放以来，人力资源服务业发展迅速，规模和水平不断提升，人力资源服务领域和内容日益多元化，人力资源市场逐渐向市场化发展。2007 年颁布的《中华人民共和国就业促进法》首次以法条形式提出并统一了"人力资源市场"概念。标

---

① 《全力迈向促进高质量充分就业新征程》，人力资源和社会保障部网站，2024 年 6 月 6 日，https://www.mohrss.gov.cn/wap/xw/rsxw/202406/t20240606_519776.html。

志着我国"劳动力市场"和"人才市场"在制度上由分割走向统一。

人力资源市场体系是各类机构、机制、规则和流程构成的一个综合性系统,旨在有效配置、管理和开发劳动力资源,该体系通常包含市场制度、机制运行、人力资源服务、培育监管和基础设施五个子系统。高标准人力资源市场体系,是以推动人力资源高质量发展为主题,以改革创新为根本动力,疏通影响现有人力资源流动的政策堵点,推动人力资源要素有序流动,充分发挥市场在人力资源配置中的决定性作用,更好地发挥政府作用,促进人力资源市场效能提升。高标准人力资源市场体系建设是对现有人力资源市场体系的全面升级,更加突出高质量发展理念,更加注重建成完善的制度体系,更加强调公平、公正、公开的市场秩序,更加突出科技赋能和创新驱动,更加注重国内外市场融通,更加强调政府宏观调控和市场纠偏。

高标准人力资源市场体系的主要特征包括以下几个方面。

(一)更加完备的人力资源市场制度

完备的市场制度是人力资源市场有效运行的基础。人力资源市场制度是调整人力资源市场行为和各方关系的准则,主要包括法律法规和政策文件两大类。从法理上讲,相关法律法规覆盖劳动就业、社会保障、劳动关系、人力资源市场运行等多个领域,主要涉及规范劳动合同、规范劳动基准、规范人力资源市场行为、社会保险、劳动权利保障与救济等多个方面。

(二)更高质量的人力资源市场主体

培育高质量的人力资源市场主体是建设高标准人力资源市场体系的核心内容。更高质量劳动者(劳动力供给方)有更高的劳动能力和劳动积极性,能够创造更高的劳动效率和更大的劳动价值。更高质量用人单位(劳动力需求方)有更好的经营效益和更稳定的雇佣能力,能够提供更多的就业机会、更高的工资收入、更稳定的劳动关系、更好的工作环境。更高质量的人力资源服务机构(中介机构)能够为人力资源市场赋能,有效提高市场配置效率,维护劳动力供需双方的合法权益。

（三）更加有序的人力资源市场秩序

维护市场秩序是建设高标准人力资源市场体系的重要任务。更加有序的人力资源市场秩序，要求加强对市场主体权益的保护，全面提升劳动者与用人单位之间信息的对称性，有效规范不同市场主体的经营行为，公平惩戒各种有损市场效率的行为，提高违法、违规行为的成本，降低受侵权方的维权难度，增强各类市场主体的获得感。

（四）更高标准的人力资源市场设施

市场设施是高标准人力资源市场体系的重要支撑，包括硬件设施和软件设施。更高标准的人力资源市场硬件设施，包括统一的就业公共服务平台、日益完善的就业信息库、标准化的零工市场、各级人力资源产业园区等。更高标准的人力资源市场软件设施，包括更加规范化、均等化、精准化的公共就业服务，更加丰富且有效赋能的人力资源服务，更加创新的人力资源信息化技术，更有效益的人力资源服务产业园区运营方式等。

（五）更高水平的人力资源市场对外开放

更高水平对外开放是高标准人力资源市场体系的内在要求。更加开放的人力资源市场，能够实现国内人力资源跨地区、跨体制流动更加顺畅，能够积极对接和影响国际市场规则，让国内外人才交流互动更为便利，能够保护外国资本依法进入国内人力资源市场的权利，同时明确准入负面清单，为高水平对外开放提供坚实的人力资源支撑。

（六）更加高效的人力资源市场监管

更加高效的市场监管是高标准人力资源市场体系的重要保障。更加高效的人力资源市场监管，强调市场与政府的有机结合，政府为人力资源市场健康发展"保驾护航"，更重要的是充分发挥市场在资源配置中的决定性作用。建设更加高效的人力资源市场监管需要更加完善的法制保障、拥有更多

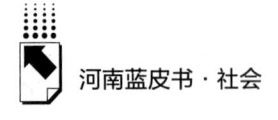

自主权的监管主体、不断创新的监管方式、素质更高的监管队伍以及必不可少的社会监督等。

二 河南省建设高标准人力资源市场体系取得的成效

（一）行业环境持续优化，政策法规逐步完善

在法治层面，自2018年7月国务院颁布《人力资源市场暂行条例》以来，河南省加紧推进地方性法规的立法进程，于2022年9月出台《河南省人力资源市场条例》。《条例》共七章四十九条，从市场培育、市场规范、人才发展、保障与监管、法律责任等方面做了全面规范，为河南省人力资源市场建设管理和人力资源服务业发展提供了强有力的法治保障。在规划层面，河南省出台了《河南省"十四五"人才发展人力资源开发和就业促进规划》《河南省建设高标准市场体系实施方案》等纲领性文件，对河南省建设高标准人力资源市场体系和推进人力资源服务业高质量发展提出明确要求。在此基础上，河南省还出台了《关于深化人才发展体制机制改革加快人才强省建设的实施意见》《关于推动生产性服务业加快发展的实施意见》《关于加快中介服务业发展的若干意见》《人力资源服务业高质量发展行动计划》等一系列配套政策文件，形成了新时期河南省监管规范与促进发展并举的人力资源市场法规政策体系。

（二）行业规模稳步增长，服务效能不断提高

河南省持续深化人力资源市场领域"放管服"改革，大力营造行业发展良好环境，多措并举培育发展市场主体，人力资源服务业取得了长足发展，呈现快速增长、结构优化的良好态势。截至2023年底，河南省各类人力资源服务机构超过3500家，同比增长16.4%；从业人员突破4万人，同比增长10.9%；全年营业收入876亿元，同比增长8.4%，人力资源服务业发展核心指标保持健康快速增长。2023年，河南省各类人力资源服务机构

共举办现场招聘会1.49万场次，通过网络招聘发布岗位信息1242万余条，服务用人单位达50.65万家次，为1046万劳动者提供了就业、择业和流动服务。各级公共就业和人力资源服务机构开展校园招聘活动940场，服务毕业生76.4万人；开展大中城市联合招聘、百日千万招聘专项行动、"职"在河南等系列招聘活动3278场，发布岗位191.76万个，达成就业意向37.29万人，切实发挥了人力资源市场社会化就业服务作用，促进了高校毕业生等青年就业工作取得实质性进展。① 2018~2023年，河南省聚焦人才强省战略、创新驱动发展战略，围绕"广聚天下英才，助力中原出彩"，连续举办六届招才引智创新发展大会，在全国开创了举全省之力招贤纳士的先河。大会累计签约达成意向的各类人才30.8万人，其中获硕士、博士学位及副高以上职称人才15.49万人；共计4.38万人次入场参加高端人才（项目）对接洽谈会，成功实现签约的项目达2539个。② 在招才引智活动中，各类人力资源服务业机构积极发挥专业化、市场化优势，结合重点产业、行业和项目人才需求，提供特色化、精细化、全程化人力资源服务。

（三）行业平台不断壮大，产业集聚加快推动

河南省坚持加大人力资源市场主体培育力度，以提高公共服务效能为导向，以做强做优龙头企业、建强集聚发展平台为动力，逐步完善省、市、县、乡、村五级人力资源市场综合服务场所，基本形成了龙头带动、全省一体、上下贯通的市场服务体系。以中国中原人力资源服务产业园区为引领，推动人力资源服务业集聚发展，充分发挥产业园区"培育、孵化、展示、交易"功能，坚持引进国内知名品牌企业与培育河南省本地企业相结合，注重产业链上、下游完整性，形成了以人力资源服务要素集聚为核心的产业生态圈和优质产业集群。中国中原人力资源服务产业园区自2018年1月投入运营以来，吸引大批优质人力资源服务企业入驻，累计营业收入超600亿元，纳

---

① 《8月30日河南省人民政府新闻发布会》，河南省人民政府网站，2024年8月30日，https://www.henan.gov.cn/2024/08-30/3056642.html。
② 数据由河南省招才引智工作专班提供。

税额超 14 亿元。河南省充分发挥中国中原人力资源服务产业园区的龙头引领和示范带动作用，构建"一核心+X 分园区（基地）"发展格局，经济效益和社会效益稳步提升，集聚发展效应日益凸显。河南人才集团、河南能源人力资源发展集团等大型国有企业人力资源服务企业的成立，提升了河南省人力资源服务业的整体竞争力，也为人力资源市场注入了新的活力。同时，河南省大力发展专业性、行业性人力资源市场，构建焦作矿业、洛阳旅游、南阳中医药、濮阳石油、漯河食品等专业人力资源市场，发挥专业市场服务产业发展的作用。

三 河南省建设高标准人力资源市场体系存在的问题

河南省通过完善人力资源市场政策体系、优化人力资源市场环境、提高人力资源服务效能、做大人力资源服务平台等做法，为人力资源服务业高质量发展打下了坚实的基础，但要建成高标准人力资源市场体系仍面临诸多挑战，需要深入分析其存在的主要问题。

（一）人力资源市场分割依然比较严重

河南省的人力资源分布主要以农业为主，城乡人力资源分布不均衡，城镇化率低于全国平均水平。加之人力资源市场分割和户籍障碍，导致农村劳动力进城务工通常只能进入工资明显偏低、工作时间较长、工作条件相对较差的人力资源二级市场，而城市劳动者一般不考虑进入二级市场就业。行业之间没有形成统一开放的竞争性人力资源市场，行业之间同种岗位的工资差别很大，垄断行业存在高工资、高福利现象。滞后的户籍制度依然是阻碍人力资源自由流动的重要因素，劳动者在非户籍地就业时面临诸多公共服务非市民待遇的困境。

（二）人力资源市场制度体系不完善

随着平台经济的飞速发展，出现了许多新的就业形态，导致现行的人力资源市场制度的适应性、操作性、拓展性相对滞后。信息技术对创新人力资源服务模式提出了更高要求,现有的配套法规内容和服务模式更多针对传统用工企业,对平台企业用工的多样化、灵活化等特点缺乏适应性。现有人力资源市场法规的原则性较强,缺乏具体操作的配套办法,在实际执行过程中,部分措施难以落到实处,影响了政策的实际效果。现行人力资源法律法规体系中关于监督管理的规定,更突出强调人力资源社会保障行政部门的监督管理职责和工作举措,对促进形成人力资源市场多元共治局面的支持力度不足。

(三)经营性人力资源服务机构违法违规问题时有发生

河南省民营人力资源服务机构市场竞争激烈,有些服务机构为了赢得市场份额,过度追求短期经济利益而忽视长期信誉和合法经营。违法违规问题主要表现为无证经营、发布虚假招聘信息扰乱人力资源市场秩序、欺压劳动者、"假外包真派遣"以及网络招聘中的违法违规行为等。未经许可擅自从事职业中介活动或经营劳务派遣业务,未经用人单位同意擅自改变招聘信息内容;发布虚假或含有歧视性内容的招聘信息,服务质量远低于其宣传的标准;扣押劳动者身份证件,泄露求职者隐私信息,向求职者收取高额中介费、押金,隐藏收费项目等,这些行为严重扰乱了河南省建设高标准人力资源市场体系的秩序。

(四)人力资源市场软硬件设施建设不足

河南省人力资源服务机构总体上处于粗放式发展阶段。基层人力资源市场建设相对滞后,部分地区基层公共服务市场场地狭小、设施陈旧、人员不足,面临经费短缺、物力匮乏、基层编制不足、机制缺失等问题。信息化程度较低,运用新一代数字信息技术提升服务质量的能力不足。人力资源服务行业专业人才供给不足,导致行业发展原动力不足,高素质复合型领军人才匮乏,难以满足人力资源服务业快速、高质量发展的需求。

(五)人力资源市场监管能力不足

目前,河南省的人力资源市场监管监督机制已初步形成,但从形式和内容来看相对比较简单，缺乏科学系统的媒体监督、信息化治理、公众监督和第三方评估机制。从监管主体来看，运用大数据、云计算、人工智能等新兴信息技术进行监管的能力不足，影响数字化手段在人力资源市场监管中发挥效能。从工作机制来看，与发改、市场监督、税务、交通、金融、法院等跨部门联合监管工作机制运行不够顺畅，跨部门联合监管还不能做到数据充分共享和常态化执法。基层人力资源监管队伍配置不足，专业素质水平不高，难以取得良好的监管效果。行业组织标准化程度较低，业内权威与公信力未能树立，尚未充分发挥行业管理、行业规范和行业自律的作用。

四 建设高标准人力资源市场体系的对策建议

（一）多措并举破解人力资源市场分割

一是缩小收入差距，使收入差距保持在合理区间。全面建立和完善工资集体协商机制，建立和完善一系列工资保障机制，进一步完善最低工资制度。控制行业、部门之间的收入差距，加强对企业工资总额的管理与调控，建立工资正常增长机制。适当调整企业员工的收入差距，对企业高管薪酬进行适当干预。二是深化社会保障体制改革。完善统筹城乡、覆盖全民的社会保障制度，健全适合农村实际的新型农村养老保险制度，完善新型农村合作医疗制度和救助制度。持续增加财政性社会保障投入，适当提高参保者个人承担份额，均衡社会保障责任负担。三是促进教育平等均衡发展。促进人力资源自由流动，减少市场分割的代际延续。保障所有适龄儿童、青少年受教育的基本权利，提高基础教育质量。提高高等教育录取的公平性，完善招生环节的监督机制。大力发展职业教育与职业培训，提高劳动者的素质技能和就业能力。加快塑造素质优良、总量充裕、结构优化、分布合理的现代化人力资源，营造和谐高效的人力资源供需关系。

（二）进一步完善配套法律法规和政策体系

一是加强人力资源市场顶层设计和总体规划，进一步厘清政府和市场、市场各主体的权责边界，建立高标准的市场法规体系，重点完善市场政策、公平就业与反歧视、市场准入负面清单、保障公平竞争等方面的法规制度。二是在现行人力资源市场相关法规制度架构的基础上，对专项细分的、针对性的、操作层面的法规制度进行修改与完善，可针对经营性人力资源服务机构、第三方劳务派遣、新就业形态、人力资源市场歧视、终身职业培训等方面进行专项法规制度建设，不断完善人力资源市场制度体系。三是适应人力资源市场快速发展的新要求，及时制定和完善新的配套法规。结合人力资源市场监管面临的新形势、新任务、新情况，对于现有的法规条款与制度规定进行全面梳理，适当增减和调整部分条款内容，以满足新时代人力资源市场发展的内在要求。

（三）规范经营性人力资源服务机构市场行为

一是政府部门加强规范监管，从严查处违法违规行为。加强人力资源服务市场执法检查，严查违法违规行为，维护和稳定人力资源市场秩序。定期检查人力资源服务机构的有关资质，定期收集有关业务数据，以此作为人力资源市场变化的研判依据。开展跨部门联动和联合执法，真正实现人社、市场监督、工信、商务、税务、统计、公安等多部门大数据比对共享，提高政府监管能力和水平。二是对人力资源服务机构进行信息披露和分类、分级管理。实行经营信息披露公开制度，特别是从事劳务派遣、网络招聘、劳务外包等业务的人力资源服务机构。建立全省统一的分类、分级管理制度和评价标准，开展人力资源服务机构分类等级评定和定期复查复评，实现动态管理。鼓励行业协会加强自律管理打造行业标杆，促进行业健康有序发展。三是大力培育和促进人力资源服务行业组织的发展。协助政府制订和实施行业发展规划，制定并实施产业政策、行政法规和有关法律、行规行约、各类标准，协调行业企业之间的经营行为，加强行业自律，维护行业信誉，鼓励公平竞争，打击违法违规行为。

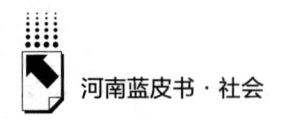

（四）加强人力资源市场软硬件设施建设

一是加强人力资源市场信息化建设。构建全省统一的人力资源市场信息平台，推进市场信息联网发布、资源共享和数据归集。推动跨部门、跨层级数据共享和业务协同，充分利用大数据资源开展人力资源市场政策分析和形势研判。加强人力资源市场信息平台安全建设，建立健全防范信息安全风险制度，提高全省人力资源市场信息安全水平。二是全面提高人力资源服务供给能力。不断完善公共人力资源服务机构建设，解决基层人才队伍建设问题，提升现有社区、街道、乡村等基层就业服务网点的服务能力。发展壮大经营性人力资源服务机构，促进人工智能等新兴技术的数字化赋能，加快培育骨干企业和创建人力资源服务品牌，提升人力资源服务标准化、规范化水平，推动人力资源服务向高附加值业态发展。三是推动人力资源产业园区高质量发展。发挥人力资源产业园区示范和引领作用，促进人力资源产业园区与区域实体经济融合发展。运用互联网、大数据、人工智能等数字化赋能手段支撑产业园区发展，打造不同产业园区品牌特色，提升园区的投融资和运营服务能力，提高产业集聚效应，促进产业园区集群化发展。

（五）全面提高人力资源市场监管能力

一是加强地方基层监管力量建设。制定省、市、县各级人力资源市场监管能力建设的通行标准，打造一支素质过硬的基层监管队伍，建立统一高效的人力资源市场信息化监管平台充分发挥大数据监管功能，构建信息共享监管网络系统，加强与外部监管平台的互联互通与信息交互共享，形成监管合力。二是创新监管方式，提升监管效能。运用"互联网+"等新兴监管方式，如信息监管、大数据监管、标准化监管等，减少传统监管方式给市场发展造成的阻碍，同时注重新型监管方式与传统监管方式的协同，持续提升监管效能。三是提高社会监管效果。社会监管能够及时地、真实地反映现实问题，弥补政府监管的不足。进一步转变政府职能，下放政府的行业管理权力，扶持行业自律组织发展壮大，发挥制定行业标准、开展行业管理等方面的作用，促进行业自律机制的形成。四是从制度设计、程序规范和工作机制三个方面建立监管监督机制。在有关法规和政策制度中明确监管主体的问责机制，健全人力资源市场监管的程序，进一步完善权力机关、行政机关和司法部门对人力资源市场监管主体的制衡机制。

B.16
河南基层应急管理能力建设现状与对策研究

郝莹莹*

摘　要： 提升基层应急管理能力，是推进河南治理体系和治理能力现代化的重要组成部分。目前，河南基层应急管理面临基层应急协调机制亟须优化、基层应急队伍专业能力亟待提升、基层应急物资保障体系亟待完善等问题，须加快打造基层应急多元共治新格局、加快补齐基层应急救援物资短板、加快推进基层应急管理的智能化建设，构建起更高水平的基层应急管理体系，为河南经济社会发展营造更加安全、更加和谐的发展环境。

关键词： 基层应急　应急管理能力　河南

一　强化基层应急管理能力建设的重要意义

（一）强化基层应急管理能力建设是保障人民群众生命财产安全的必然要求

基层是防灾、减灾、救灾工作的前沿阵地。在日常生活中，自然灾害、事故灾难、公共卫生、社会安全等突发事件时有发生，且其随机性、关联性、危害性越来越强，既对人民群众的生命和财产安全造成威胁，也对基层

---

* 郝莹莹，河南省社会科学院人口与社会发展研究所研究实习员，主要研究方向为社会政策与社会发展。

应急管理工作构成挑战。① 因此，强化基层应急管理能力建设，既是在新形势下积极提升应对各类突发事件能力的现实需求，也是我们始终站在人民立场，坚持维护人民安全的必然要求。就河南的实际情况来讲，灾害种类多、分布地域广、发生频率高是其面临的基本省情，再加上各类风险叠加交织、事故易发频发，使基层应急管理工作面临的形势严峻。② 一些典型案例为应急工作带来警示，只有持续性、常态化做好应急管理工作，不断提升应急救援能力和水平，才能更好地维护基层生产生活安全，才能为人民群众提供更加充实、更有保障、更可持续的安全感。

（二）强化基层应急管理能力建设是维护基层社会安全稳定大局的重要保证

基层应急管理体系是快速响应、有效处置突发事件的第一道防线。它直接面对人民群众，是信息收集、排查隐患、初步处置、危机干预以及力量调配的关键环节。只有切实抓牢基层应急管理这个基础，才能更好地实现风险隐患"发现得了、处置得早、解决得好"，防止"小险变大险、小灾变大灾"，尽可能降低灾害发生的风险和灾害带来的损失，为灾后基层社会稳定发展创造安全保障。河南作为人口大省、经济大省、农业大省和新兴工业大省，安全生产、防灾减灾救灾、综合应急等面临新的复杂形势。特别是随着技术创新的极大进步，新产品、新技术和新服务的应用带来许多新的挑战与新的不确定性，更加需要基层有效开展应急管理，提高风险预警、风险识别以及应急处置能力，降低社会风险影响面。因此，全力化解防范重大灾害风险，科学应对各类突发事件，维护社会大局稳定，依然是新形势下河南社会发展的持续性任务。未来，需要进一步强化基层应急管理能力建设，有效化解基层社会的矛盾风险，提升基层社会安全治理水平，夯实社会大局稳定的基础。

---

① 程万里：《提升基层应急管理能力的实施困境与路径选择》，《人民论坛》2022年第8期。
② 《河南省人民政府关于印发河南省"十四五"应急管理体系和本质安全能力建设规划的通知》，河南省人民政府网站，2022年2月23日，https://www.henan.gov.cn/2022/02-23/2403410.html。

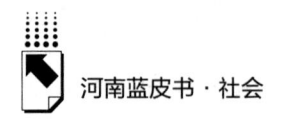

（三）强化基层应急管理能力建设是实现治理体系和治理能力现代化的题中之义

应急管理是国家治理体系和治理能力的重要组成部分。2024年7月18日，党的二十届三中全会审议通过了《中共中央关于进一步全面深化改革 推进中国式现代化的决定》，对健全社会治理体系做出新的安排和部署，为新时期推动社会治理体系建设提供了有效指引。新形势下，要通过强化基层应急基础和力量，补齐短板弱项，持续提升基层应急管理能力。唯有如此，才能逐步构建起现代化的基层应急管理体系，进而为实现基层社会治理体系和治理能力现代化做出应有贡献。特别是，郑州"7·20"特大暴雨灾害带来的沉痛教训显示，基层应急管理体系方面存在诸多问题和短板，与治理体系和治理能力现代化的要求还存在很大差距，提升基层应急管理能力具有非常重要的现实意义。以基层应急管理作为切入口，创新基层应急管理方式，革新基层应急管理手段，提高基层救援处置物资保障能力，将持续为推动基层治理体系和治理能力现代化注入新动力。

二 河南提升基层应急管理能力的做法与成效

（一）基层应急管理体制机制逐步形成

建立健全基层应急管理制度体系，强化基层应急管理的制度保障。河南出台《河南省突发事件总体应急预案（试行）》《河南省"十四五"应急管理体系和本质安全能力建设规划》等政策文件，推动基层应急管理体系建设的总体目标、主要任务、建设标准、保障措施等重要制度得以建立；2021年，中共河南省委办公厅、河南省人民政府办公厅印发《关于加强基层应急管理体系和能力建设的意见》，聚焦基层应急管理的组织体系、责任体系、防控体系、救援体系、保障体系等内容，为基层应急管理规范化建设提供重要政策指引。制度体系的建立，也推动着全省基层应急管理体制机制的形成。在乡镇，河南按照乡镇（街道）应急机构有班子、有机制、有队伍、有装备物资、有预案演练、有宣传教育培训的"六有"标准，推动乡镇（街道）成立应急管理委员会，建设"一办一队一库一平台"（应急管理办公室、应急救援队、物资储备库、应急调度平台）"1+4"应急体系；在村（社区），建立"一站两员一队"（安全劝导站和安全劝导员、灾害信息员、民兵应急救援队）"1+3"应急体系。[①] 制度体系与运行机制的形成，打通了基层应急管理的"最后一公里"，推动基层应急管理向规范化、体系化、信息化发展。

（二）基层应急救援力量不断壮大

基层应急救援力量持续壮大。在综合应急救援队伍建设上，河南按照县级不少于50人、乡镇不少于20人、村（社区）不少于10人的要求，推动基层综合应急救援队伍建设。截至2023年8月，河南全省采用政府购买服务，或依托辖区社会救援力量（志愿者）、企业内部救援力量等方式建成20人以上综合应急救援队伍的乡镇（街道）有2401个，建成应急救援队伍的村（社区）有43533个，有效提升基层应急处置能力。[②] 同年11月，河南官方发布信息显示，河南共建有自然灾害类、安全生产类应急救援队伍5.6万支、有101万人，其中县、乡、村级基层综合应急救援队伍达5.5万支、有91万人。[③] 在社会应急救援力量发展上，河南应急管理机构改革后，社会应急力量不断发展壮大。2022年5月，全省正式登记注册的社会应急救援队伍228支，其中，各市（县、区）应急管理部门作为业务主管单位或纳入直接统筹管理的队伍达100余支，有效充实了基层社会应急救援队伍。

在救援处置能力建设上，组织开展应急管理与救援队伍业务知识培训、

---

① 《实录｜河南省"奋进十四五 建功新时代"系列第九场新闻发布会》，河南省应急管理厅网站，2023年4月7日，https://yjglt.henan.gov.cn/2023/04-07/2721180.html。
② 《河南省应急管理厅关于对省十四届人大一次会议第531号代表建议的答复》，河南省应急管理厅网站，2023年8月28日，https://yjglt.henan.gov.cn/2023/08-28/2804232.html。
③ 《共有应急救援队伍5.6万支 河南建立完善应急快速响应指挥体系》，河南省人民政府网站，2023年11月27日，https://www.henan.gov.cn/2023/11-27/2854626.html。

竞赛、比武以及综合应急演练等活动，突出"战练一致、案练一体"，全面提升应急管理队伍能力素养，加快形成适应新形势的救援能力。2023年，全省共组织各类应急演练7.8万次，参演人数达到685.9万余人次。[1]其中，在全省范围内组织的"大练兵大比武"活动，已累计组织1.98万支队伍、68万人次开展集中训练，累计开展各类竞赛比武活动1.03万场次、参加比武人数26.6万人次。[2]2024年，应急管理系统"大练兵大比武"百日行动已经开启，通过4个月的时间，系统开展10项练兵比武课目，持续提升全体应急管理和救援人员的理论素养和实操技能。[3]同时，通过开展送教下基层、业务知识能力培训与提升、专家线上公益宣讲等活动，持续提升基层应急管理人员的综合素养。例如，2023年信阳市举办的乡镇（街道）应急管理人员能力提升培训班，就旨在结合基层应急管理工作实际和当前面临的风险挑战，有针对性地提升基层应急管理人员的理论与方法水平，加快推进信阳市基层应急管理体系和能力建设。本次培训涉及信阳市240个乡镇（街道）的相关工作人员，共计480人参加培训。

（三）基层应急预报预警能力逐步提升

应急广播体系建设取得充分发展。应急广播体系在政策宣传、灾害预警、应急避难以及应急救援等方面发挥了重要作用，已成为基层应急管理能力建设的重要抓手之一。2019年以来，河南将应急广播体系建设纳入全省县域城乡广播电视建设一体化行动，纳入乡村振兴广播电视公共服务实绩考核，推动全省应急广播体系建设，致力于构建省、市、县、乡、村五级，上下贯通、综合覆盖、平战结合、安全可靠的应急广播系统。截至2023年12月，48个县（市）共投入2.1亿余元，建设了县级应急广播系统，乡镇级

---

[1]《河南省人民政府关于2023年度法治政府建设情况的报告》，河南省人民政府网站，2024年3月22日，https：//www.henan.gov.cn/2024/03-22/2965123.html。

[2]《共有应急救援队伍5.6万支 河南建立完善应急快速响应指挥体系》，河南省人民政府网站，2023年11月27日，https：//www.henan.gov.cn/2023/11-27/2854626.html。

[3]《"十八般武艺样样精通"！河南开展应急管理系统练兵比武百日行动》，河南省应急管理厅网站，2024年9月9日，https：//yjglt.henan.gov.cn/2024/09-09/3060404.html。

前端766套、村级前端13763套，覆盖应急广播终端46744个。[①] 应急广播现已成为城乡基层社区传播应急信息的重要工具。2024年入汛以来，省级应急广播平台已累计发送预警指令161条次。[②]

基层灾害风险治理创新发展。近年来，河南各地积极推动应急管理工作融入基层社会治理，不断探索并实践基层网格化应急管理的模式和路径，涌现出众多典型模式。例如，开封市"应急管理+智慧网格"模式、焦作市"网格化+民情图"模式、鹤壁市"2346"工作法、洛阳市基层安全生产网格化监管体系等。应急治理模式的创新实践，推动基层防灾减灾能力不断提升。特别是近年来河南高度重视基层灾害识别处置工作，持续加强基层风险隐患排查和灾害风险评估，确保及时有效化解基层群众身边的安全风险。截至2024年8月，河南灾害风险隐患信息报送系统用户6.6万余人，居全国第三位；2023年、2024年参加应急管理部举办的基层灾害风险隐患识别处置能力提升视频培训班的人数分别居全国第一、第二位，覆盖省、市、县、乡、村五级。同时，健全奖励机制，河南在全国率先出台《河南省灾害风险隐患早发现早报告早处置转移避险奖励暂行办法》。[③]

（四）筑牢基层减灾防灾救灾的人民防线

防范化解灾害风险，既是政府加强和改善风险治理的重要工作，也是公众防范和处理突发事件、维护个人生命财产安全的重要技能。个体具有较高的应急科学素质，能够合理调整个体行为，将有效提升全社会应对突发事件的能力。[④] 近年来，河南为提升全民应急综合素质，积极推动安全宣传进企

[①] 《省级调度控制平台一期工程已完成 河南稳步推进应急广播体系建设》，河南省人民政府网站，2023年12月5日，https://www.henan.gov.cn/2023/12-05/2859815.html。

[②] 《省局加快推进应急广播体系建设》，河南省广播电视局网站，2024年9月25日，https://gd.henan.gov.cn/2024/09-25/3066926.html。

[③] 《多起成功避险案例获应急管理部点赞 河南各地咋做的?》，大河网，2024年8月22日，https://news.dahe.cn/2024/08-22/1804643.html。

[④] 《新形势下加强我国应急科普的思考》，新华网，2023年4月4日，http://www.xinhuanet.com/tech/20230404/6784fbbd5c2342ecbed3cbe8c2f67ca7/c.html。

业、进农村、进社区、进学校、进家庭，开展"安全生产大讲堂""防灾减灾主题宣传""居家安全敲门行动""安全宣传咨询日"等活动，贴近群众普及安全应急知识，不断扩大基层应急教育的宣传面与覆盖面。同时，创新宣传教育载体平台，建设数字公共安全教育资源公共服务平台、应急知识科普库、网上应急科普平台、应急虚拟体验馆，普及应急管理法律法规和公共安全知识，提升全民灾害自救、互救能力。以创建全国综合减灾示范社区为抓手，扎实开展基层应急文化建设，持续提升基层防灾、减灾能力，筑牢防灾、减灾的人民防线。

三　河南基层应急管理能力建设中存在的现实问题

（一）基层应急协调机制亟须优化

2018年以来，河南应急管理机构改革基本完成，应急管理体制机制不断成熟，全社会"大安全、大应急"的框架体系逐步构建。但是，应急管理机构改革进一步向基层延伸力度还不够，基层应急管理的协调处置能力还比较弱，工作机制需进一步优化。一方面，基层应急管理既要承担属地责任，又要完成上级交办的各种行政任务，应急处置任务繁多。但是，基层在应急管理中的权责划分、人员调配以及物资调用等方面职能尚未理顺，仍需进一步调整，降低应急任务的处置效率。另一方面，基层应急共治需要各个乡镇、部门、社会团体以及公众的积极参与和配合。但目前看来，基层的协调与动员能力还比较弱，基层管理共治面临多元主体合作机制、社会共治监督机制等不够完善的问题，基层应急救援力量未能在社区层面进行有效整合。例如，郑州"7·20"特大暴雨灾害应对中，暴露出组织不力的问题。《河南郑州"7·20"特大暴雨灾害调查报告》显示，气象部门多次发布暴雨红色预警后，郑州地铁集团有限公司没有引起高度重视，有关领导干部没有统一指挥、没有及时开展有效的应急处置，造成人员伤亡的严重后果。

（二）基层应急队伍专业能力亟待提升

近年来，河南基层应急队伍在实现积极稳步发展的同时，依然面临基层应急救援力量专业性不强、队员更换频繁以及综合素质有待提高等现实问题。一方面，基层应急专业人才不足。全省人口密度大，乡镇（街道）和村（社区）数量较多，基层应急救援力量远未实现全覆盖，且分布不均衡，迫切需要加强基层救援能力建设。特别是，在城乡人口流动与人口老龄化的现实背景下，村（社区）以留守儿童、老人以及妇女居多，一旦发生灾害事故，他们不仅救灾能力有限，甚至还成为救援的对象。另一方面，基层应急队伍专业素质有待提高。乡镇（街道）应急救援队伍普遍"散小弱"，而且基层应急救援人员多为兼职，年龄结构偏大，专业应急知识缺乏，应急处置能力较弱。各地普遍建立的由基层民兵、志愿者、安全劝导员以及灾害信息员等构成的综合应急救援队伍，很多没有经过系统的救援能力培训，在应急处置方面往往应对经验不足。

（三）基层应急物资保障体系亟待完善

近年来，随着河南物资储备机制的不断完善，覆盖区域、辐射全省的应急物资储备体系基本形成，物资调运机制不断优化，全省基层应急保障能力进一步提升。但是，基层应急物资保障体系建设存在储备实力薄弱、缺乏专业应急装备、信息化发展不足等现实问题。2022年底，河南共建成乡级物资储备点2867个、村级物资储备点2.9万个。同期，河南共有2470个乡级行政区、5.2万个村级行政区。[1] 数据对比显示，乡级物资储备点已实现全覆盖，但是村级物资储备点只占到全省村级数量的55.8%。可见，村（社区）物资储备建设还比较滞后，部分地区应急物资储备建设准备不足。受资金短缺限制，各地应急物资储备方式主要依靠政府采购，应急装备数量少。应急装备集中于救生衣、强光手电等

---

[1] 数据来源于《河南统计年鉴（2023）》。

常用工具，缺少专业的救援技术装备，在一定程度上存在应急物资储备不足的问题。同时，基层应急物资信息共享程度低，应急资源管理平台系统应用只覆盖到县区，导致基层应急物资保障联动难以实现，影响物资储备风险监测预警能力的提升。

四 河南提升基层应急管理能力的路径选择

（一）加快打造基层应急多元共治新格局

党的二十大报告中指出，我们要建设人人有责、人人尽责、人人享有的社会治理共同体。同样，基层应急管理能力的建设与发展离不开多元主体的共同参与。通过多元主体的对话、协商、合作，保障基层应急管理体系实现体制机制、应急救援力量、应急物资储备等方面的完善。未来，在打造共建共治共享的基层应急管理体系时，一要不断加强党的领导。通过加强党的领导，强化各层级、各部门以及各主体之间的协调配合，确保基层应急过程中能够形成协同治理的合力，防止不同主体各行其是，延误解决突发事件的最佳时机。同时，在党总揽全局、协调各方的过程中，也能够依据基层应急治理的客观实际，不断优化基层应急治理的工作机制，不断打通基层治理存在的"堵点"。在党建引领基层应急实现网格治理的实践中，也应不断强化基层应急信息互通，确保区域应急基本信息共享，打造多元参与基层应急治理的线上合作路径，提升开展协同应急治理的效能。二要坚持加强全社会的应急文化建设。通过开展常态化的应急文化教育，提升全社会的应急基本文化素养与突发事件应对技能，增强全社会参与应急管理工作的意识和责任，最大限度地减少应急事件发生产生的危害。同时，不仅要开展应急安全教育普及，也要将应急安全教育纳入教育体系，充分融入全民生命教育全过程，不断创新应急文化的普及方式和普及载体，确保应急科普内容可听、可视、可知、可感，有效提升应急安全教育宣传效果。

（二）加快补齐基层应急救援物资短板

一是进一步明确基层应急物资储备标准，明确基层应急物资储备关键指标，加强村（社区）物资储备基础设施建设，加快补齐基层应急救援物资短板，提升基层防灾、减灾、救灾能力与应急物资保障水平。完善基层应急治理技术化、装备标准化建设，加强技术装备使用培训，确保装备规范使用。二是拓展应急物资保障来源渠道，构建以政府为主导，社会、企业与民众多元主体共同参与的基层应急物资协同保障体系。通过引入社会力量、企业等参与基层应急物资体系建设，构建新型物资储备合作关系，提升基层应急物资多元主体协同能力，进一步优化应急物资基层布局，补齐基层应急物资保障短板。通过鼓励民众加强个人和家庭应急物资储备，进一步夯实基层应急保障基础。三是强化基层应急物资保障监督，健全应急物资保障使用情况公开制度，确保应急物资物尽其用。加强监督应急物资执法能力建设，及时曝光应急物资使用中的违纪违法、侵占国家财产行为，依法打击犯罪行为。完善基层应急物资保障能力建设评价机制，及时化解基层应急物资建设中存在的问题。

（三）加快推进基层应急管理的智能化建设

技术的创新与应用不仅带来经济的巨大发展，也推动着社会治理走向智能化、智慧化，不断开创社会治理的新格局。当前，河南积极将数字技术赋能全省的应急管理工作，在基层风险监测、灾害预报预警、应急指挥、物资管理等方面取得了良好成效。例如，焦作市建立的"焦作市应急物资管理微信小程序"，在助力基层应急物资管理、精准实现物资调拨与使用上发挥了良好作用。未来，要推动数字技术在基层应急治理体系中深度嵌入，加强基层应急关键领域与关键环节的技术支撑。一方面要推进基层应急智能化基础设施建设。提高基层应急技术平台水平，及时更新基层应急管理的隐患、人员、物资等信息，提高区域应急基本信息共享水平，进而提升区域基层应急的智能化、精细化水平。另一方面要不断完善基层应急管理平台。加强基

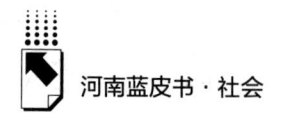

层应急管理平台的技术支持，不断攻克应急信息收集、处置、流转、存储等方面存在的难题，完善基层应急管理信息平台功能，推动区域应急资源实现整合运用，推动基层应急管理向信息化、智能化、科学化发展。

参考文献

张军、李理：《基层应急治理共同体的塑造——基于信任—规则—行动力的框架分析》，《重庆社会科学》2024年第5期。

王士博、潘天石：《关于推进应急物资保障信息化的探讨》，《中国减灾》2024年第14期。

张春颜：《共存·共治·共益：基层应急管理效果提升的新思路》，《广州大学学报》（社会科学版）2024年第23期。

方舒：《保护人民群众生命财产安全，维护社会稳定增强基层应急管理能力》，《人民日报》2022年3月25日。

案 例 篇

B.17
河南省城市社区矛盾纠纷化解模式创新研究
——以郑州市高新区紫锦社区为例

徐京波 荣滢滢*

摘 要： 本文以郑州市高新区紫锦社区为例，通过参与式观察和半结构式访谈，深入剖析紫锦社区在社区矛盾纠纷化解模式方面的创新实践。研究发现，紫锦社区形成了"党建+网格+调解"的多元化矛盾纠纷化解新模式。具体表现为党建引领与"平安五老"的主体性激活、发挥头雁效应与创建"书记矛盾纠纷调解室"、"志愿性广泛参与"与扩大矛盾纠纷化解网络、数字技术嵌入与矛盾纠纷化解资源整合。在此模式下，紫锦社区矛盾纠纷化解数量与质量显著提升，社区居民参与意愿与自治能力增强，社区矛盾纠纷化解体系与机制进一步完善，社区和谐稳定局面进一步维持巩固。紫锦社区能够取得如此成效的经验在于：坚持党建引领，强化组织保障；精细化网格治

---

* 徐京波，郑州轻工业大学政法学院副院长、副教授，硕士研究生导师，主要研究方向为社区治理；荣滢滢，郑州轻工业大学社会工作专业硕士研究生，主要研究方向为社区治理。

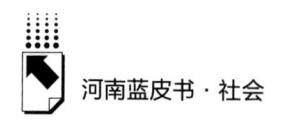

理，实现精准排查；多元参与化解，促进和谐共处；过程动态化解，实现源头治理。紫锦社区的矛盾纠纷化解新模式为其他城市社区提供了可借鉴的经验与启示，有助于提高响应群众诉求的速度和为民服务的能力，推动平安社区建设和社会和谐发展。

关键词： 社区治理　矛盾纠纷化解　模式创新

随着我国进入转型加速期，城市社会关系及结构已发生剧烈的变迁，社区矛盾纠纷不断涌现。转型加速期的矛盾纠纷呈现主体多元化、类型多样化、诉求复杂化等特征，给社区治理带来了一定的挑战。社区新旧矛盾纠纷交织，传统化解矛盾纠纷的方式亟须更新以适应新形势的需要，如何创新和完善既有社区矛盾纠纷化解模式，妥善化解基层矛盾、维护和谐稳定的社会关系，成为社区治理创新和推进我国社会治理体系和治理能力现代化的重要理论问题和实践议题。2021年2月，中央全面深化改革委员会审议通过的《关于加强诉源治理推动矛盾纠纷源头化解的意见》强调，要加快构建基层矛盾纠纷预防化解机制。党的二十大报告指出，要在社会基层坚持和发展新时代"枫桥经验"，完善正确处理新形势下人民内部矛盾机制，健全城乡社区治理体系，及时把矛盾纠纷化解在基层、化解在萌芽状态。新时代"枫桥经验"是践行党的群众路线的具体体现，强调发动群众、依靠群众就地化解矛盾，切实维护人民群众合法权益和社会和谐稳定。社区是由若干社会群体或社会组织聚集在某一地域而形成的，在生活上相互关联的有机体，已成为基层治理乃至社会治理的关键场域，若社区内的矛盾无法得到及时有效的化解，社区就可能陷入混乱无序的困境。所以社区矛盾纠纷化解的具体实践、经验方法成为平安社区建设和基层和谐稳定的重要保障。本文以郑州市高新区紫锦社区为例，探讨社区矛盾纠纷化解模式的创新，为提升城市社区治理水平提供可借鉴的经验与启示。

紫锦社区隶属于河南省郑州市高新技术产业开发区（以下简称"高新

区")沟赵街道办事处，社区总面积约 21.6 万平方米，居住面积 19 万平方米，综合服务设施总面积约 1881 平方米。社区下辖 3 个小区、35 个楼栋、52 个单元，居民 5720 户、常住人口 21120 人。社区两委委员 8 人，支委会委员 3 人，居委会委员 5 人，交叉任职 1 人。紫锦社区以党建为引领，构建"1+2+N"矛盾沟通交流机制，打造"书记矛盾纠纷调解室"和"平安五老矛盾调解工作室"，已经形成了"党建+网格+调解"的社区矛盾纠纷化解新模式。

一 社区矛盾纠纷化解模式创新机制分析

（一）党建引领与"平安五老"的主体性激活

党建引领社区治理已成为我国社区治理的重要路径。社区党组织是党联系基层群众的神经末梢，在传递政策、服务群众、凝聚人心等方面发挥重要作用。习近平总书记在宁夏考察时指出，"要坚持党建引领，紧紧围绕解决居民的急难愁盼问题，把服务老百姓的各项工作做深做细做到位"[①]。在此要求下，紫锦社区坚持党建引领和发展新时代"枫桥经验"，立足实际推动整合治理资源，创建了"平安五老矛盾调解工作室"。社区工作人员从空闲时间、参与调解的能力、参与调解的热情、参与调解的态度等方面对社区居民进行了筛选，组建了由老党员、老干部、老模范、老军人、老教师构成的"平安五老"力量队伍。充分发挥"平安五老"群体的政治优势、影响力和引导力，以"平安五老"群体作为"劝架员""和事佬"参与调处邻里纠纷、教培退费、婚姻家庭等矛盾，让"自己人"化解"自己事"，防止"小事拖大，大事拖炸"，提升矛盾纠纷化解成功率，同时示范引领起初没有被社区工作人员关注到的"平安五老"群体也参与到矛盾调解中，不断壮大社区矛盾纠纷化解队伍。

[①]《把服务群众各项工作做深做细做到位》，中国政府网，2024 年 8 月 28 日，https：//www.gov.cn/zhengce/202408/content_ 6970951. htm。

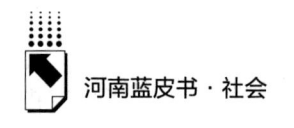

（二）发挥头雁效应与创建"书记矛盾纠纷调解室"

在社区矛盾纠纷化解中，紫锦社区充分发挥社区党组织书记的"领头雁"作用，积极探索设立"书记矛盾纠纷调解室"。一方面，社区党组织书记亲自参与社区重大矛盾纠纷化解，"坚持法理情相结合，以法为据、以理服人、以情感人"，特别注重运用情感治理的方式化解矛盾纠纷。具体表现为：了解矛盾纠纷的痛点以及矛盾双方的困难，针对具体问题对双方进行柔性劝解。运用情感策略满足矛盾双方的情感需求，并通过情感浸润，软化难以通过制度、技术化解的矛盾。另一方面，社区党组织书记发挥"领头雁"作用，带动更多社区主体参与到矛盾纠纷化解工作中。通过"经验传授+交流研讨+集中问诊+案例演示"等方式吸纳社区工作人员、社区居民中的骨干力量参与矛盾纠纷化解。另外，"书记矛盾纠纷调解室"与"平安五老"矛盾调解队之间形成了常态化协商联动机制。

（三）"志愿性广泛参与"与扩大矛盾纠纷化解网络

在"书记矛盾纠纷调解室"和"平安五老矛盾调解工作室"引领示范下，更多的中青年志愿者也参与到社区矛盾纠纷化解工作中。一方面，社区工作人员和"平安五老"群体也会在工作实践中发现和挖掘青年力量，吸引具备一定法律素养和热衷于调解矛盾纠纷的居民加入社区矛盾纠纷化解团队。另一方面，一些矛盾纠纷化解受益群体或者受益者家属也会愿意参与到社区矛盾纠纷化解工作中。另外，"书记矛盾纠纷调解室"和"平安五老矛盾调解工作室"也是开放的，原有成员随着年龄、身体等原因退出调解队伍，因此也会定期通过网络和海报形式，招募社区矛盾纠纷化解志愿者。

（四）数字技术嵌入与矛盾纠纷化解资源整合

基层社区矛盾纠纷量多且繁杂，必须充分发挥社区各方面的力量和作用。紫锦社区创新党建引领社区矛盾纠纷化解模式，构建"1+2+N"矛盾沟通交流机制。首先,紫锦社区在各个网格设立民情微信群,网格员们能够及时收集民情、了解民意、解决民忧,全力排查和化解网格内的矛盾纠纷。通过网格员和微网格长的日常巡查和居民反馈,及时发现并处理潜在矛盾,避免矛盾升级和恶化。其次,紫锦社区将网格化治理与数字化治理深度融合,借助高新区党建引领网格化基层治理平台,遵循"一网通管,一管到底"的工作原则,实现社区矛盾纠纷及治理问题的高效处理。在数字技术嵌入矛盾纠纷治理背景下,紫锦社区实现不同主体之间的联动和社区内、外资源的整合。在矛盾纠纷治理中不仅依靠专职工作人员,还充分利用社区民警、公益律师、微网格长、党员群众志愿者、红色物业等有效力量,对存在的矛盾纠纷做到早发现、早报告、早解决。这种前置预防机制是柔性治理的重要体现,通过早期干预和调解,减少不稳定因素和社会冲突的发生。

二 社区矛盾纠纷化解模式创新的成效分析

(一)社区矛盾纠纷化解数量与质量显著提升

社区是人员最聚集、矛盾纠纷最多且社会治安问题最复杂的地方,而矛盾纠纷本身具有公共属性,矛盾纠纷有时不仅涉及当事人双方,还可能影响关系亲密或空间相邻的他人,甚至有些矛盾纠纷会进入公共空间。首先,紫锦社区践行"党建+网格+调解"新模式,建立由社区党支部引领,社区民警、公益律师、微网格长、党员群众志愿者、红色物业等有效力量参与联动的社区矛盾纠纷化解模式,针对矛盾纠纷的易变性、动态性、复杂性特点,互通信息、分析探讨,使各相关人员能够及时掌握矛盾纠纷化解情况,并增强对未来事态发展的预见性,以采取有效的矛盾疏导和防范措施。目前,紫锦社区已形成以点带面、多元联动、线上线下互补的矛盾纠纷化解工作格局。其次,依法调解是纠纷多元化解决机制的基本原则,而注重灵活性、不拘泥于法律法规是紫锦社区化解矛盾纠纷的独特策略优势。面对日渐复杂多样的矛盾纠纷,紫锦社区对纠纷化解模式尝试了多样化探索,以平衡"灵活"

与"依法"之间的关系。社区百余名网格员化身调解员，在矛盾纠纷的排查和化解过程中，一方面坚持依法调解的原则不动摇，另一方面充分发挥他们"地熟、人熟、亲熟"的优势，用心、用情、用力化解矛盾，许多复杂矛盾纠纷通过专业调解和人性化服务相结合的方式得到了有效化解。据紫锦社区统计，2022~2024年，社区共化解各类矛盾纠纷1500余件，这一数字直接反映了社区矛盾纠纷化解工作的广度和深度。社区党组织书记表示，通过"党建+网格+调解"模式的深入推广，矛盾纠纷的排查和化解效率大幅提升，矛盾纠纷在萌芽状态就得到了有效化解，为社区居民挽回经济损失197万余元。

（二）社区居民参与意愿与自治能力增强

社区志愿者队伍建设是开发社区居民自治潜能的契机，动员和组织志愿者的过程亦是开发社区居民自治潜能的过程。首先，紫锦社区组建志愿者队伍，吸纳有能力、有意愿、有时间的居民加入志愿者队伍。同时，尽可能创造有利条件，发动居民参与矛盾纠纷化解、环境整治、消防隐患清排等社区治理工作。在此过程中，紫锦社区持续动员社区志愿服务的潜在人群，如专业人士、退休老人及随迁老人等。一方面促进了社区自治力量的不断更新，有力提升了社区多元主体协同治理能力；另一方面提高了居民的参与度和归属感，夯实了社区治理的群众基础。在实地调查中发现，社区居民表示，他们感受到了参与社区治理带来的成就感和幸福感，也愿意继续参与社区治理，为构建和谐社区贡献自己的力量。其次，除志愿服务队外，紫锦社区还积极推动居民自治组织建设，如"平安五老矛盾调解工作室"由老干部、老军人、老教师等具有丰富经验和高度责任心的群体组成，这些自治组织在矛盾纠纷化解中发挥了重要作用。通过自治组织的建立和参与矛盾纠纷化解的实践，居民更加懂得如何自我管理、自我服务，并学会运用法律、政策和道德规范来解决问题，居民的自治能力得到显著提升。社区党组织书记表示，居民在参与调解过程中，不仅解决了自己的矛盾，还积累了宝贵的经验，能够更好地处理类似问题，居民的参与积极性也空前高涨，进一步巩固了社区居民的共同体意识。

（三）社区矛盾纠纷化解体系与机制进一步完善

通过实施网格化管理、引入专业力量、建立多元化组织、强化志愿者队伍建设、筹集社区基金等多项举措，紫锦社区不断完善治理体系与机制，实现了社区治理的高效化、专业化、精细化。首先，网格员在矛盾纠纷的排查和化解中发挥了重要作用。紫锦社区坚持党建引领社区网格化治理，通过强化党组织的领导核心作用，推动社区网格化治理工作向纵深发展。紫锦社区实施更为细化的网格化管理，每个网格约50～70户居民，配备网格长和微网格长，实现治理无缝隙、网格全覆盖。网格长和微网格长多由过去的志愿者、楼栋长等热心群众转变而来，他们负责管理更小范围内的居民，能够及时发现和处理居民间的矛盾纠纷。这种管理方式不仅提高了他们的工作效率，也提升了他们发现问题和解决问题的能力。其次，紫锦社区积极引入专业人才，如社区民警、律师和教师等，构建了"1+2+N"矛盾沟通交流机制。其中，1是指社区党组织、2是指专业人才（社区民警、律师），N是指社区多元力量（如"平安五老"等）。这一机制有效地补齐了矛盾纠纷化解中的专业短板、人力短板，使在处理复杂矛盾纠纷时能够更加专业、高效。最后，紫锦社区还充分利用线上、线下互补的优势，通过社区网格化基层治理平台、民情微信群等线上平台收集民情民意，记录事件调度情况，线下则通过网格化治理、网格员日常巡查和走访入户等方式及时发现潜在矛盾纠纷并进行调解，解决实际问题。

（四）社区和谐稳定局面进一步维持巩固

紫锦社区采取的多项创新且富有成效的举措，均为维持和巩固社区和谐稳定局面暗中发力，这些举措包括但不限于党建引领、网格化治理、志愿服务、矛盾纠纷化解和社区慈善事业发展等。首先，党建引领下的公共活动增强了居民对社区的归属感和认同感，促进了邻里之间的交流和互动，有利于和谐邻里关系的形成。党建联建为社区文化活动提供了更多资源和支持，如周末课堂、老年大学和文体活动等，丰富了居民的文化生活。此外，社区志愿者队伍在应对突发事件时，能够迅速响应，为居民提供及时帮助，增强了社区的安全保障。其次，网格化治理使社区问题得到更快速、更精准的处理，减少了邻里间的矛盾纠纷，促进了邻里和谐相处和社区和谐稳定。同时，网格化治理使应急响应更加迅速，能够及时发现并处理安全隐患，如消防安全问题等。再次，社区志愿服务拉近了居民之间的距离，增强了邻里间的互信和互助，促进了和谐邻里关系的形成。志愿者们积极参与社区建设、环境保护和文化活动的策划和组织，为提高社区凝聚力提供有力支撑。最后，矛盾纠纷化解是平安社区建设的重要环节，紫锦社区及时化解社区矛盾纠纷，有效避免了矛盾的扩大和激化，减少了因矛盾激化而引发的安全事件，既维护了邻里间的和谐关系，减少了社区不稳定因素，也提高了社区的安全保障能力，推动了平安社区的建设。

三 社区矛盾纠纷化解模式创新的经验凝练

（一）坚持党建引领，强化组织保障

党建引领是关键。紫锦社区始终坚持党建引领，将矛盾纠纷化解工作纳入社区党建工作的重要议程，强化党组织的领导核心作用。构建党组织领导下的社区矛盾纠纷化解体系，成立由社区党组织书记牵头的矛盾纠纷化解领导小组，明确职责分工，确保工作有人抓、有人管，保障矛盾纠纷化解工作有方向、有力量、有成效。同时，紫锦社区注重党建联建工作，积极发动周边高校、企业等共建单位参与社区治理和矛盾化解，定期组织召开矛盾纠纷化解动态分析会议，探讨部署工作，总结经验教训，推动工作落实。通过党建联建，社区不仅获得了更多的资源和支持，还增强了自身的组织力和凝聚力。共建单位在财力、物力、人力等方面给予社区支持，协助社区开展各类活动和服务，有效提升了社区治理能力和服务水平。正如社区党组织书记所言，"对紫锦而言，党建引领社区矛盾纠纷化解，在于为紫锦加快落实'平安社区建设'，打造高质量和谐发展先行社区、高品质生活示

范社区营造良好社会环境"。党建引领，让紫锦社区成为居民温馨的港湾，不再被矛盾纠纷困扰。

（二）精细化网格治理，实现精准排查

网格化治理是基础。紫锦社区引入并深化了网格化治理理念，实行精细化网格治理，构建了"二级网格+三级网格+微网格"的精细化管理体系。二级网格由社区党组织书记担任网格长，负责统筹协调全社区的矛盾纠纷化解工作；三级网格以楼栋为单位，设立网格长，负责具体区域的矛盾排查与化解；微网格则进一步细化，覆盖50~70户居民，甚至细化到楼层，由热心群众或志愿者担任微网格长，负责日常的信息收集和矛盾预警。每个网格配备专职网格员，负责网格内的矛盾纠纷排查和化解工作，实现治理无缝隙、网格全覆盖。网格员队伍的组建、工作职责和考核标准的明确，使网格员在矛盾纠纷的排查和化解中能够发挥"一线哨兵"作用。即网格员通过日常巡查、走访入户等方式，及时发现并上报矛盾纠纷信息，社区根据网格员上报的信息进行分类梳理，并制定针对性的化解方案，及时组织多方力量进行调解，采取多种措施预防矛盾激化，努力将矛盾化解在萌芽状态。这种治理方式实现了矛盾纠纷的早发现、早报告、早解决。

（三）多元参与化解，促进和谐共处

多元参与是活力。随着社会治理重心的下沉，社区基层工作人员既要承接下沉的行政任务，又要应对各种个性强的居民的多元需求。而紫锦社区人口基数大、干群比例严重不协调，这种情况常使社区干部和工作人员不堪重负。因此，在社区治理和矛盾纠纷化解中，如何激发居民参与的内生动力和增强内部化解的主体意愿，是实现社区多元共治的关键，也是难点所在。紫锦社区通过构建一支充满活力的志愿者队伍，实现了从往昔问题交织、居民疏离冷漠、公共事务参与度低的困境，向如今多元力量汇聚、邻里情深意切、社区共同体意识显著增强和多种矛盾难题迎刃而解的转变。通过发挥老年志愿者、专业人士和党员等多元力量的积极作用，紫锦社区有效发掘并激

活社区居民的自治潜能,提升社区治理的内生动力,形成多方参与、共同治理的格局,并利用线上、线下互补的优势,提升矛盾纠纷预防化解效能。例如,社区中某位卖菜、收废品的独居老人,长年在家中和地下车库堆放大量垃圾、易燃废品等,由于老人性格固执孤僻且体弱多病,相关部门和物业多次劝说无效,居民担心消防安全,怨声载道。社区工作人员到老人家中打扫卫生、帮助做饭,一次不成则再试,两次未果则三顾,老人终于敞开心扉,同意清运,不再堆放。后来,社区工作人员、物业和居民携手,用了近一周时间彻底清完垃圾和废品。这种调解方式兼顾了人情的温暖,也促进了居民之间的和谐共处。

(四)过程动态化解,实现源头治理

长效预防化解机制是保障。紫锦社区非常注重矛盾纠纷的化解工作,通过网格化治理体系,形成矛盾纠纷事前排查化解、事中分流督办、事后跟踪回访的长效机制。首先,事前排查化解。网格长和微网格长在日常工作中,密切关注社区内的动态变化,一旦发现矛盾苗头,立即上报并采取相应措施。同时,社区还定期组织居民会议、恳谈会等活动,广泛收集社情民意,及时发现并处理潜在矛盾纠纷。其次,事中分流督办。在矛盾纠纷发生后,紫锦社区迅速启动化解机制,根据矛盾纠纷的性质和复杂程度,灵活选择化解方式。对于一般性的邻里纠纷、家庭矛盾,社区首先尝试通过协商、劝解等方式进行化解;对于涉及法律问题的矛盾纠纷,则及时引入律师等专业力量进行化解;对于复杂的矛盾纠纷,社区还联合多部门、多单位共同进行化解。通过多元化的化解方式,紫锦社区成功化解了大量矛盾纠纷,维护了社区的和谐稳定。最后,事后跟踪回访。在矛盾纠纷妥善化解后,紫锦社区还注重做好后续的跟踪和维稳工作。一方面,社区通过回访、慰问等方式,关心矛盾双方的生活和心理状况,防止矛盾复发;另一方面,社区还加强对矛盾纠纷的总结和分析,不断完善化解机制和方法,提高化解矛盾纠纷的能力和水平。

四 结论与启示

及时发现和有效化解基层矛盾纠纷，对于推动国家治理现代化、维护社会长治久安具有举足轻重的意义。随着社会转型的加速，城市社区关系复杂多变，矛盾纠纷日益增多，并呈现主体多元化、类型多样化、诉求复杂化等特征，给基层社区治理带来了一定的挑战。根据中央全面深化改革委员会审议通过的《关于加强诉源治理推动矛盾纠纷源头化解的意见》以及党的二十大报告指出的，加快构建基层矛盾纠纷预防化解机制，完善新时代"枫桥经验"已成为我国社会治理体系和治理能力现代化的重要课题。平安社区建设是维护社会稳定、提升居民幸福感的基础工程，而矛盾纠纷的有效调解则是这一工程中的关键环节。通过源头治理、就地化解矛盾，保护居民的合法权益，有效减少社会矛盾冲突，促进社区和谐稳定，为平安社区建设奠定坚实基础。

紫锦社区在矛盾纠纷化解中之所以能够不断创新和优化模式，主要得益于其坚实的党建引领、精细化的网格管理、活跃的志愿服务氛围和多元参与的矛盾纠纷化解新模式。首先，紫锦社区党委坚持党建引领，将矛盾纠纷化解工作纳入社区党建工作的重要议程，构建了"1+2+N"矛盾沟通交流机制，打造了"书记矛盾纠纷调解室"和"平安五老矛盾调解工作室"，有效整合了跨部门协同资源。其次，紫锦社区实施精细化网格管理，通过四级网格划分和管理，实现了治理无缝隙、网格全覆盖，为及时发现和有效化解矛盾纠纷提供了保障。再次，紫锦社区注重志愿者队伍建设和社区社会组织培育，充分发挥老年志愿者、党员志愿者及社区热心居民的积极作用，形成了"滚雪球效应"，增强了居民参与社区治理和矛盾纠纷化解的意愿和能力。最后，紫锦社区利用"平安五老"群体的政治优势参与矛盾纠纷化解、吸纳专业力量如律师和民警等进入矛盾纠纷化解队伍、实施线上线下互补的矛盾纠纷排查与化解机制等典型做法，共同促进了紫锦社区矛盾纠纷化解工作的高效运行。

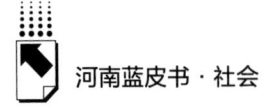

尽管紫锦社区在矛盾纠纷化解方面取得了显著成效，但仍有进一步拓展的空间。首先，社区矛盾纠纷化解队伍中专业人才比例较低。紫锦社区的矛盾纠纷化解机制主要依赖于"平安五老"群体和志愿者等非专业人员，虽然他们具有丰富的社会经验和人生阅历，但在处理涉及法律问题的复杂矛盾纠纷时，可能缺乏足够的专业性和权威性。未来，紫锦社区可以进一步加强与专业机构和专业人员的合作，发掘和引入法律、心理和医疗领域专业资源，提升矛盾纠纷化解工作的专业性和针对性。其次，紫锦社区的矛盾纠纷化解工作主要集中在事后处理上，系统性的预防机制虽已建立但尚未落到实处。为实现从源头上减少矛盾纠纷发生的目标，除进一步增强居民的法律意识和法治观念外，紫锦社区应着力健全矛盾纠纷排查和预警机制，持续督查落实，及时发现并消除潜在的不稳定因素。此外，紫锦社区还可以探索引入智能化、信息化手段，例如，开发本社区的矛盾纠纷化解管理系统，实现化解工作的智能管理与跟踪。最后，紫锦社区应加强对矛盾纠纷化解队伍的培训、支持和关怀，提高化解能力和服务水平，确保化解工作的质量和效果。同时，紫锦社区应保持对治理模式的动态调整与优化，持续总结和提炼成功经验，确保社区矛盾纠纷化解工作始终走在前列，形成可参考、可推广的"紫锦模式"，为其他城市社区提供更具操作性的指导方案。

B.18 网络谣言的特点及规制路径*

——以河南辟谣平台所辟谣言为例

殷 铬**

摘　要： 网络谣言具备谣言的一般性特质，但形式、载体、传播模式、传播方式都发生了重大变化。网络谣言的制造和传播具有社会性，只有认清行动者、媒介、社会环境三者的关系，才能把握网络谣言的本质。网络平台的即时性、开放性、快捷性为谣言的发布和传播提供了便利，也为快速澄清谣言提供了可能性，如何发挥网络平台的正面效应，遏制负面影响，是治理语境下的重要命题。针对网络谣言的性质和特点，本文提出以下规制路径：以真相和公道为依归，通过理性沟通澄清谣言；确保网络话语空间和公众账号的公共属性；在治理语境下规制网络谣言，构建有效的辟谣机制。

关键词： 网络谣言　规制　网络传播

　　网络话语空间是信息技术架构的公共空间，大幅提高了开放性、平等性、交互性，信息技术的嵌入降低了民众参与公共事务的门槛，动摇了垂直的、独白式的单向传播结构，主体间关系在信息技术的支持下不断强化，这种变化虽然具有"公共性"的萌芽，却是技术框架内的存在。在网络话语空间中，虽然网民追求真相、公道的积极性很高，却带着情绪，其对现实的

---

* 本文系国家社会科学基金项目"网络话语空间公共性重构问题研究"（项目编号：22BSH147）的阶段性研究成果。
** 殷铬，河南省社会科学院人口与社会发展研究所研究员，主要研究方向为网络舆情治理。

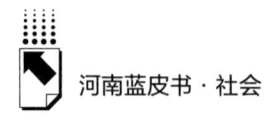

认知没有摆脱先入立场和观点，容易被带偏，这是网络谣言传播的社会原因。网络话语空间有利于谣言的发布、传播，但也为谣言的治理提供了平台。在技术内嵌属性之上实现真正的公共性，充分利用网络的赋权效应构建治理共同体，这是规制网络谣言的必由之路。

一 谣言的本质及网络谣言的性质

现代研究者往往将谣言视为未经证实却广泛流传的信息。法国学者勒莫在《黑寡妇——谣言的示意及传播》中指出，谣言能够畅通无阻，离不开认同谣言的群体，而这些群体又把其感兴趣的内容传播给别人。[1] 从这个角度上说，他认为谣言是社会投射的影子。"谣言"是制造出来的"事实"，但为什么能在一定时段广泛流传？为什么有相当多的人相信并主动传播，这是认识谣言本质的关键。

奥尔波特与波斯特曼总结了谣言公式，即谣言 =（事件的）重要性×（事实的）模糊性。这从一个方面概括了谣言的产生和传播模式，但没有揭示谣言的社会属性。事件的重要性不是一个"客观"现象，而是特定时期"集体意识"的体现，与人们的主观状态密切相关。法国社会学家在论述群体时指出，大量的个体聚集在一起不足以构成一个群体，只有聚集在一起的个体的思想和情感全都转到同一个方向，他们自觉的个性消失了，形成了一种集体心理，才可称之为真正意义上的群体。[2] 集体意识、集体心理包含社会情绪、偏好和先入立场和观点，是无意识、非自觉的习性与现实社会环境相互作用的结果。正是由于存在特定环境之下产生的"共同"心理，谣言才能形成，才能传播开来。

"群体性极化"理论将重点放在群体相互感染而丧失独立性，却忽略了原初立场和思维倾向产生的社会原因，若忽视这一点，就无法把握谣言传播

---

[1] 〔法〕弗朗索瓦丝·勒莫：《黑寡妇——谣言的示意及传播》，唐家龙译，商务印书馆，1999。

[2] 〔法〕勒庞：《乌合之众：大众心理研究》，冯克利译，广西师范大学出版社，2007。

的本质。在现代风险社会，所谓群体情绪、立场、态度不是凭空出现的，而是社会性的。社会结构的张力越强，社会成员的偏见就越严重，社会舆论极化的现象也就越明显。捏造出来的信息一旦被纳入"强弱""官民""内外""善恶"的框架中，就会迅速流行，在特定时段内形成谣言掩盖真相的局面。谣言制造者很多是为了博流量，但若不触动本来存在的社会情绪，就不可能产生流量，谣言的传播更是如此，若没有"强弱""官民"角力的"象征性现实"，若没有在"象征性现实"之下追求"正义"的社会冲动，这些谣言就不会广泛流行。再加上片段式的视频加上先入之见，引出网民的"正义感"，导致谣言迅速传播。威廉斯登认为，传播者传播谣言是因为其内容符合传播者的猜测，但问题的本质是，谣言的流行不是因为其符合了个体对事件的猜测，而是源自集体性"共同"猜测。不能将谣言视为单纯的心理现象，而忽视背景因素。

公共事件是具有冲击力的事件，所谓的冲击力不仅仅在于事件本身的震撼性，还因为其触动了相应的社会情绪，激发了集体认同。因为背景因素的存在，公共事件的演变过程往往伴随舆情失真变异问题。因此，公共事件形成之后的处置应对成为影响事态发展的重要变量，若处置过程不透明，就会造成谣言的泛滥。谣言虽然是捏造出来的，但其传播却不是捏造者能操作的，很多时候，谣言的泛滥和真相的模糊是联系在一起的。正式渠道迟迟不发声或发出来的信息被认为漏洞百出，这时"谣言"就会产生和传播。从公共事件的演变过程看，涉事方封锁消息，小道消息就会四处传播；涉事方轻率地为事件定调，谣言就会泛滥。谣言的制造者可能"别有用心"，但谣言的泛滥往往与不正常的互动关系联系在一起的。隐瞒事实、轻率下结论，就会激发民众的习惯性怀疑和好奇心，其结果不像操作者预计的那样，封锁消息无法堵住"谣言"，反而封堵了正规的信息渠道。国外一些学者将谣言视作试图为模糊事件找到答案的社会行为，是一种"反权力"和社会抗议（卡普费雷），这些观点将非正常互动的情况一般化，是一种片面的观察，却解释了谣言传播的部分原因。认识谣言的本质，并不是要将反常状态正常化，而是揭示谣言的社会属性和传播过程中的非理性互动。谣言的本质不在于谁在捏造,而在于谁在传播、为什么会被传播。认清背景因素和主观因素,才能找到谣言传播的原因。

在以报刊、电视为代表的传统媒介时代,普通民众虽有发布信息、表达意见的需求,但没有正规的渠道,只能以"口口相传""街谈巷议"的形式"参与"公共生活,私下发表议论、传播小道消息。网络话语空间出现后,"街谈巷议"的民间舆论场从私下走向公开,普通民众成为信息的生产者和传播者,信息传播者和接受者的界限被打破,一个全新的舆论场域形成。网络中的普通民众形成了一种集体力量,但网络在为普通民众赋权的同时,也为虚假信息、谣言的传播提供了新渠道。随着智能技术的发展,基于浏览痕迹的算法推送被网络平台广泛应用,对用户进行"精准画像"并投其所好,形成开放之下的"封闭",助推了虚假信息传播。在传统媒介时代,谣言主要以口口相传的形式产生和传播,但在深度媒介化的网络时代,无论是谣言的产生、流行速度还是传播范围都达到了最大化。网络谣言具备谣言的一般特质,但形式、载体、传播模式、传播方式都发生了重大变化。换言之,网络平台可以快速传播谣言,但即时性、开放性、快捷性特点也为快速平息谣言提供了可能,如何发挥网络平台的正面效应、遏制负面影响,是治理语境下规制谣言的重要命题。

二 2024年河南网络谣言的特点

(一)出于博流量的目的而捏造

网络话语空间出现之后,普通民众成为话语主体,他们不仅是信息的接受者,还是信息的发布者,这在一定程度上打破了传统的主客体话语权结构。然而,技术架构的网络话语空间既可以成为民众表达诉求的渠道,也为少数人制造虚假信息提供了传播途径,在流量可以变现的自媒体时代,为博流量而利用民众的猎奇心态、焦虑情绪和追求公平正义的情感编造假新闻和离奇古怪的故事,成为网络谣言的主要来源。

（二）网络公共事件中谣言的传播速度快、范围广、强度大

网络公共事件是指在网络话语空间内，网民围观、讨论、参与，产生强烈的舆论效应和广泛社会影响的社会事件。事件之所以被广泛关注，除了事件本身具有震撼性和冲击性，还因为其触动了与现实相对应的集体认同和社会情绪。影响较大的网络公共事件一旦发生，就会引发全社会的震惊，一些不稳定的情绪也会在自媒体中蔓延，这些情绪一旦被利用，虚假信息的传播就会非常迅速，其流传范围和强度是一般的谣言无法比拟的。在网络公共事件中，先入的立场、非理性情绪往往附着其中，在舆情发酵的特定时间内有可能出现偏离理性的现象，谣言虽然由少数人捏造，却离不开特定场景，谣言的传播更是如此，需要从真相和公平正义出发冷静应对。

（三）技术进步对民众鉴别网络谣言提出新要求

"有图有真相"是网络时代的流行语，意思是仅凭文字而没有图片、视频佐证，就没有人会相信。在网络时代，"无图无真相"成为人们质疑文字描述和定性的标准语言，但随着人工智能等技术的发展与普及，谣言也会配以视频和图片，让人在短时间内无法分辨，"有图无真相"成为网络谣言的新特征。这些图片、视频可以分为三类：一是用 AI 合成；二是用以往真实图片、视频移花接木；三是在真实场景中编辑合成假视频。用假图和假视频传播信息是网络时代谣言的新特点，因为不是真相，所以很容易辟谣，但在辟谣之前，会造成恶劣的影响。因此，对网络图片、视频保持基本的怀疑，是网络时代民众应具备的基本素质。

（四）谣言的社会影响与谣言的类型、性质直接相关

谣言有不同类型，根据涉及领域可以简单地划分为政治谣言、经济谣言、日常生活谣言、自然灾害谣言等。按照谣言投射出来的心理、心态，可划分为愿望型谣言、恐惧型谣言、敌意型谣言等，然而，这类划分没有

真正体现谣言的性质。有学者从观察造谣的目的出发，将谣言分为四种类型，即信息求证型、情绪宣泄型、利益攫取型、娱乐恶搞型[①]。在现实中，虽然谣言类型不完全符合理论划分，但理论划分有助于认识谣言的性质。在这四种类型中，信息求证型的谣言影响的持续性较长。当官方没有给出结论或结论不被认同时，各种求证性谣言就会不断涌现并四处传播。

（五）社交媒体平台成为谣言发布与传播的主要媒介

2010年以来，互联网进入移动时代和智能时代，新型社交媒体不断涌现，微信、微博用户涵盖了社会各个阶层，同时，以抖音、快手为代表的短视频平台用户、以今日头条为代表的自媒体内容平台用户也迅猛增长，网络话语空间的话语主体规模进一步扩大。随着数字信息技术的发展，在物理空间之外出现了一个虚拟却实实在在的话语交往空间，这个虚拟而现实的空间突破了时空限制，为民众提供了获取信息、发布信息、表达诉求的渠道。然而，数字信息技术在为普通百姓赋权的同时，也为虚假信息、谣言的传播提供了渠道。移动时代和智能时代的一个特点就是资讯泛滥，人们无法分辨有益信息和有害信息，只能从先入立场、刻板印象出发进行取舍，而取舍痕迹又成为算法推送的依据，出现开放而封闭的现象。流量经济、资讯泛滥、信息茧房和现实社会中的张力交织在一起，形成了特殊的"拟态环境"，为谣言的传播提供了便利。从2024年河南省辟谣平台所辟谣言看，大部分谣言都是在新型网络平台上发布和传播的。抖音等短视频媒介从开始的娱乐社交平台演变为信息发布、信息获取平台。由于其具有制作简单、传播速度快的特点，也开始成为民众发布信息、表达诉求的工具，其中存在的问题有待于解决。

三 网络谣言的规制路径

网络话语空间具有平等性、开放性、互动性、去中心化等特点，这种技

---

① 孙丽：《网络谣言的类型与特征》，《电子政务》2015年第1期。

术内嵌的属性在一定程度上打破了垂直、单向的话语权结构。但技术属性在为普通民众赋权的同时，也有可能放大现实生活中的负面情绪和思维裂痕，形成"立场在先而客观事实在后"的怪象，这是谣言传播的背景因素。然而谣言在真相面前没有生命力，只要真相显现，谣言就会如浮沫一般消失。真相虽然是本然的存在，但不是现成之物，而是主动追求的结果，这种"自为"的过程不是独白式论证，不是社会权威的定调，更不是强制性灌输，而是解除先入之见、先入立场从而显现事实真相的过程。凭空捏造的谣言很容易被粉碎，追求真相过程中产生的谣言同样会因为真相的浮现而消退。

（一）以真相和公道为依归，通过理性沟通澄清谣言

"网络事实"与人的主观状态密切相关，但不能由此将其视为单纯的主观活动而割裂"网络事实"与实情的关系。若只承认"拟态事实"，否认事件本来的是非曲直，就会陷入虚无主义的泥潭中。若否认真相和公道的存在，就只有主观的"虚构"，那么凭借实力玩弄所谓的"真相"、制造所谓的"公理"的现象就会大行其道。任何现象都不离心识，这无疑是正确的，但心识如镜子一样存在蒙蔽与澄清的差别，前者昧于事理，后者彰显事理，若解除附着在心识之上的蔽障，回到人心之所同然，真相和公道就能够显现。规制网络谣言必须以真相和公道为依归，相信公共事件有其本然的是非曲直，只有在这个前提下，舆论引导才不会用歪、用邪。尽管网络"事实"可能不是实情，但不会长久地偏离实情，只要放下私心杂念，以真诚的态度追求真相和公理，构筑公开、理性的话语互动环境，谣言就不会有市场，失真变异的信息就会逐渐回归其本来面目。

（二）确保网络话语空间和公众账号的公共属性

偏离中立原则和公共价值而追求私利，必然强化大众的片面认知，造成舆论的极端化和碎片化。网络话语空间属于公共领域，其公共属性必须得到保障，不能变为谋取私利的工具。目前网络话语空间面临的最大问题是其性

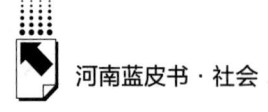

质没有被明确界定。从应然的角度看，它是一个从事公共事业、社会服务的组织，但在现实中却是一个追逐商业利益的企业。网络话语空间可以民办、民营，但必须保障其公共属性，不能成为暴利行业，这是网络时代应该确认的基本理念和原则。若放弃公共责任而追求流量，依靠算法推送强化民众的既有认知，公共话语空间中的网络信息就会偏离实情。在网络时代，人人都是自媒体，人人都是话语主体，但权利和义务是对等的，在公共空间活跃的公众号，其基本的公共性不能丧失。若以盈利为目的，为获取流量而编造虚假信息，必然会造成网络话语空间的变异。作为公共事业组织的网络话语空间追逐私利，作为舆论主体的网络公众号靠博流量盈利，其后果就是网络舆论生态的庸俗化。确保网络话语空间和公众账号的公共属性，斩断公共空间背后的利益链条，是互联网治理的重要任务。

（三）在治理语境下规制网络谣言，构建有效的辟谣机制

网络话语空间的出现重塑了信息传导格局，普通民众成为内容的生产者、资讯的传播者，获得了表达诉求、发表意见、参政议政的机会。网络时代是去中心化的时代，与多中心或多元治理有着天然的亲和性。在谣言规制方面，垂直管理模式与网络话语空间已经无法相容，迫切需要顺应信息技术的变化，改变理念和机制，形成新的治理格局。从管理走向治理，在谣言规制方面尤为迫切，它是对技术革新的顺应，更是对技术内嵌属性的超越。在技术中内含的平等性、开放性的基础上升华，形成新的规制机制，才能使舆论走上正轨。网络话语空间是多元话语主体平等参与的领域，网民既是事件的见证者和解读者，也是谣言规制的主体，要形成有效的辟谣机制，离不开话语主体的参与。在网络时代，辟谣不是社会精英的专利，而是多元话语主体共同的责任。构建有效的辟谣机制，就是在政府主导之下激发多元话语主体的主体意识，在见证事件的同时，建立基于事实真相的认知。

B.19 社会组织参与基层社会治理的河南实践研究

——以郑州市为例

王莹 李航 高迪 左佳惠子[*]

摘　要： 本文选取郑州市三种不同类型的社会治理的典型——社工机构承接的政府购买社会治理服务项目、金水区通信花园党建引领社区治理实践和二七区"幸福家园"村社互助工程项目，通过访谈和实地调查对社会组织参与基层社会治理进行了深入探索。总结了郑州市社会组织参与基层社会治理的路径以及成效。同时发现治理过程中存在的一些问题，包括社会组织参与基层社会治理的路径有待拓宽、社会组织参与基层社会治理的角色定位不明晰、社会组织参与基层社会治理的资金保障不足、社会组织参与基层社会治理的能力有待提高。并提出相应的提升建议，包括进一步拓宽社会组织参与基层社会治理的路径、进一步明晰社会组织参与基层社会治理的角色定位、进一步丰富社会组织参与基层社会治理的资金来源、进一步提升社会组织参与基层社会治理的能力。

关键词： 社会组织　基层社会治理　社区参与　社会服务

一　问题的提出

随着我国现代化的快速发展和城市化水平的迅速提升，社会问题不

---

[*] 王莹，社会学博士，河南财经政法大学政府管理学院副教授，硕士生导师，主要研究方向为社会工作、社会组织与社会治理；李航，河南财经政法大学硕士研究生，主要研究方向为社会工作与基层社会治理；高迪，郑州市金水区梓闻社会工作服务中心项目部主任，中级社会工作师；左佳惠子，河南财经政法大学硕士研究生，主要研究方向为社会工作与基层社会治理。

断涌现，社会治理在现实中的意义日益凸显。党的十九大报告明确提出"打造共建共治共享的社会治理格局"，并着力提高社会治理的"四化"（社会化、法治化、智能化、专业化）水平。随后，党的十九届四中全会进一步提出构建"社会治理共同体"，强调社区治理在城乡社会治理中的基础性作用。习近平总书记在学习纲要中多次强调社区治理的重要性，指出要在城乡社区落实社区治理工作。这些政策导向为河南省乃至全国的社会治理指明了方向，也为社会组织参与基层社会治理提供了有力的政策支持。

河南省是中国的人口大省和经济大省，其社会治理的成效直接影响到全省乃至全国的社会稳定与发展。近年来，河南省正处于城镇化率过半的重要发展节点，进入了以城市人口为主体的经济社会发展新阶段。同时，河南省也面临中产阶层扩大带来社会心态变化、流动型低福利社会中民生问题的繁杂、准网络社会中的信息泛滥与价值多元等挑战，这些复杂多变的社会环境对基层社会治理提出了更高要求。

近年来，河南省出台了一系列促进社会组织参与社会治理的政策文件，例如，《河南省〈社会团体登记管理条例〉实施办法》《关于大力培育发展社区社会组织的实施意见》等，为河南省社会组织的培育、发展和管理提供了制度保障。

国内外学者对社会组织参与基层社会治理的研究逐渐增多，并取得了丰富的研究成果。有研究表明，社会组织在参与社会治理方面具有独特的优势，能够弥补政府和市场在提供公共服务方面的不足，促进社会治理的多元化和民主化。李杏果指出，社区社会组织通过参与社会治理共同体建设，提升社区的社会性、自治性和公共性。她认为，社区社会组织通过双向嵌入策略，不仅促进了国家治理与居民自治的有效连接，还推动了社区居民的有序参与。[1] 这一观点也得到袁晗和王灿等学者的支持，他们认为

---

[1] 李杏果：《社区社会组织参与社会治理共同体建设：内在逻辑与实现路径》，《河南社会科学》2023年第1期。

社会组织在弥补政府职能缺位、增强居民自治意识方面具有独特优势。同时，尽管社会组织在基层社会治理中发挥着重要作用，但仍面临诸多挑战。[1] 马丽媛指出，社会组织参与社会治理存在资金不足、专业能力有限、社会认可度不高等问题。[2] 丁红梅则认为，社区治理中社区自治程度较低、社会资本匮乏等问题制约了社会组织的发展。[3] 此外，白志华从社会组织"悬浮"社区的视角出发，指出社会组织在参与基层治理过程中存在"脱嵌"现象。[4]

针对社会组织参与基层社会治理面临的挑战，学者们提出了多种创新路径。胡江华和曹胜亮认为，新时代社会组织参与社会治理应注重制度创新，加强政策引导和支持，完善监管机制，提升社会组织的治理能力。[5] 陆文荣通过新时代"枫桥经验"的创新发展研究，提出了社工机构参与基层社会治理的实践路径。他认为，社工机构应发挥专业优势，创新服务模式，加强与政府、社区的合作，共同推动基层社会治理现代化。[6] 刘丽娟则在社会治理创新背景下研究了社会组织的发展路径，认为社会组织应加强同政府的沟通与合作，积极参与政策的制定和实施，提升自身的影响力和话语权。[7]

综上所述，社会组织在参与社会治理过程中发挥着重要作用，但在其发展中仍面临诸多挑战。具体到河南省，社会组织在参与基层社会治理方面也取得了一些积极成效。例如，河南省社会组织数量持续增长，各类社会组织在提供公共服务、化解社会矛盾、维护社会稳定等方面发挥了重要

---

[1] 袁晗：《我国社区治理模式现状和对策》，《企业科技与发展》2019年第2期；王灿：《我国城市社区治理问题的研究现状》，《法制与社会》2020年第21期。

[2] 马丽媛：《社会组织参与社会治理的现实困境及优化路径》，《领导科学论坛》2023年第9期。

[3] 丁红梅：《我国社区治理现状及对策》，《社会与公益》2020年第7期。

[4] 白志华：《社会组织"悬浮"社区的治理进路：从脱嵌到嵌入》，《青海社会科学》2023年第1期。

[5] 胡江华、曹胜亮：《新时代社会组织参与社会治理创新的现实困境与纾解路径》，《理论月刊》2022年第5期。

[6] 陆文荣：《社工机构参与基层社会治理的实践探索与经验启示——兼论新时代"枫桥经验"的创新发展》，《创新》2024年第1期。

[7] 刘丽娟：《社会治理创新背景下社会组织发展研究》，《领导科学》2022年第8期。

作用。然而，河南省社会组织参与基层社会治理仍存在诸多问题，例如，社会组织发展不均衡、专业能力不足、政策环境有待优化等。未来，应进一步探究如何优化社会组织参与社会治理的机制、提升其专业能力、加强政策支持以及推动制度创新，以促进社会组织持续健康发展并为构建和谐社会贡献力量。同时，还需要关注不同地区、不同类型社会组织的特点和需求，构建更加精准有效的政策支持和服务体系。郑州市作为河南省的省会城市，其社会组织参与基层社会治理的实践具有一定代表性和研究价值。因此，本文旨在探讨社会组织如何有效参与郑州市基层社会治理，分析存在的问题并提出优化路径。

二 社会组织参与基层社会治理的路径

（一）政府购买服务：以郑州市委社会工作部扶持社区社会组织发展项目为例

1. 项目概况

2023年12月，中共郑州市委城乡社区发展治理委员会通过政府购买服务的方式，启动了扶持社区社会组织发展项目。① 该项目为期一年，旨在通过引进专业社会工作机构，提升社区治理效能，推动网格化管理向自主性、公共性深度转型。郑州市金水区梓闻社会工作服务中心（以下简称"梓闻社工"）承接了该项目的六个社区点位，涉及金水区、郑东新区、管城区和中牟县等四个区县，涵盖城市商业住宅社区、老城区的综合性社区以及商务楼宇社区等社区类型，每个社区均有鲜明的特点。可以说，该项目具有很强的探索和示范意义。

2. 项目实施与具体举措

梓闻社工组建了一支专业且有丰富实务经验的7人工作团队，项目主管负责管理、拓展资源和内外沟通，其余6名社工各负责一个社区点位。项目

---

① 该项目现更名为"中共郑州市委社会工作部扶持社区社会组织发展项目"。

组以培育和发展社区社会组织为核心，构建"五社联动"机制，提升社区居民的社区参与度，从而推动社区发展。

（1）构建社区治理共同体。项目团队与社区、街道建立深度联系，推进政社协同。项目团队积极与社区党委合作，重点关注社区的人和资源，为社区居民提供专业服务，动员社区居民参与社区事务，挖掘核心骨干人才，整合社区资源，推动社区社会组织发展，成为社区治理的重要力量，有助于推动社区治理共同体建设，构建共建共治共享的基层社会治理新格局。

（2）推进社区治理落到实处。项目通过绘制社区画像、开展居民活动、建立共享资源清单等措施，引导居民参与社区事务、挖掘社区资源，为社区社会组织的发展奠定基础。同时，搭建多方参与协商的议事平台，支持和引导成立新的社区社会组织，促进原有的社区社会组织从娱乐型向服务型转变。

项目团队针对不同社区的具体问题和需求，制定了个性化的介入策略。例如，在龙之梦社区，以党建引领网格化管理的社会化服务；在文联社区，通过老旧社区的邻里共治增强居民自治意识；在兴达楼宇社区和裕鸿楼宇社区，通过多元参与激发楼宇活力，提振发展信心。

（3）多方协作合力发展社区。项目团队立足网格化管理体系，遵循"社区研判—需求分析—挖掘能人—培育活动—组织营造—机制理顺—畅通参与"的路径，全方位赋能社区社会组织的孵化培育和经营运转。项目不仅配备了专业社工团队，还引入了高校专家和政府领导作为智库，形成"政校社"合作平台。通过定期走访社区、搭建交流平台，促进"政社"有机协同，推动资源共享和多方参与。这种多方协作的模式极大地提升了社区社会组织的能力。

3. 项目成效与影响

（1）社区居民参与度提升。项目团队通过线上、线下相结合的方式，广泛动员社区居民参与社区活动，寻找并培养社区积极行动者和社区骨干，有效增强了居民的参与意识。使居民从被动接受服务转变为主动参与社区治理，实现了从"要我参与"到"我要参与"的转变。例如，在长江东路社区，通

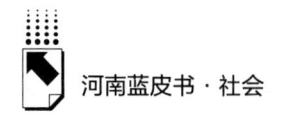

过"暖心茶舍"项目的实施,搭建了居民矛盾调解和社交平台,发掘并培育了一批社区社会组织,形成了社区参与以点带面、人人参与的良好局面。

(2)社区社会组织能力显著提升。项目在孵化培育社区社会组织方面取得了显著成效。项目团队通过深入社区调研,了解社区治理现状和组织摸底情况,制定了针对性的培育计划。注重培养社区骨干和组织领头人,通过开展专业培训、参访交流等形式,提升其服务开展能力、问题解决能力和团队带领能力。同时,成立协商议事会,引导组织社区骨干在沟通、协商、妥协的过程中形成民主意识、主体意识和公民意识。

在社区社会组织赋能提升方面,注重提升组织内部能力,通过搭建治理平台,引导其参与社区"微治理"实践。例如,在龙之梦社区,利用社区"提案大赛"等平台开展了一系列服务项目,显著提升了社区社会组织的活动组织和服务能力。此外,项目还积极推动娱乐型社团组织向服务型社团组织转变,促使社区社会组织走上规范化发展道路。

(3)社区治理成效显著与居民幸福感提升。项目的实施显著提升了社区治理成效,居民满意度和幸福感大幅提升。通过一系列社区活动的开展和服务项目的实施,解决了社区的实际问题,促进了邻里关系的和谐,增强了社区的凝聚力。例如,在文联社区,举办"文化进楼院"等活动,丰富了居民的文化生活,增强了居民的自治意识,实现了党建引领、网聚资源、邻里共治、服务居民的目标。在兴达楼宇社区和裕鸿楼宇社区,通过挖掘社区骨干、扶持社区社会组织,以物业管理为基础、以服务活动为载体,有效激发了社区共同体意识,增强了社区活力。

(二)"社区党建+志愿服务":以金水区通信花园社区为例

1. 社区概况

郑州市金水区花园路通信花园社区,是较为典型的城市综合性社区,共有12个居民楼院、9家公共单位、312家市场主体,服务居民2216户、7213人。先后被评为全国先进基层党组织、全国文明单位和全国最美志愿服务社区。通信花园社区推行的"社区党建+志愿服务"工作模式,探索出一条以志愿服务为核心的社区治理创新之路。

2. 实施举措

(1) "九在楼组"① 与志愿服务结合。以"九在楼组"为基础,以志愿者为骨干,创建"星级楼组"志愿服务项目,一是将各楼组、大院、小区的直管党员、离退休党员、在职党员、流动党员等组织成楼组党小组,建立"社区党总支—网格党支部—楼组党小组"的三级组织体系。这种组织体系提高了党组织工作的覆盖面,使党建工作能够深入到社区的每一个角落。二是实行"支部包楼栋、党小组包楼组、党员包楼层"的模式,实行党小组长、楼组长、自治小组长"三长进楼组",让骨干志愿者责任共担、事务共管。三是明晰"五岗",强化管理,即党小组定岗、党员认岗、公示明岗、引导上岗、考评考核,使楼组志愿者各司其职。形成了党员志愿者带动居民实现自治的"管好自家事、关心楼组事、参与社区事"的良好局面。

(2) 推动品牌工程项目与志愿服务队伍建设。社区开展了一批贴近群众的、有特色的志愿服务活动。以楼组为单位开展文化志愿服务活动,如举办楼组故事会、楼组红歌赛、楼组厨艺大赛等,这些活动中都有志愿者的身影。以家庭为中心的"老人同乐食舍"志愿服务活动受到了居民的广泛欢迎,志愿者们连续5年为社区的孤寡空巢失独老人和残疾人提供包子、发糕、油饼等食物,共用米面油7000多斤,服务居民10000余人次。社区按照居民的需要,成立了16支居民志愿者队伍,包括"银发调解服务队""平安义务巡逻队""党员便民服务队""互助养老服务队"等。这些志愿者队伍为社区居民提供了参加志愿服务的平台,让志愿服务真正融入人们的生活。

3. 成效与影响

(1) 增强了社区党组织的凝聚力和战斗力。在党建引领与社区社会组织深度融合的推动下,社区党组织的凝聚力和战斗力得到了显著增强。在楼组服务中,社区党组织书记携手楼栋长,确保小事在楼组内即可解决、大事

---

① "九在楼组"是通信花园社区创设的一种以楼组为单位的社区治理模式,包括学习楼组、清洁楼组、健康楼组、平安楼组、和谐楼组、诚信楼组、欢乐楼组、奉献楼组、关怀楼组。

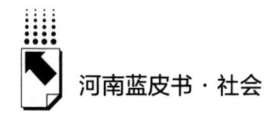

不出社区范围、矛盾在萌芽状态就被有效化解。党员们在社区治理中充分发挥先锋模范作用，增强了居民对党组织的认同感和归属感。

（2）促进了社区治理的多元化和精细化。在党建引领下，社区治理主体更加多元化，社区社会组织、居民志愿者等多方力量共同参与社区治理。同时，通过品牌工程项目和志愿服务队伍的建设，社区治理更加精细化、个性化，满足了居民多样化的需求。社区26个社区社会组织自我管理、自我服务、自我提高，例如，养花协会的绿化与景观营造项目，不仅美化了社区环境，还带动了社区经济的发展。养花协会注册公司售卖盆景，发挥了自我造血功能，为社区治理提供了可持续的资金支持。这种以品牌工程项目为引领的发展模式，不仅满足了居民多样化的需求，还促进了社区的自我管理和自我发展。

（三）"慈善+社工"：以二七区"美好二七 幸福家园"村社互助工程项目为例

1. 项目概况

"美好二七 幸福家园"村社互助工程项目（以下简称"'幸福家园'项目"）由中华慈善总会联合全国各地慈善总会在2020年启动实施，目的是帮助村社规范募集资金，动员社会各界力量，整合社会资源，致力于打造一个助力乡村振兴、强化基层治理、造福村社群众的新时代"希望工程"。基本功能是为全国所有社区设立具备互联网筹款功能的冠名基金，实现社区链接社会资源筹款、社区志愿者队伍注册、社区志愿者积分统计和兑换，成为社区社会组织、居民自治组织和社区志愿者开展公益慈善活动的重要支撑。

由郑州市二七区慈善总会实施的"幸福家园"项目，引入专业社工，探索"慈善+社工"的运作模式，依托二七区社会组织联合会以及现有的300多家社会组织和各社区的居民自治组织，打造具有二七特色的"幸福家园"五社联动社区样本。

2. 项目实施与具体举措

（1）试点社区走访调研，建立专业关系。二七区慈善总会引进区社会组织联合会第三方社工专业服务作为"幸福家园"项目运营方。为推进"幸福家园"项目的顺利开展，项目初期，项目社工通过实地走访、深入访谈的方式了解各试点社区问题、居民需求及各项资源，为后期进行更具针对性的项目设计提供依据。

（2）开展社区宣传活动，实现居民共建共治。项目社工通过联合街道、社区以及社会组织，向广大社区居民宣传"幸福家园"项目，为居民耐心讲解"幸福家园"项目，并邀请居民加入村社，使"幸福家园"项目的村社互助理念深入人心。

（3）平台上线社区项目，建立线上监管委员会。在前期社区调研及宣传推广工作的基础上，项目社工已为100多个社区设计了服务项目，并"一对一"对接社区，协助其建立线上监管委员会。

（4）建立公益项目库，为社区提供点单服务。项目社工着重对社区进行分层分类，并建立起社区公益项目库，例如，针对老旧小区的共性问题而设计的"微绿化""微改造""老年助餐"等通用项目，针对高层住宅设计的"高空抛物""便民晾晒""儿童托管"等通用项目，让社区不再为设计项目绞尽脑汁，实现点单服务与定制服务相结合的项目设计思路。

（5）协助社区用好资金，提高使用效率。一方面，项目社工向社区讲解经费使用流程，及时协助社区申请资金；另一方面，在首批社区项目筹款完成后积极跟进经费申请，提高项目资金的筹集—拨付—使用效率。

3. 项目成效与影响

（1）项目成效。截至2024年9月1日，二七区176个村（社区）中已有145个成功认领并参与到项目中，参与率高达82%。在筹款方面，通过线上、线下多种渠道的共同努力，项目累计筹集资金已超过1600万元。已经落地实施的社区治理"微项目"切实解决了居民生活中的问题，既提升了社区居民的生活质量，也提升了居民对社区治理的参与意愿和参与度。

（2）社会影响。《人民日报》、腾讯公益、《中国慈善家》杂志、《大河报》等权威媒体纷纷报道，对该项目给予高度评价，提升了项目的知名度，激发了更多爱心人士和企业参与到公益慈善事业中，形成了良好的社会氛围。该项目还获得了多项荣誉，包括2022年度河南省优秀社会工作成果、

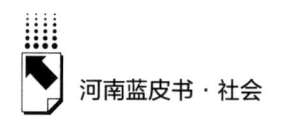

郑州市二七区民政局2023年公益服务优秀案例大赛二等奖等，这些荣誉的获得进一步肯定了项目的成果和价值。

（3）资源链接。项目社工积极对接各类社会资源，包括企业、学校、医院、法律服务机构等，为社区提供了如义诊、义剪、法律咨询等丰富多样的公益服务。同时，该项目还通过搭建资源共享平台，促进了各类资源之间的交流与合作，为社区治理创新提供了有力支持。

三 社会组织参与基层社会治理存在的问题

（一）社会组织参与基层社会治理的路径有待拓宽

参与社区治理的社会组织大致可以分为两类，一类是外来社会组织，另一类是社区社会组织。目前郑州市外来社会组织参与基层社会治理，无论是政府购买服务还是慈善总会的推动，主要采用项目制形式，参与形式相对单一。项目制的一个重要特征是具有时效性，一般是一年期（个别项目是三年期），项目能否持续受到很多因素的影响，具有不确定性。而社区治理是一个长期的、繁杂的系统工程，需要长期扎根社区才能真正见成效。这是采用项目制引入外来社会组织参与社区治理的一个弊端。

社区社会组织通常由社区居民发起成立，对社区党委和居委会有着天然的依赖，其参与社区治理的路径与所在社区领导的工作方式方法有着很大关系，目前尚没有形成稳定的良性机制。虽然从长远目标来看，社区"两委"和社区社会组织都是为了居民的美好生活服务，但是社区的行政工作目标与社区社会组织的工作目标和宗旨并不完全一致，甚至存在一定张力。笔者在调研中发现，有的社区领导仅仅把社区社会组织作为自己行政工作的"腿"，不重视社区社会组织自身的利益和建设发展。

（二）社会组织参与基层社会治理的角色定位不明晰

基层社会治理现代化是一个长期的系统性工程。国家鼓励社会组织积极参与社区治理，但如何参与、参与的角色定位是什么等方面尚不明确。通过项目制参与社区治理的外来社会组织，往往是自上而下进入社区的，对于这种"空降"，不同社区的接纳态度和接纳程度存在较大差异。在社区治理过程中，多元主体应该是平等尊重、合作共赢的关系，而有的社区领导却把项目社工作为自己行政工作的补充人手，给项目社工指派一定的社区行政工作任务，项目社工因需要依靠社区领导的支持而往往不得不做出妥协，从而对项目执行造成不利影响。

在社区内部成长起来的社区社会组织，目前仍然大多是文化娱乐型或者互助型的，虽然有的社区社会组织正在向公益慈善型转变，但不具有普遍性。社区社会组织参与社区治理的积极性不高、参与度不高等问题普遍存在，这与社区社会组织的自身组织定位不明确、参与社区治理的角色定位不明晰等因素有很大关系。因此，在社区治理的过程中，政府、社区"两委"、社会工作者和社会组织等多元主体分别是什么样的角色定位，多元主体之间如何分工合作，是构建共建共治共享的基层社会治理新格局需要思考和研究的问题。

（三）社会组织参与基层社会治理的资金保障不足

社会组织参与基层社会治理需要一定的资金保障，包括人力成本、活动经费等。社会组织参与基层社会治理的资金来源主要包括政府购买服务、慈善基金会资助、居民自筹等。在政府购买社会服务资金普遍压缩的背景下，社会组织高度依赖政府购买服务资金难以为继。慈善基金会对于社会组织参与基层社区治理的资助方向和资助力度受基金会宗旨等的影响，另外还要考虑社会公众的认同度和认可度。人们对于慈善基金会的扶贫济困、救苦救难普遍理解和接受，但是将慈善基金用于个别社区中个别群体受益的项目是否合适，社会对此存在不同的声音。例如，二七区"幸福家园"项目中，社区上线了一个无主管楼院的楼房安装路灯项目，就有人提出疑问，为什么不是由这些楼房的住户自己集资解决。而由居民自筹资金来解决社区治理中的问题，基本上是一事一议，在社区居民对社会组织参与社区治理的认知度不高的情况下，

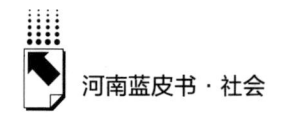

很难持续。所以从整体上来说，社会组织参与社区治理的资金目前没有一个制度化的保障机制，使社会组织参与社区治理存在碎片化、短时性等问题。

（四）社会组织参与基层社会治理的能力有待提高

社会组织参与基层社会治理，对社会组织自身的能力要求比较高。在外来社会组织中，社工组织是比较重要的一类社会组织。一方面，社会工作在前些年的发展中，更为关注对于特殊人群的较为微观的直接服务，而对如何参与社会治理、提高社会治理效能方面的关注不够，准备不足。另一方面，前些年社工组织在发展的过程中，过于依赖政府购买服务的资金，因此在政府购买社会服务资金普遍压缩的背景下，相当比例的具有专业能力和实践经验的资深社工流失，导致参与社区治理的专业人才不足。

社区社会组织大多是近年来成立的备案制的社会组织，组织规模比较小，组织制度建设不健全，组织自身能力亟待提升。普遍来说，目前社区居民参与社区治理的意识不强，参与意愿不高，参与度较低。有些社区社会组织只关注自己组织成员的利益，不愿意参与社区治理；有的社区社会组织负责人和骨干成员参与社区治理的热情很高，但参与能力不强。

四 推动社会组织参与基层社会治理优化提升的对策建议

（一）进一步拓宽社会组织参与基层社会治理的路径

进一步拓宽社会组织参与基层社会治理的路径，是新时代构建共建共治共享的社会治理格局的重要一环。除了已有的合作模式与参与渠道，可以在社区层面构建更加开放、包容的社会组织参与平台，该平台不仅是信息的集散地，也是资源整合与项目孵化的重要载体，更是集信息发布、项目申报、资源共享、成效评估于一体的综合服务平台。平台定期发布社区治理的需求清单与项目指南，明确社区发展的短期目标与长期规划，让社会组织能够精准对接社区需求。同时，平台构建资源对接机制，促进政府、企业、社会组织及居民之间的多方联动，形成优势互补、资源共享的良好局面。

在此基础上，社区治理的参与平台还应注重培育和孵化本土社会组织，特别是那些根植于社区、了解社区需求、拥有深厚群众基础的社会组织。通过提供专业培训、能力建设、资金扶持等全方位支持，帮助它们成长为社区治理的中坚力量。此外，还应建立政策引导与激励机制，如制定税收减免、资金补贴、项目优先权等优惠政策，吸引并鼓励各类社会组织，包括专业性的公益组织、志愿服务团队以及新兴的社区自治组织等，积极投身于社区治理的广阔天地。

（二）进一步明晰社会组织参与基层社会治理的角色定位

社区治理是一个涉及政府、市场、社会组织及居民等多元主体共同参与的复杂系统。在这一过程中，清晰界定各主体间角色定位并确立分工合作规则，是构建高效、和谐社区治理体系的前提。社会组织作为连接政府与民众、沟通市场与社会的桥梁，其独特作用日益凸显。

社会组织以其专业性、灵活性和非营利性等特点，能够在公共服务提供、利益协调、矛盾化解、社区动员等方面发挥不可替代的作用。在明晰社会组织参与基层社会治理的角色定位时，我们应强调其作为服务提供者、利益表达者、参与协调者以及文化传播者的多重身份。服务提供者，利用自身专业优势，为社区居民提供多样化的公共服务；利益表达者，作为居民与政府之间的沟通纽带，及时反映群众诉求；参与协调者，协调各利益相关方，促进共识形成；文化传播者，通过举办各类活动，弘扬正能量，促进社区文化繁荣。为了更好地发挥社会组织的作用，我们还需明确各治理主体的职责边界，确保各方既能各司其职，又能相互支持、协同合作。

（三）进一步丰富社会组织参与基层社会治理的资金来源

进一步宣传基层社会治理现代化建设的重要意义，形成基层社会治理既是关乎每个人生活也是国家长治久安基础的社会共识，提高民众主动参与基层社会治理的积极性，营造大家愿意支持社会组织参与基层社会治理的良好氛围。与此同时，不断探索搭建和改进社区治理平台，在政府支持的基础上，充分吸纳企业、普通民众等多元社会力量的参与和支持。通过政策引导、税收优惠、资金扶持等多种方式，鼓励企业履行社会责任，将部分资源投入基层社会治理；同时，也要激发社区居民的捐赠热情和公益精神，引导他们通过捐款捐物、志愿服务等形式为基层社会治理贡献力量。

此外，还需要不断完善和创新资金筹集机制，如设立专项基金、开展众筹项目、引入社会资本等，为社会组织参与基层社会治理提供更丰富、更稳定的资金来源。通过这些努力，不仅能够有效解决社会组织在参与基层社会治理过程中面临的资金短缺问题，还能够进一步推动基层社会治理的创新与发展，为实现国家治理体系和治理能力现代化奠定坚实基础。

（四）进一步提升社会组织参与基层社会治理的能力

社会组织参与基层社会治理是社会治理现代化的要求，具有广阔的前景。同时也对社会组织参与基层社会治理的能力提出更高要求。进一步提升社会组织参与基层社会治理的能力，不仅是社会治理现代化进程中的关键环节，也是推动社会和谐稳定、增进民生福祉的重要途径。社会组织自身要有清醒的认识，单纯提供直接社会服务工作已难以满足当前社会治理的深层次需求，必须主动求变，实现组织功能的转型升级。

这就要求社会组织不仅应强化内部管理，提升项目策划与执行的专业化水平，还要拓宽视野，深入了解基层社会的实际需求与痛点，将服务重心向预防性、发展性、参与性治理转变。通过搭建平台、整合资源等，社会组织可以更有效地参与矛盾纠纷化解、社区治理创新、公共服务供给等多元化治理，成为连接政府与民众、促进社会共治的桥梁和纽带。同时，社会组织还应加强与其他治理主体的协同合作，包括政府、企业、居民等，形成优势互补、资源共享的治理合力。通过持续的学习与交流，不断提升自身在政策法规理解、社会治理理论学习、信息技术应用等方面的能力，以更加专业、高效、灵活的方式参与基层社会治理，共同推进社会治理体系和治理能力现代化。

B.20
大型易地扶贫搬迁社区集体意识建构路径研究[*]

——以河南省卢氏县 W 社区为例

刘 风 郭彦博 王博昆[**]

摘　要： 党和政府重视在社区层面持续大力推进易地扶贫搬迁工作。大型易地扶贫搬迁社区在治理主体和治理内容方面都具有复杂性。尤其是"大杂居、小聚居"的社区结构使社区集体意识淡漠化，在一定程度上增加了治理难度。本文建构了"公—共—私"三维结构框架，试图从公共共享空间、社区集体行动、社会关系网络三个层面，以河南省卢氏县 W 社区为例，分析大型易地扶贫搬迁社区公共共享空间区隔化、社区集体意识淡漠化、居民关系碎片化问题。通过实地调查与分析，总结出大型易地扶贫搬迁社区集体意识建构的三个路径：加强公共共享空间的情感建设、加强集体行动组织化、重视社会网络拓展。

关键词： 大型易地扶贫搬迁社区　集体意识　集体认同　集体行动

---

[*] 本文系 2024 年国家社会科学基金青年项目"大型易地扶贫搬迁社区生活共同体的影响机制及建构路径研究"（项目编号：24CSH035）的阶段性成果。

[**] 刘风，博士，河南农业大学文法学院副教授，河南农业大学社会治理创新研究中心研究员，主要研究方向为农村社会发展、社区治理；郭彦博，河南农业大学文法学院本科生，主要研究方向为农村社区治理；王博昆，河南农业大学文法学院硕士研究生，主要研究方向为农村社区治理。

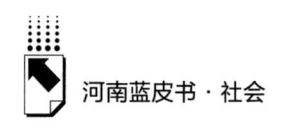

一 问题的提出

全国易地扶贫搬迁960多万贫困人口，同步新建约3.5万个安置区，其中有70个万人以上的大型易地扶贫搬迁安置区。截至2020年底，易地扶贫搬迁建设任务已全面完成，区域性整体贫困问题得到解决。2023年1月，国家发展改革委联合财政部等18个部门印发的《关于推动大型易地扶贫搬迁安置区融入新型城镇化实现高质量发展的指导意见》指出，创新社区治理模式，建立开放融合的现代社区。2024年1月，中央一号文件指出，支持易地扶贫搬迁安置区可持续发展。由此可见，党和政府更加重视在社区层面持续大力推进易地扶贫搬迁工作。

易地扶贫搬迁社区具有社区的形态，但由于其形成的特殊性，社区集体意识尚未建构起来。这是因为易地扶贫搬迁是集地理空间和社会空间于一体的重构过程[1]，不仅是地理空间的位移，更是社会空间的再造[2]。在易地扶贫搬迁社会空间的建构过程中存在搬迁农户的"身体离场"和"身份缺场"问题[3]，社区生活共同体意识和社区治理共同体[4]意识不强。此外，以血缘和地缘为基础的乡村共同体逐渐瓦解[5]，社会互助网络被拆散[6]，社会网络面临重塑，尤其是农户原来依托地缘建构的强关系网络遭到不同程度

---

[1] 江立华、曾铎：《易地扶贫搬迁人口的空间变动与身体适应》，《中国特色社会主义研究》2021年第4期。
[2] 何瑾、向德平：《易地扶贫搬迁的空间生产与减贫逻辑》，《江汉论坛》2021年第5期；刘少杰：《不确定条件下社会信任的分化与协调》，《社会科学文摘》2020年第10期。
[3] 张磊、伏绍宏：《移民再嵌入与后扶贫时代搬迁社区治理》，《农村经济》2021年第9期。
[4] 卢爱国：《制度重塑生活：民族地区扶贫移民融入城市社区的制度分析》，《湖湘论坛》2022年第1期。
[5] 黄征学、潘彪：《易地扶贫搬迁政策演进与"后扶贫时代"政策创新》，《宏观经济管理》2021年第9期。
[6] 孙秀林：《城市移民的政治参与：一个社会网络的分析视角》，《社会》2010年第1期；柳立清：《政策多变与应对失矩——基层易地扶贫搬迁政策执行困境的个案解读》，《中国农村观察》2019年第6期。

的破坏①,并逐渐转为弱关系。无论是地理空间还是社会空间,都与易地扶贫搬迁社区集体意识建构紧密相关。

以往研究分析发现,易地扶贫搬迁社区呈现地理空间和社会空间重构的特点,传统社会空间遭到破坏,社区共同体瓦解;对社区集体意识的研究围绕从内涵、功能、表现形式三个方面规范社区秩序、维护社区团结、增强社区共同体意识;社区作为一个共同体,共享公共空间、社会网络,有一致的行动,这成为研究大型易地扶贫搬迁社区集体意识建构的基础和逻辑起点。因此,本文以河南省卢氏县的大型易地扶贫搬迁社区为例,挖掘典型案例,从公共空间、集体行动、社会网络三个维度探索其集体意识建构路径,为社区可持续发展提供参考。

二 集体意识的"公—共—私"三维结构阐释

(一)理论基础

笔者以传统社会、现代社会、网络社会为划分维度,发现集体意识的构成形态不同。传统社会的社区集体意识以道德为核心,形成熟人社会网络,有共同的集体行动;现代社会中个人受个体主义影响,社区整合个人的功能弱化,以共同情感为依托的社区集体意识淡漠化;随着网络社会的到来,个体、群体之间的生活空间被无限扩大,集体意识只有在发生重大网络事件时才被激发出来,即形成以网络事件为中心的集体意识,以网络为媒介进行情感聚集和情感表达。关于易地扶贫搬迁的研究多围绕社区内的儿童、老人、妇女等弱势群体展开,从就业、就医等方面关注搬迁群体的社区融入、社会网络等;关于社区共同体建构、社区空间再造、社区共同情感等方面的研究偏少。基于现有的理论研究,本文建构了"公—共—私"三维结构框架。大

---

① 〔美〕迈克尔·M.塞尼:《移民·重建·发展——世界银行移民政策与经验研究》,河海大学出版社,1998。

型易地扶贫搬迁社区呈现"非乡村、非城市"的特征,其集体意识在一定程度上是区隔化、淡漠化、碎片化的,影响了大型易地扶贫搬迁社区的社会团结和可持续发展。从公域维度研究社区公共共享空间资源的分配与使用,避免大型易地扶贫搬迁社区与当地城镇化脱节,重视城乡融合背景下社区公共共享空间的营造,为包容型社区发展提供方案。从共域维度探讨社区层面的集体行动,讨论大型易地扶贫搬迁社区集体行动的约束因素,重启集体行动的动力机制。从私域维度阐释个体(家庭)层面私人资源的链接与使用,探讨日常生产生活互动、公共事务参与等个体活动对集体意识建构的影响,重构日常生活中的关系网络。大型易地扶贫搬迁社区集体意识建构路径逻辑如表1所示。

表1 大型易地扶贫搬迁社区集体意识建构路径逻辑

维度	特征	路径	集体意识
公域	区隔化	营造社区公共共享空间	从区隔到整合
共域	淡漠化	重启集体行动的动力机制	从被动到自主
私域	碎片化	重构日常生活中的关系网络	从疏离到融合

资料来源:笔者绘制。

(二)案例概述

易地扶贫搬迁安置区 W 社区位于卢氏县城西南部,2017 年 9 月开工建设,2018 年 9 月建成搬迁入住,总占地面积 500 亩,共建设住宅楼 83 栋,安置涉及全县 18 个乡镇 232 个行政村的建档立卡脱贫群众 2757 户 10997 人[1],是全省规模最大,也是唯一的万人以上易地扶贫搬迁社区。2020 年 4 月正式设立春华、秋实、顺义三个社区居委会和基层党支部。比较稳定的集体经济收入包括每年门面房出租收益分红 15 万元和核桃油收益

---

[1] 该组数据为 2024 年 8 月调查所得。2018 年社区搬迁完成时的数据为 2757 户 11227 人。

9万元。①

W社区有男性5880人，占比53.5%；女性5117人，占比46.5%。其中，0~15岁有1790人，占比16.3%；16~59岁有7362人，占比66.9%；60~79岁有1628人，占比14.8%；80岁及以上有217人，占比2.0%。W社区开发了公益性岗位，吸纳205人就业；建设技能培训学校1所、香菇产业基地1家、扶贫车间1个、农贸市场1座。截至2024年8月底，社区内的就业人数达5962人（境外22人、省外国内2004人、县外省内519人、县内3417人，自主创业219人、公益岗205人、公职128人），达到了户均2人以上有稳定收入。

W社区内部共有3个驻村工作队、15家帮扶单位，800余名帮扶责任人和250余名社区网格员。在社区内实施了防返贫监测机制，实行红、黄、蓝三级关爱管理，定期入户走访并上传走访照片及发现的问题，通过手机小程序"一键上报"，后台会快速分类汇总，将需要及时解决的问题反馈给相关部门处理。W社区还应用智能化手段推进网格化治理，构建了以30个居民组为主的大网格联动管理体系。利用手机小程序"随手拍""随声录"让群众随时随地反映诉求问题，后台派单限期办理，群众可通过手机查看办理进度、办理结果并进行满意评单。通过"一网联动"，做到群众诉求问题"发现在网格、解决在网格"。

从空间形式上看，W社区拥有现代城市社区应该具备的所有配置，公共共享空间的设置呈现现代化、智能化特征；从社区组织化程度看，W社区配有专职的工作队伍，还有多家帮扶队伍和帮扶单位，具有较为完善的社区治理人才支撑体系；从社区居民情况看，W社区居民来自18个乡镇，属于"大杂居、小聚居"的典型搬迁社区，也是省内人口最多的社区。因此，W社区呈现公域的区隔化、共域的淡漠化和私域的碎片化特征。

---

① W社区的集体经济收支账目是分开的，三个下设社区的居委会和党支部在机构设置和管理上也是分开的。此处为方便统计W社区所有经济收入，将三个社区收入汇总在一起。特此说明。

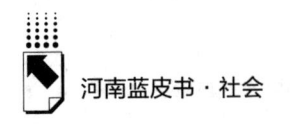

三　大型易地扶贫搬迁社区集体意识的具体呈现

大型易地扶贫搬迁社区集体意识建构是多层次、多因素共同作用的结果，其形成机制体现在公域维度上的公共共享空间建构、共域维度上的社区集体行动组织、私域维度上的社会网络拓展三个方面。

（一）公共共享空间转换与身份认同

党的二十大报告提出全面推进乡村振兴，巩固拓展脱贫攻坚成果，增强脱贫地区和脱贫群众内生发展动力。完成"搬身体""搬物体"后的易地扶贫搬迁社区在"搬文化""搬人心"，以及内生动力激活和社区秩序重建等方面面临挑战。在家庭生计、集体资产、公共服务、户籍身份等方面，已经有相对完备的政策设计，但是搬迁居民依然在此类问题上延续搬迁前的行动逻辑。由此可见，搬迁居民具有较强的主观能动性，对原身份及公共共享空间有较强的认同感，进而形成了搬迁后公共共享空间的区隔化。

W社区的综合服务市场位于社区中心的北侧，2022年10月开工建设，2023年5月竣工，总投资600万元；经营面积2700平方米，市场分上下两层，建设商铺64间、简易摊位50个。该市场是W社区首个集餐饮零食、日用百货、农产品、肉禽蔬菜水果于一体的综合性服务市场，可为社区万余名居民提供更便捷的"一站式"服务。

除此之外，W社区还有一间日间照料中心，位于社区服务中心二楼。该中心设有老年食堂、儿童玩耍区、图书室、中老年活动室，具有餐饮、娱乐、休闲功能，供老年人和儿童休闲娱乐使用。W社区服务中心三楼建有心理辅导中心、妇女之家、崤函姐妹家事调解室等公共服务机构。其中，心理辅导中心会在每周末邀请学校的专职心理辅导教师为社区居民提供心理咨询服务。

从W社区的公共共享空间设置来看，它能够满足居民的心理、娱乐等各方面需求。在实地走访中能够看到，这些公共共享空间的设备都比较新且齐全，空间面积比较大，完全能够满足社区居民的日常需求。但是，在访谈中也发现,这些公共共享空间的使用率相对较低,主要是因为 W 社区的劳动力大部分都外出务工,无暇使用这些公共共享空间;还有一部分学龄期的学生要上学读书,也少有时间利用公共共享空间;社区内剩下的老年人(占总人口的 16.8%,其中有 2.0% 的人口年龄在 80 岁及以上)[1],他们对这些空间的需求不太大。

公共共享空间的转换对 W 社区的居民身份认同有很大影响。搬迁之前,"离多远都见不到一家人,各方面的信息、人之间的关系,都相对比较疏离,处于闭塞状态。只有跟自己离得相对近的才会有更多直接的往来。""搬到这里之后,大家离得非常近,这里属于城区扩展区。社区的公共椅子、广场等都能满足群众的情感娱乐和休闲生活。但是因为社区里有 18 个乡镇的村民,232 个行政村,涉及 10 个民族,11227 名建档立卡户。情况非常复杂,居民之间的来往不太多,还有好多群众会在丰收药材的时候回到老家,没事的时候才可能回来住一段时间。"(20240826W-002)[2] 从社区主任的访谈内容来看,W 社区的人口结构以及公共共享空间的设置内容和功能,与社区居民实际需求相对不匹配。一方面,社区内居民之间的日常沟通较少,对社区公共共享空间的认知程度较低。大多数居民对公共共享空间的认知仍处在"知道有这么一个地方,但除开文化广场,其他设施的存在感都偏低,而文化广场在居民的认知中并不作为一个'设施'存在"。多数情况下居民很少下楼,即使下楼,他们很多时候是回到搬迁之前的房子里住。另一方面,社区居民中的青壮年劳动力多数不在社区内,老年人中依然有劳动能力的,多数愿意回到老房子住,尤其是在种植药材和丰收药材的时候,会长期住在山上。"即使是在暑假,老人也会带着家里放假的学生住在山上,帮忙采集药材。社区的房子空着。"就更不用说社区公共空间了,使用的频

---

[1] 该数据是在调研过程中根据社区提供的数据测算所得。社区内有效劳动力人数为 5613 人,占比 76.0%;在校学生人数为 949 人,占比 12.8%;残疾、大病慢病人数为 550 人,占比 7.4%;其他人员数为 277 人,占比 3.8%。在就业居民中,60 岁及以上务工人数为 349 人,占 60 岁及以上人口总数的 19.4%。

[2] 访谈编号按照访谈时间、访谈社区简称、访谈人数的格式编号,002 指的是第二个人,下同。

率更低。2018年W社区搬迁至今，社区内仍有居民尚未觉得自己是城市居民，即使地处城区扩展区，也依然认为自己是农民。尤其是那些监测户家庭，"哪有时间休息，都忙着赚钱养家"。因此，社区内公共共享空间资源的浪费、社区内居民对公共共享空间的区隔化，都使公共共享空间无法发挥其聚合功能。社区内不同乡镇的村民之间身份认同无法实现根本转变，对集体的认同感也就无法提升。

（二）社区组织化程度与集体行动

大型易地扶贫搬迁社区的"组织翻牌"与居委会"缺位"，"大杂居、小聚居"问题突出。一方面，社区人员结构复杂，行动网络"内聚"的半融入特征，对社区治理主体的能力要求较高；另一方面，社区公共性缺失，社区集体意识淡漠化，集体行动意识不强，导致社区秩序重建面临"无主体性"困境，社区主体呈现集体行动淡漠化的特征。

"村集体也有很大变化。在老家的时候整体水平不行，集体经济是非常非常弱的。几乎没有集体经济。处理群众急难愁盼的事情也非常不方便。搬到这里之后，各级领导都非常重视这个搬迁社区，集体经济主要有两个方面，一个是门面房（一楼、二楼沿街的商铺）出租，每年有5万元租金作为集体经济收入，另一个是核桃油项目，每年带贫（联农带农）收益分红有3万元。整个W社区有24万元集体经济收入。主要给那些考上大学的以及处在小升初、初升高阶段的学生一些补助。"（20240826W-003）从社区主任的访谈中可以看到，社区的集体经济收入水平总体比搬迁之前有所提升，且能够满足部分居民的需求。但是除此之外，W社区内共有三个小社区，三个小社区的集体经济收入（每个社区8万元）是单独使用的，并没有统筹在W社区内，这就在一些集体事务中出现分化。这就是以往学者在研究中提到的W社区属于典型的"大杂居、小聚居"的状态。

除了W社区的三个基层党支部和社区居委会，这个大型易地扶贫搬迁社区中没有其他的能够参与社区治理、社区事务的成熟的社会组织。总体呈现社区组织化程度低的特征。"谁都不想去管这'闲事'"的心态,让社区处理公共事务时难度增加。但是对于年轻人而言,搬迁之后最大的问题是"原来老家不太经常联系的亲戚,现在有些都住在一起了,联系得更多了一些。邻里之间的联系也多了一些。"这反而增加了他们的人情来往负担。这种"小聚居"的关系更加牢固、意识更加集中、排外情绪更加严重,使社区集体事务处理动力不足。这多是因为每个"小聚居"的群体都有自己内部的需求或要求,很难达成共识,因而也就无法形成统一的集体行动。调研中发现,之所以存在此类现象,是由于社区组织化程度低,没有一个统一的凝聚社区力量的组织去统筹整合相应的资源。W社区作为省内最大的大型易地扶贫搬迁社区存在此类问题,增加了开展社区治理工作的难度。居民群体间的壁垒长时间没有被打破,多元对立的局面会在某种程度上弱化社区组织的行政能力和组织能力。

虽然W社区的驻村工作队和帮扶单位比较多,"上级比较重视社区的建设和社区居民的需求"。但是,工作队和帮扶单位毕竟属于外生力量,社区的内生力量尚未培育出来,尤其是W社区体量之大、人口之复杂、需求之多,社区内部治理主体的力量相对较弱。另外,由于社区的特殊性——社区组织化程度低,没有一套适合社区建设、社区发展、社区治理的模式,也在一定程度上削弱了社区的集体行动动力和居民的集体行动意识。

(三)社会关系网络与社区融合

社会关系碎片化体现为社区日常生活与生产中的"无主体性""半融入性",由此导致社会共同体消融、道德共同体解构问题,在实践中容易诱发返迁、返贫等影响社区稳定的风险,社会网络弱化、收缩。农村的社会关系网络中熟人关系最重要,获取各类信息尤其是就业信息大多数是通过亲人、朋友。但是在W社区,熟人关系网络不完整,居民通过业缘关系获得的信息更多,社区内越来越多的年轻人也更加愿意通过这种途径获得各类社会资源。从这个角度看,搬迁社区的社会关系网络已经

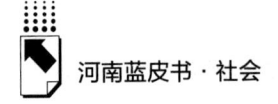

明显从原有的村庄熟人关系网络向陌生人社会的业缘关系网络转变，从强关系向弱关系转变。

"我认为搬迁之后变化最大的就是教育和就业。你看我媳妇搬来之前是没有干啥嘞，搬来之后就业岗位明显更多。从2018年成立物业的时候，她就报名物业，在这里干保洁，一直坚持干到现在。这明显比在老家的时候好，老家是没有这种就业机会的。收入高低不说，主要是她有她那一份营生。教育上就更不用说了，坐上公交车（学生）自己都去了，初中阶段和小学阶段都不需要坐公交就到了。这是两个显著的变化。"（20240826W-001）对于社区的年轻人而言，最重要的是"方便，什么都方便"。至于邻里之间的沟通，"跟平时一样呀，并没有什么不同的地方"。从社会关系网络看，易地扶贫搬迁工作对社区居民似乎并没有本质的影响，他们能够很快适应现代化的社区设施、居住环境以及邻里关系。但是对于老年人而言，他们最大的感受就是"想回老家去，家里还有地，还喂了一些鸡，不回去没人帮忙喂养"。"尤其是山上的一些野生药材，如果不回去采摘，多可惜。那些都是珍贵药材，还能卖上好价钱的。"（20240810W-004）

社会关系网络的群体割裂，使社区融合工作难以聚焦。按群体分类、分级推进社区融合，能够使年轻人在社区获得幸福感，使老年人在社区有归属感，使搬迁的家家户户在社区实现融合。产业扶贫车间成为重构社区居民间社会关系的重要场所，也是由强关系向弱关系转变的重要场所。业缘关系开始在搬迁社区内部发挥关键作用，促进社区融合。

W社区扶贫车间于2018年10月建成投入使用，占地5000平方米，设立东、西两栋厂房，开设充棉车间、机缝车间、全自动电脑花样机车间、手工缝合车间四个生产部门，提供就业岗位740个，是以毛绒玩具、塑胶玩具、电子玩具等玩具加工制作为主的外贸出口代加工企业。社区内18个乡镇的搬迁居民都可以根据需求在此谋得一份工作。再加上智能化手段的应用，W社区实现"就业多元化"目标，社区工作人员可以利用智慧平台分析社区劳动力情况，建立产业、创业、就业动态管理信息库，形成"向外输出一批、就地安置一批、产业创业带动一批"多渠道致富增收机制。联通省、市、县就业信息网，通过手机小程序"一键查找"，让群众有活干、有钱赚，业缘关系逐渐成为社区居民间互动的纽带。

四 大型易地扶贫搬迁社区集体意识的建构路径

中国社会转型的总体性特征意味着，仅仅进行社会结构分析或社会动力学要素分析是不够的，必须将研究视野拓展到中国制度的"公共性目标"上，深入阐释人民、党、国家与公共性建构的逻辑和结构关系。新时期，大型易地扶贫搬迁社区集体意识所展现出来的"公共性目标"亟待实现。大型易地扶贫搬迁社区集体意识的建构需要从加强公共共享空间的情感建设、加强集体行动组织化、重视社会网络拓展三个方面展开。

（一）加强公共共享空间的情感建设

公共共享空间区隔化是大型易地扶贫搬迁社区包容性发展的阻碍，不仅会降低社区内部对公共共享空间的依赖，还会影响社区外部对公共资源的助力。加强公共共享空间的情感建设，一方面，回应了城乡融合战略，将大型易地扶贫搬迁社区与融入地绑定在一起，促进二者包容发展；另一方面，优化政府资源的再分配，强化了社区公共共享空间资源的重要性。

从情感治理的维度去推进公共共享空间的建设，是"大杂居、小聚居"搬迁社区探索集体意识建构的思路。从情感治理中提高搬迁居民对社区公共共享空间的营造动力，以公共空间的使用为契机，提升居民的身份认同感。易地扶贫搬迁社区的居民属于建档立卡户，在脱贫攻坚时期属于重点帮扶对象。脱贫攻坚工作完成后，建档立卡户依然享受脱贫不脱政策的待遇。一方面体现了党和政府对困弱群体的帮扶决心和诚意；另一方面也展现了我国社会主义制度的优越性。党和国家对人民的关怀体现在各个方面和各个领域。但外生的政策动力、福利动力留不住搬迁居民，也无法让他们对社区产生依赖感和归属感，反而因为处于城市扩展区、远离故土而产生了强烈的"被剥离感和不安全感"。因此，自2018年10月W社区

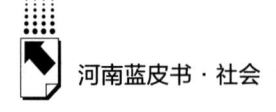

搬迁工作完成以来，满足搬迁群众对美好生活的向往成为社区工作人员进行社区工作的出发点和落脚点。"上楼能安居，下楼能乐业，生活更幸福"是W社区的总体工作思路。

将公共空间营造与公共服务结合起来，服务群众。按照基本公共服务均等化要求，W社区完善社区一站式服务大厅，设置民政、就业、金融、残疾、教育、医疗、综治等便民服务窗口，配套健全卫生服务站、物业服务中心、银行、警务室、超市、学校、文化中心、公交车站、日间照料中心、心理咨询室，新建两个社区居民会客厅，打造"15分钟便民生活圈"，实现为民、便民、亲民零距离，确保群众享受各项惠民政策不脱节，不出社区就能满足基本生产生活需要。在一定程度上加快推进搬迁群众对社区的情感依赖，反过来可以提升其对公共共享空间的依赖感，提高其身份认同度。

（二）加强集体行动组织化

建构集体意识，明确社区的互惠原则。促进搬迁居民的社会性参与，形成集体行动意识，并在大型公共活动、重大议题协商事项中发挥集体功能。重建搬迁居民与社区的组织联结关系。这种组织联结关系体现在以社会共同体、道德共同体、经济共同体和政治共同体为依托的积极的集体行动中。

社区组织化程度是判断社区居民对社区是否有归属感的重要标准。社区作为一个大型的组织，在社区建设、社区治理、社区发展方面离不开居民的参与。一方面，社区精英的参与体现了社区建设的质量，通过发挥社区精英的治理能力，在顶层设计层面提升社区建设的品质；另一方面，社区普通居民的参与体现了社区治理的能力，通过激发社区居民参与社区治理积极性，在具体实践中提升社区的生命力和活力。W社区正在做、能够做的就是"建强基层组织把群众团结好"，"通过建立三个社区居委会和基层党支部，实现社区干部全部由搬迁群众组成。实行党员分楼栋线上亮灯、线下亮身份'双服务'，提升党建引领能力和效力"。让社区搬迁居民能够积极参与社区治理工作。充分发挥党员带头作用，让党员引领群众共同为美丽家园建设建言献策。通过党员与群众的联动，提高社区居民生活的幸福感，提高社区居民参与社区公共事务的积极性，增加融入感。

（三）重视社会网络拓展

城镇化集中安置下，以血缘关系和地缘关系为基础的乡村共同体逐渐瓦解，搬迁农户原先依托地缘建构的熟人关系网络遭到不同程度的破坏，在新的社区环境中建构新的社会关系网络成为易地扶贫搬迁社区居民"留得住""能致富"的基础条件。一方面，从人的全面发展建构社会网络，使产业培育、就业帮扶、社会治理和权益保障协同乏力，解决搬迁居民的"半融入"问题，使他们不仅有日常的生活生产互动，还有常态化的文化交流和积极的社会参与；另一方面，从社区的全面发展建构社会网络，强化治理资源空间联动，实现工作机制和政策制度衔接，组织结构转型及治理体系重建。

W社区通过丰富文化生活把群众融合好。围绕群众生产生活融入和思想文化融合两个方面，用好用活新时代文明实践活动载体，发挥好群团组织作用，按照"月月有活动、节节有庆祝"的原则，办好"W社区群众文化大舞台"，"每月开展一次文化活动，让大家在欢声笑语中增感情、添友情、浓亲情"，"大张旗鼓开展志愿者爱心服务、双扶驿站积分奖励、文明诚信家庭评选、文明楼院评选、大学生助学奖励等表彰活动"，激发内生动力，传播正能量，提升群众集体荣誉感和幸福感，形成"万人社区一家人、融入融合一家亲"的良好局面。

社会关系是社区居民产生社会互动的前提。大型易地扶贫搬迁社区人际关系复杂，居民之间的关系网络完全不同于搬迁之前的样态。搬迁之前，虽然在地理空间上，因为交通不便利等原因，亲戚之间的来往互动相对较少，但是亲戚间的情感维系相对紧密。搬迁之后，虽然物理空间缩短，但是亲戚间的往来反而减少。要实现社会关系网络从疏离到融合，就需要借助公共共享空间，增强居民集体行动的意识，增进居民间的互动。

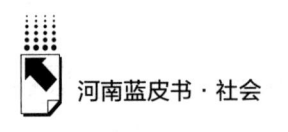

五 结论与展望

本文通过W社区的案例，阐释了集体意识建构的学术价值。将集体意识这一经典的社会学概念延伸至中国的典型社区场域中，有效解释了大型易地扶贫搬迁社区集体意识建构的重要性。同时，本文重点诠释了集体行动的实践意义。社会整合是社区集体行动的最终结果，动员社区成员积极参加集体行动是丰富集体意识的实质内容，能够构建大型易地扶贫搬迁社区可持续发展的"理想类型"。易地扶贫搬迁是具有中国特色的减贫工程，乡村振兴阶段，其集体意识的建构对优化社区治理方案、实现社区可持续发展起到一定作用。

本文构建了"公—共—私"三维结构框架，从公共共享空间、社区集体行动、社会关系网络三个层面，分析了大型易地扶贫搬迁社区集体意识建构过程中的制约、困境以及可行路径。

参考文献

陈曙光：《人类命运与超国家政治共同体》，《政治学研究》2016年第6期。

〔日〕田原史起：《日本视野中的中国农村精英：关系、团结、三农政治》，山东人民出版社，2012。

王道勇：《社会合作何以可能——集体利益论与集体意识论的理论分析与现实融合》，《社会学研究》2022年第5期。

〔法〕涂尔干：《社会分工论》，渠东译，生活·读书·新知三联书店，2000。

李友梅：《新公共性与中国转型社会学理论范式创新》，《学术月刊》2024年第2期。

曹锦清、张贯磊：《道德共同体与理想社会：涂尔干社会理论的再分析》，《中南民族大学学报》（人文社会科学版）2018年第1期。

徐勇、李旻昊：《政治共同体与政权：家—国关系的深化认识》，《探索与争鸣》2023年第6期。

张彦、李汉林：《国家治理视角下的总体性社会情绪》，《社会》2024年第2期。

张兆曙：《从在场整合到虚拟整合——兼论网络社会中的个体行动与集体意识》，《天津社会科学》2021年第1期。

Ferdinand Tönnies, *Gemeinschaft und Gesellschaft*: *Grundbegriffe der reinen Soziologie*, Darmstadt: Wissenschaftliche Buchgesellschaft, 1979.

B.21 协同治理视域下技术嵌入居家养老服务转型研究*
——基于河南省的实践

闫 慈**

摘　要： 实施积极应对人口老龄化战略在党的十九届五中全会首次被上升为国家战略，这是面对现代社会两大发展趋势——人口老龄化和数字智能化的应时之举，为推进养老体系建设、提升养老服务水平提供了总纲领和总遵循。《"十四五"国家老龄事业发展和养老服务体系规划》指出，要促进老年用品科技化、智能化升级。研究技术嵌入居家养老服务转型是应时代之需、行人民之盼的重要课题，并伴随人口老龄化程度的日益加深以及"互联网+"等智能技术的全面普及，受到学界广泛关注。本文以家庭养老床位建设为例，旨在通过协同治理理论厘析技术嵌入与居家养老服务转型融合的可能，为数字社会创新居家养老服务模式提供理论参考。

关键词： 技术嵌入　居家养老服务　协同治理

一　绪论

（一）研究意义

现代社会，人口老龄化快速发展是不可避免且不容忽视的重要问题，对

---

* 本文系2023年河南兴文化工程文化研究专项项目"河南孝道文化的历史脉络与当代传承研究"（项目编号：2023XWH124）阶段性成果。
** 闫慈，河南省社会科学院人口与社会发展研究所助理研究员，主要研究方向为老年社会学。

经济、社会、文化、制度都产生了重要影响。当前，我国人口老龄化形势严峻。根据国家统计局数据，2023年，我国60岁及以上人口为29697万人，占全国总人口的21.1%，其中65岁及以上人口为21676万人，占全国人口的15.4%，占比首次超过15%。根据联合国《人口老龄化及其社会经济后果》确定的划分标准，我国人口老龄化发展快、高龄化程度深的趋势已经十分明显，给高质量建设养老服务体系带来了新挑战。伴随而来的养老服务需求与医疗资源供给的适配问题持续引发公众关注，对有效供给养老服务资源也提出了新要求。由此可见，人口老龄化不仅是影响人口高质量发展的重要因素，更事关家庭代际结构重塑、公共服务资源分配、社会保障制度调整等多个方面。

为更好解决人口老龄化与养老服务问题，国家倡导发展居家和社区养老服务，提倡技术嵌入居家养老服务，实现智慧化养老服务模式的创新与发展。运用高速发展的人工智能技术为提高养老资源利用率、精准实现养老服务、养老服务与信息技术相融合提供了可能。"十三五"期间，国家进行了居家社区养老服务改革，在家庭养老床位方面提出了创新建议。2021年，工业和信息化部、民政部、国家卫生健康委联合发布《智慧健康养老产业发展行动计划（2021—2025年）》，面对智慧养老产业发展技术产品供给不足、融合应用欠缺的实施现状，提出了促进智慧健康养老产业创新发展的目标，包括拓展智慧养老场景、提升养老服务能力。未来，养老服务模式依托科技进步和技术应用实现创新突破，将成为我国积极应对人口老龄化国家战略的重要举措。如何通过技术嵌入实现居家养老服务转型，不仅是单纯的技术改造问题，更是关乎公共服务、治理理念等多视角的综合性社会问题。

（二）研究视角

技术嵌入养老服务的探索起源于20世纪80年代，欧洲、美国和日本都对此进行了不同侧重的研究。美国的研究者多是以人体工程学（Human Engineering）视角作为切入点探讨科技产品满足老年人多样化养老服务需

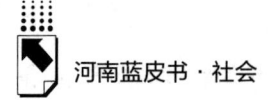

求的可能性。① 欧洲与美国近乎同一时期开启科技与养老关系的研究，并在1992年提出一个全新的跨学科术语"Gerontechnology"，是"Gerontology"和"Technology"的结合，强调利用科技资源解决老年问题。日本则开发机器人技术应用在老年人的护理和日常生活中，是亚洲最早开启技术嵌入养老服务的国家。这些国家和地区对养老服务和科技关系的探索，对缓解老龄社会资源和服务短缺造成的社会性问题起到了革命性引领作用。但他们所定义的科技嵌入养老服务领域都以干涉主义逻辑为主导，即强调技术的外生辅助作用，养老科技本身缺乏内在的理论构建，存在过度工具化的倾向。② 事实上，居家养老服务是涉及公共服务领域各个方面的综合性服务模式，以技术嵌入推动居家养老服务转型，可以有效解决养老服务中公共资源不足、服务质量不高等问题。然而，公共事务的治理绝非一家之事，单靠技术的辅助或政府的指令，都难以实现治理效能的快速提升。

现代国家治理体系是有机、协调、动态和整体的制度运行系统③，处理日益复杂的公共事务就要打破既定思维模式的束缚，以协同性、整体性为要义，弥补单边政府职权的局限性。基于此，本文提出以协同治理为理论原点，构建政府、市场、家庭协同参与技术嵌入养老服务转型的新型治理范式。区别于传统的科层制，协同治理强调多个行为主体间沟通交流、共享信息与资源、共同决策的过程。④ 养老服务作为典型的公共事务，呈现"消耗大、收益小"的特征，想要实现有序治理，就要试图理解复杂、动态的社会物理环境是如何运转发展的。基于个人利益与公共利益的相互冲突以及社会困境下个体理性所导致的集体非理性认知，可以得出结论，对于任何一个复杂系统特别是社会系统来说，子系统间的协同做工是系统发生质变的基

---

① 吴逸菲、樊春良：《多中心协同治理视阈下中国养老科技治理模式探究》，《中国卫生事业管理》2024年第6期。
② 汪伟、姜振茂：《人口老龄化对技术进步的影响研究综述》，《中国人口科学》2016年第3期。
③ 俞可平：《推进国家治理体系和治理能力现代化》，《前线》2014年第1期。
④ Chris Ansell and Alison Gash, "Collaborative Governance in Theory and Practice," *Journal of Public Administration Research and Theory* 18 (2008).

础，1+1大于2的协同效应才能使一切无序走向有序，从混沌走向光明。当前我国正在大力推进国家治理体系和治理能力现代化，协同治理作为以共识为导向和协商的集体决策过程，强调不同治理主体包括家庭、政府和市场等，在重视解决公共事务多主体性的基础上，通过对话、协商、谈判等方式达成共识，建立起一张弹性化、合作化的治理网络。其具有治理主体的多元性、平等性、协作性，治理权威的多样性和利益目标的公共性。基于此，本文引入协同治理理论的分析视角，探讨技术嵌入居家养老服务的建构路径，形成政府、市场、家庭治理共同体，以科技赋能解决居家养老服务问题，并推动不同主体在此过程中相互配合。

二 河南省技术嵌入居家养老服务转型的发展情况

如何更好地满足老年人的养老服务需求，始终是河南省建设养老服务体系所坚持的重要原则，技术嵌入居家养老服务转型是数字社会对升级提质居家养老服务的必然要求，其发展既遵循政策导向，又符合现实需求。

（一）技术嵌入居家养老服务转型的政策推动

把握"技术嵌入居家养老服务"的理论基础，首先要溯源"智慧养老"的概念。2012年，全国老龄办首次提出"智慧养老"，以"鼓励支持在养老服务中进行技术嵌入"为原则，以"推动智慧健康养老产业发展"为导向，以"实现老年人养老服务高质量发展"为目标在全国范围内迅速发展。为进一步推进智慧健康养老产业的生根发芽，河南省2015年颁布《河南省促进智慧城市健康发展工作方案（2015—2017年）》，逐步带动全省建设智慧城市试点工程，具体到智慧养老服务的发展进程。2016年，印发《河南省民政事业发展第十三个五年规划》，标志着河南省开始推行"互联网+养老"的新型养老模式。随后，又出台《河南省推进健康养老产业转型发展方案》《河南省支持健康养老产业转型发展若干政策》《河南省健康养老产业布局规划》，指出健康养老智慧化将成为养老服务产业发展的主要趋势。[①] 这一系列政策与措施，意味着技术嵌入与养老服务的融合将成为未来一段时期做好老年人养老服务工作的决心和保障。

（二）技术嵌入居家养老服务转型的现实需求

从第七次全国人口普查数据来看，2020年，河南省60岁及以上人口达到1796万人，占常住人口的18.08%，其中65岁及以上人口为1340万人，占常住人口的13.49%，与2010年第六次全国人口普查相比，占比分别上升5.35个、5.13个百分点，提升幅度远超同期世界平均水平。可以说，河南省正面临人口老龄化加速发展所带来的养老服务短缺的严峻挑战，以技术嵌入推进居家养老服务转型，是深化物联网、大数据、云计算和人工智能等信息技术应用的时代要求，能够为老年群体建立便民惠民智慧服务圈，提升居家养老服务智慧化、智能化水平，让家庭场域也能满足老年群体的养老服务需求。[②] 从现实机遇来看，当前河南省传统领域面临投资过剩的局面，养老服务业将成为未来投资增长的新亮点，而这种投资升级对推进居家养老服务转型可谓"锦上添花"，一定程度上保证了高技术成果在养老服务业持续转化的可能。

（三）技术嵌入居家养老服务转型的典型实践

当前，技术嵌入居家养老服务正在通过多种形式推广，其中家庭养老床位建设作为试点最广、受众最多、好评最优的形式在河南省多个地区取得了良好成效。区别于传统的居家养老服务项目，"家庭养老床位"是居家养老服务与电子公共服务的组合，通过政府应用信息技术和网络，或安排联合其他组织共同提供公共产品和公共服务的居家养老服务实践。近年来，河南省以郑州市和洛阳市为代表的城市积极探索构建立体式、多层次的"三位一

[①] 代利凤：《河南省智慧养老服务综合体发展现状、实践困境及出路》，《开封大学学报》2019年第2期。
[②] 闫慈：《智慧社区建设背景下的文化养老》，《家庭科技》2022年第5期。

体"养老服务供给体系。通过政府指导、政策扶持、资金补助等形式推动居家养老床位建设，对前期养老床位的建设进行统筹规划，以"互联网+居民养老"中心辐射式和社区嵌入式服务网点为方向，与老年人确认床位需求、签订服务协议，从而进行智能化与适老化改造。区别于传统的居家养老服务项目，"家庭养老床位"可以提供"适老化改造""智能监测设备""养老服务"三合一的入户服务，承接服务的养老机构按照签约内容为购买服务的老年人提供居家养老上门服务和线上服务，如助餐、助洁、助行、助浴、助医、康复、护理等服务内容，老年人真正实现了在家就能享受到便捷、高效且平价的养老服务。当前，政府、市场和老年人家庭通过协同合作、共同监督构建的智能化居家养老床位服务体系，对更加深入推进技术嵌入居家养老服务转型有着重要的实践意义。

三 河南省技术嵌入居家养老服务转型的现实困境

未来，在"9073"养老格局的影响下，居家养老服务需求与日俱增，数字赋能与技术赋能有助于缓解居家养老服务资源短缺的问题，这对推进技术嵌入居家养老服务转型提出了新的更高要求。目前，河南省在技术嵌入居家养老服务转型中已取得一定成绩，但仍面临多方面问题，有必要对其展开深入分析，以期破除障碍、迸发活力。

（一）信息互通受限，智慧平台对接不足

当前，居家养老服务技术转型的重要形式就是依托智慧平台提供线上和线下服务资源，为老年人提供菜单式服务选择。从河南省社区服务信息平台建设情况看，基本形成了市、区、街、居四级信息化管理，有力地促进了社区工作的互联互通。然而，在谈及社区服务信息平台建设时，依然存在空白面和薄弱项，这也是制约智慧社区建设、智慧养老服务体系建构的实际问题。技术嵌入居家养老服务转型的前提条件就是要实现信息平台和智能设备的接入，而现有智慧平台的构建存在服务信息平台构建不健全、线上线下信

息资源割裂、机构部门之间信息互通性差等问题。例如，在实地调研中，笔者发现，居家养老服务所依托的社区平台在选择签约合作的居家养老机构时，存在不同的选择初衷和筛选条件，提供的具体养老服务也不尽相同。因此，作为区一级或者更高层次的智慧养老综合服务平台很难对接到所有社区签约的居家养老机构。这就导致智慧居家养老服务的发展呈现碎片化，造成资源难以集聚，无法发挥较大的规模效益。其结果就是平台无法汇聚可观数量的有效数据，难以充分获取准确的老年群体的养老服务需求进而提供精准服务。同时，智慧平台关于养老服务人员、社会志愿者、服务企业的详细信息也会存在零星分布的状态，供需错配、供需失衡等问题难以避免。当前，技术嵌入居家养老服务的主要形式为适老化改造和家庭养老床位建设，两者都对供需信息对接有着较高的要求，服务信息平台是分级、分类展现养老服务的重要媒介，直接影响老年人全面、准确了解和选择居家养老服务及养老产品。因此，如何从政府监管、企业供应、社区参与等多主体介入，有效推进线上线下资源汇集、养老数据与信息挖掘利用、老年群体与服务机构互联互通，是技术嵌入居家养老服务转型亟须破解的关键性问题。

（二）情感需求梗阻，技术改造温度缺失

未来，技术嵌入居家养老服务将成为养老服务供给的主要模式，通过对家庭进行技术改造，从养老床位到硬件设施的逐一建设，实现家庭区域智能设备的全覆盖，从而有效提升居家养老服务水平，让老年人在家中就能享受到高质量的养老服务。当前，家庭养老床位建设、智能养老设备供给以及健康设备监测受到老年群体的关注和追捧，技术嵌入居家养老服务取得了显著成效。然而，技术嵌入在解决资源短缺的同时，却无法避免老年人数字鸿沟、情感供给缺乏以及隐私泄露等问题。例如，在家庭养老床位建设中，针对老年人的健康监测、安全提醒等方面已经实现了全方位的智能化供给和改造，有效达成协助老年人日常生活的主要目的。然而，老年人对于交流的需求以及对情感的依托无法得到满足，智能设备往往只有简单的单向执行功能，只能按照机器提示或语音助手要求进行操作，不能

基于老年人关怀和陪伴的需求提供相应服务，技术改造的速度远远大于技术给予的温度。正如有学者所言，数字适老化改造不能仅停留在对通用版本的修修补补，还要增加精神性关照，数字适老化改造既要追求速度，也要保证温度。①

（三）发展定位紊乱，政府市场边界模糊

技术嵌入居家养老服务作为新兴的投资市场受到了越来越多的关注，但作为智慧养老产业布局的重要一环，依然无法把握其正确的发展定位。从公共性理论出发，可以认为智慧养老产品的供给和服务的供应因其重要的现实价值展现出"公共利益"的属性。但从市场角度来说，任何产业的推进都包含着企业追逐"私人利益"的内因。② 具体来看，企业在为老年群体提供品类丰富、便捷实效的智慧养老产品和服务的同时，必定会以追求经济利益为根本，这既是市场经济运行的规律，也是产业寻求发展的内驱动力。目前，政府作为推动智慧养老产业发展的指挥棒，往往强调其"事业"而非"产业"的表现形式，以"公益性"压制"利益性"，导致社会对智慧养老产业产生认知偏差，认为其发展是在"维护真正社会利益的简单管理职能"③。但事实上，"私人利益"属性同样不容忽视，其中既有企业追逐的"经济利益"，也有老年群体因个体特质不同而对智慧养老产品和服务提出个性化、精准化需求的"个人利益"。④ 由此可见，在推进技术嵌入居家养老服务转型过程中，要充分考虑老年人的个性化需求，需要专业的养老服务企业和运营团队对其进行完备的建设规划。同时，专业的服务人员也是整条产业链中不可或缺的重要角色。因此，政府的大包大揽是无法实现技术嵌入居家养老服务的全面覆盖和有效运营的，必须借助市

---

① 薛岩：《数字技术适老化要速度也要温度》，《科技日报》2024年2月9日。
② 《河南社会发展报告（2024）：河南省智慧养老产业的发展现状及优化路径研究》，大河网，2024年1月18日，https://theory.dahe.cn/2024/01-18/1701685.html。
③ 《马克思恩格斯文集》（第3卷），人民出版社，2009。
④ 《河南社会发展报告（2024）：河南省智慧养老产业的发展现状及优化路径研究》，大河网，2024年1月18日，https://theory.dahe.cn/2024/01-18/1701685.html。

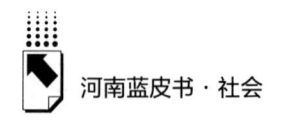

场的调节力和企业的主动作为，才能形成各主体间相互支持、协调共生的行为模式。

四 河南省技术嵌入居家养老服务转型的优化对策

针对当前技术嵌入居家养老服务转型存在的协同赋能不足等问题，政府、市场和老年人家庭应把握好协同治理的合作关系，建构三方主体沟通交流、共享共治的网络结构，更好指导技术嵌入居家养老服务转型实践，提升数字时代居家养老服务质量。

（一）政府发挥"指挥棒"功能，激发各主体活力

正所谓"独木难支"，技术嵌入居家养老服务转型是一项系统性、综合性工程，特别是在数字时代，应遵循时代发展和各主体间的协同运行规律，吸纳社会多元力量共同参与技术嵌入居家养老服务转型。政府作为公共事务的领导者，一是要充分发挥"指挥棒"的功能，制定有利于激发市场活力和调动企业参与的优惠性政策。例如，可以通过税收优惠、财政补贴等方式引导和激励市场主体参与技术嵌入居家养老服务转型，为投资者营造良好的准入环境和营商环境，降低或减免税收使投资者能够在短期内实现盈利，以增强投资信心。二是要发挥好政府的中介服务作用，通过畅通智慧居家养老服务信息供需渠道，为企业投资商、养老服务供给商以及老年群体提供可供对接的服务信息平台，进而实现信息的透明化和快速配对，提高服务的匹配度和质量。三是要建立智慧居家养老服务监管体系，以确保市场主体对养老服务的供给质量稳定，尤其是要对智慧居家养老服务企业的服务质量、服务人员以及产品设施的长效监测做出标准化和行业化的监管流程，确保老年人购买服务和享受服务的安全性与优质性。四是要畅通服务反馈渠道，设立举报和投诉平台，及时采纳老年人对技术嵌入居家养老服务转型的关切和诉求。

（二）积极发挥市场主体"助推器"作用，完善智慧养老产业链

技术嵌入居家养老服务转型既是养老产业智慧化的产物，也是数字社会智慧养老产业建设的重要职能，在强调养老产业公共属性的同时，也要遵循市场经济的运行规律，充分发挥市场优化资源配置的功能，推动技术嵌入居家养老服务业态培育发展。在"互联网+养老"逐渐成为未来养老产业的重要发展趋势之际，捋顺政府和市场主体之间的关系将成为产业发展提速增质的关键。市场主体在智慧养老产业建设中具备专业性强、效率高的特征，激发市场主体的活力能够使市场在技术嵌入居家养老服务转型过程中发挥重要作用。推动技术嵌入居家养老服务转型涉及硬件设施供应商和软件设施运营商等多个环节、多个专业领域的市场主体，打通各环节、各领域之间的堵点，明确各市场主体的职责，减少不必要的能源消耗，发挥"助推器"作用。在此基础上，养老服务供应商、医疗机构、社区组织、社会福利机构等多方主体要建立平等有序的合作关系，遵循市场规律，优化产品设计，聚焦老年人异质需求，妥善化解产品服务的结构性供需矛盾，从"以量取胜"转变为"以质取胜"，建立政府主导与市场调节相适配的合理运行机制，推动智慧养老产业高质量发展。

（三）家庭亟须重构"主体性"，提升老年人话语权

数字社会的发展趋向带有明显的"青年偏好性"，但这并不能否认其主体是全体社会成员包括老年群体。与成长于数字时代的年轻人相比，老年群体受心理和生理发展轨迹影响，在日常生活中存在巨大的数字鸿沟。技术嵌入居家养老服务转型正是推进数字化养老服务，实现老年群体对接数字社会、享受数字红利的有效措施，但在此过程中，老年群体的自身需求往往被忽视，老年人和其家庭的主体性被不断解构。回溯理论，推动智慧养老产业发展，务必坚持以老年人为中心的理念，重视老年人的需求，为其提供相应服务。"需求"应当超越"技术"成为养老服务中最核心的供给内容。因此，老年人及其家庭的参与度和话语权对于推动技术嵌入居家养老服务转型

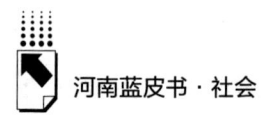

至关重要。一方面，要充分调动家庭作为治理主体的积极性，鼓励老年人家庭参与居家养老服务技术转型的决策，对具体的技术嵌入居家养老服务提出合理的建议和要求。另一方面，要倡导形成以老年人为本的智慧养老服务发展基调，在准确吸纳老年人不同养老服务需求的基础上，实现政府、企业、市场配置资源的精准匹配，确保老年群体的话语权输出和真实需求相适配。

B.22
2024年河南青少年心理健康工作现状及对策研究

张 舒[*]

摘 要： 随着社会经济的快速发展和竞争压力的不断增大，青少年心理健康问题日益凸显，关注青少年心理健康成为健全社会治理体系不容忽视的重要内容。近年来，河南青少年心理健康工作新格局逐渐形成，常态化工作有针对性地展开，形成了一定的物质和人才保障基础。然而，在开展青少年心理健康工作的过程中，对青少年心理健康的重视程度、工作方法的科学性、专业从业者的数量和质量以及社会化程度都存在一定欠缺。因此，为正确开展青少年心理健康工作需要普及青少年心理健康教育、加强运用科学工具和技术、强化人才队伍的建设和培养，并以社会治理模式优化服务系统的整体布局，构建青少年心理健康体系，为完善社会治理建构新图景。

关键词： 青少年 心理健康 社会治理 河南

2018年，国家卫生健康委等10部门联合印发《全国社会心理服务体系建设试点工作方案》，提出将心理健康服务融入社会治理体系，建设健康中国。党的二十届三中全会通过的《中共中央关于进一步全面深化改革 推进中国式现代化的决定》明确指出，要完善共建共治共享的社会治理制度，推进国家安全体系和能力现代化。这一要求为健全社会心理治理体系提供了根本遵循和行动指南。河南省委十一届七次全会也强调，要在新的历史起点

---

[*] 张舒，河南省社会科学院人口与社会发展研究所助理研究员，主要研究方向为社会心态。

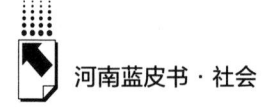

上，以高度的政治自觉和坚定的政治行动，推动全面深化改革向广度和深度进军，特别要关注并解决影响社会和谐稳定的突出问题，包括青少年心理健康问题。

近年来，河南青少年心理健康问题呈现日益严峻的态势，关注青少年心理健康成为健全河南社会治理体系不容忽视的重要一环。学生的情绪抑郁、学习压力、社交焦虑、异性交往、校园欺凌、网络成瘾等问题突出，且呈加重趋势。这些问题不仅影响了青少年的身心健康，也对其学业成绩、人际交往及未来发展产生了深远影响。因此，如何有效预防和干预青少年心理健康问题，成为社会治理领域亟待研究的重要课题。2024年的全国两会上，全国政协专门召开以"关注青少年心理健康，守护青少年成长"为主题的协商会议。2023年4月，教育部等17个部门联合印发《全面加强和改进新时代学生心理健康工作专项行动计划（2023—2025年）》，标志着加强学生心理健康工作上升为一项国家战略。为深入学习贯彻落实习近平总书记关于青年工作的重要思想，全面加强和改进新时代青少年心理健康工作，河南省委、省政府在扎实推进2023年河南省重点民生实事项目实施过程中，专门将加强青年心理健康教育和服务列入《河南省中长期青年发展规划（2019—2025年）》。因此，围绕党的二十届三中全会和河南省委十一届七次全会提出的最新要求，对河南青少年心理健康社会治理问题进行深入研究，具有重要的现实意义和紧迫性。总结当下青少年心理健康工作实践现状，系统分析河南青少年心理健康工作中存在的问题，探索构建科学有效的治理模式和治理机制，不仅能够为青少年健康成长提供有力保障，也能为推进社会治理体系现代化贡献力量。

一 青少年心理健康工作对完善社会治理的现实意义

青少年心理健康工作作为社会事务的重要组成部分被纳入社会治理的范畴，对完善社会治理具有深远的现实意义。加强青少年心理健康工作，有利于维护社会稳定、提升教育质量、促进家庭和谐、提高社会适应力等。

（一）维护社会稳定，推动社会治理现代化

首先，青少年是社会的未来和希望，他们的心理健康状况直接关系社会的和谐稳定。通过加强青少年心理健康工作，可以及时发现和解决青少年的心理问题，预防极端行为的发生，减少因心理问题引发的家庭矛盾、学校冲突和社会问题，从而维护社会的和谐稳定。其次，青少年心理健康工作是社会治理的重要组成部分，其现代化程度直接影响社会治理的现代化水平。通过政府、学校、家庭、社会等多方协同合作，建立健全青少年心理健康服务体系，整合各方资源，形成合力，这种协作模式有助于推动社会治理的创新和发展，形成政府主导、社会参与、家庭支持的多元化治理体系。同时，通过心理健康工作的实践探索和经验总结，为社会治理提供更多有益借鉴和启示。最后，心理上的富足是"后扶贫"时代的重要任务，是人民美好生活的重要所在[1]，心理健康是实现人民生活现代化的重要保障。

（二）提升教育质量，保障人格全面发展

青少年是教育的主要对象，他们的心理健康状况直接影响教育质量。通过心理健康教育和干预，可以帮助青少年增强心理韧性，提高应对压力和挑战的能力，从而有效预防抑郁症、焦虑症等心理疾病的发生，有助于他们在学业、职业和社交等方面取得更好的成就。一些青少年因为心理问题而出现学习困难、厌学等情况，这不仅影响他们自身的学业发展，也给学校的教育工作带来挑战。通过加强青少年心理健康工作，可以及时发现并干预学生的心理问题，提高学生的学习积极性和学业成绩，从而提升教育质量。此外，青少年心理健康工作是促进青少年人格全面发展的重要保障。青少年时期是个体身心发展的关键阶段，维护心理健康对青少年的全面发展至关重要。通过开展心理健康工作，构建咨询与干预系统，使之成为青少年消极情绪的

---

[1] 王礼军：《以精准心理帮扶促进青少年心理健康》，《中国社会科学报》2024年5月8日。

"减压阀"和"出气口"[1]，可以帮助青少年建立正确的自我认知，提升自尊、自信，增强情绪管理效能、自我控制力和抗压能力，更好地适应社会环境的变化，建立健康的人际关系，提高社会适应能力，从而在学习、生活、社交等方面实现全面发展。这不仅有助于他们当前阶段的成长，也为未来的职业发展和人生规划奠定坚实基础。

（三）促进家庭和谐，增强家庭功能保障

家庭是社会的基本单元，是青少年成长的重要环境之一。青少年心理健康问题往往与家庭氛围密切相关，也会对家庭关系造成负面影响。通过加强青少年心理健康工作，及时进行心理健康干预和治疗，可以减少家庭的经济支出和心理压力，帮助家长了解孩子的心理需求，改善家庭沟通方式，营造和谐、温馨的家庭氛围，这种氛围有助于增进亲子关系，减少家庭矛盾和冲突，促进家庭和谐。此外，健康的家庭功能是青少年心理健康的重要保障。通过青少年心理健康服务、宣传、普及和教授相关知识经验，让家长能够更加关注孩子的心理健康状况，引导家庭成员共同参与孩子的心理健康教育，提升家长的心理健康素养和教育能力，及时帮助孩子发现问题、合理选择共同应对困难的技巧，增强家庭的支持和保护，从而进一步提升家庭整体应对能力，为青少年健康成长提供有力的支撑。

（四）提高社会适应力，培养健康的社会心态

心理健康工作能够帮助青少年更好地处理人际关系、解决冲突、发挥个人潜能，以及适应社会环境的变化等，对青少年融入社会、参与社会建设具有重要意义。同时，良好的社会适应能力也有助于他们在未来面对各种挑战时保持积极的心态和稳定的情绪。此外，青少年心理健康工作有助于培养健康的社会心态。一方面，心理健康教育和宣传可以提高青少年的心理健康素养和应对问题的能力，使他们具备积极的社会心

---

[1] 俞国良：《社会转型：社会心理服务与社会心理建设》，《心理与行为研究》2017年第4期。

态和健康的心理素质。另一方面，青少年心理健康工作可以培养青少年的社会责任感、增强公民意识、提升道德素养，为构建和谐社会贡献力量。同时，这种积极的社会心态和道德观念也将对整个社会产生深刻影响，促进社会的健康发展。

因此，应该高度重视青少年心理健康工作，加强相关政策和制度的制定与执行，推动家庭、学校、社会、政府等的协同合作，共同构建完善的青少年心理健康工作体系。

二 河南青少年心理健康工作整体开展情况

（一）青少年心理健康工作新格局正在形成

河南青少年心理健康工作系统逐渐形成，相关各部门为优化服务机制，进行协同联动，形成由党委领导、政府主导、团委牵头、多部门配合、社会力量广泛参与的青少年心理健康工作新格局。这种横向协作打破了部门壁垒，实现了资源共享、优势互补，确保了青少年心理健康工作的全面性和系统性。与此同时，垂直系统从省级到市级再到县级的三级联动体系相互配合，省级层面负责政策争取、资金筹措、标准制定、技术指导及考核评价；市级层面负责组建本地志愿服务团队并进行日常督导；县级层面具体负责承接上级资源、协调活动场地、组织进村（社区）活动、个案咨询及阵地建设等，联动确保工作从上至下的顺畅执行，提高了工作效率和应急响应速度。在整个工作体系中，各级机构都有明确的职责定位和任务分工，有助于避免工作重复和推诿扯皮，确保了每个环节都能得到有效执行，使形成的健康教育、监测预警、咨询服务、干预处置"四位一体"青少年心理健康工作体系更加健全，学校、家庭、社会和相关部门协同联动的工作结构更加完善。2023年，青少年心理健康服务进村（社区）行动再次入选河南省重点民生实事，服务结构凸显功效。河南省12355青少年服务台与全省"青翼家园"联络机制的建立标志着青少年心理健康工作系统逐渐形成，2023年共建成219个"青翼家园"工作阵地，完成年度目标任务的109.5%。①

（二）青少年心理健康工作常态化有针对性地开展

河南青少年心理健康工作系统化和结构化的建立，从基础上保证了相关服务能够常态化地开展，并在工作过程中实现运行的高效性。一是依托村（社区）将青少年心理健康工作常态化。通过建立河南省12355青少年服务台与全省"青翼家园"之间的常态化联络机制，实现了心理健康服务问题的及时收集、汇总和反馈。这不仅有助于及时发现并解决服务中遇到的问题和困难，还能通过线上督导等形式，为志愿者提供持续的专业支持和技术指导。2022年，青少年心理健康服务进村（社区）行动首次被纳入河南省重点民生实事，近两年来全省共建成446个"青翼家园"，至少有1名具备专业资质的志愿者每周4个半天在"青翼家园"值班，并持续开展项目督导，基本满足青少年心理健康服务需求。对于"青翼家园"咨询师无法解决的复杂个案，通过工单转介的方式，将其转交给更高层次或更专业的机构进行处理，确保每一个有咨询需求的青少年都能得到合适的帮助和支持。

二是通过关注重要时间节点、地区、对象和领域等开展具有针对性的精细化服务。通过识别青少年心理健康问题的高发时期（如考试季、假期前后等）、特定地区（如城乡接合部、留守儿童集中区等）、重点对象（如学业压力大的学生、有心理创伤史的青少年等）和关键领域（如学业压力、人际关系、自我认知等），可以更加精准地提供心理健康服务。将重点青少年群体的个案咨询纳入2023年度项目核心指标，开展"心理健康服务送上门"等活动，提升了服务效能。这是一种主动服务的方式，意味着心理健康服务不再局限于固定的场所，而是根据青少年的实际需求，将服务直接送

---

① 《"青"心守护！2023年河南青少年心理健康科普、团辅活动覆盖22.5万余人次》，河南省人民政府网站，2024年2月4日，https://www.henan.gov.cn/2024/02-04/2898864.html。

到他们身边，既提高了服务的可及性，也体现了对青少年群体的深切关怀。2023年，共开展青少年心理健康科普、团辅活动5289场，完成年度目标任务的176.3%，覆盖青少年22.5万余人次；这些活动不仅普及了心理健康知识，还通过团体互动的方式帮助青少年掌握应对心理困扰的方法，增强了他们的心理韧性。在充分保护个人隐私的前提下，开展了23871人次的个案心理咨询，也大幅超额完成了年度目标（159.1%的完成率）任务，特别覆盖了10308人次的重点青少年群体（171.8%的完成率）。[①] 这表明，针对重点青少年群体的个性化的、深入的心理咨询服务得到了有效实施，为他们提供了及时、有效的心理疏导。

除此之外，作为重要的心理健康服务热线，河南省12355青少年服务台在2023年共接听来电9235通，累计服务时长12.6万余分钟[②]，反映了青少年及其家庭对于心理健康服务的强烈需求和高度认可，也体现出服务台在解决青少年心理问题、缓解青少年心理压力方面发挥着重要作用。

（三）青少年心理健康工作具有可持续资金支撑

河南青少年心理健康工作为保证持续提升服务能力，在实现路径上达到相关创新科研项目的可持续性立项和实施，在项目资金保障上下足了功夫。一方面，获得河南省财政厅支持。2023年，从省财政600万元专项经费中拿出320万元，以财政转移支付的形式直接拨付各县（市、区），为项目顺利推进提供了坚实后盾。另一方面，充分利用社会资源。依托河南省青少年发展基金会，启动"青少年心理健康服务"公益项目，通过线下动员和线上募捐相结合的方式，广泛吸引社会各界关注和支持青少年心理健康事业。鼓励地市自行筹集资金，并由省级进行配捐，这种机制既调动了地方的积极性，又增强了资金筹集的能力。成功募集到304万余元的项目资金，为基层

---

① 《"青"心守护！2023年河南青少年心理健康科普、团辅活动覆盖22.5万余人次》，河南省人民政府网站，2024年2月4日，https://www.henan.gov.cn/2024/02-04/2898864.html。

② 《"青"心守护！2023年河南青少年心理健康科普、团辅活动覆盖22.5万余人次》，河南省人民政府网站，2024年2月4日，https://www.henan.gov.cn/2024/02-04/2898864.html。

青少年心理健康工作的落实提供了有力的资金保障。河南在推进青少年心理健康工作方面，不仅注重服务能力的提升和科研项目的创新，还高度重视资金保障工作。通过争取财政支持和社会募捐相结合的方式，为项目的可持续性发展提供了坚实的资金保障。这种多措并举、综合施策的做法，为各地区开展类似工作提供了有益的借鉴和参考。

（四）青少年心理健康工作人才队伍不断强化

河南在青少年心理健康服务队伍的组建和培训方面取得了显著成效。通过多方协作、突出标准、线上线下结合以及分片培训等措施，不仅壮大了服务队伍的规模，还提高了志愿者的专业素养和服务能力。这些努力为河南青少年心理健康事业的发展提供了有力的人才保障。

一方面，以"四大标准"和多方协作的方式组建服务队伍。河南在服务队伍的组建上展现出多方协作的特点。共青团河南省委权益和社会工作部指导市、县两级团组织，依托当地行业协会、相关精神卫生专业机构、社会组织等，以河南省12355青少年服务台为业务骨干，突出"专业性、阶梯式、公益性、规范性"四大标准，组建1000余人的河南青少年心理健康志愿服务队伍，确保了服务队伍的专业素养、服务能力、服务性质以及服务流程的正规化，为青少年提供高质量心理健康服务奠定了基础。

另一方面，提供多种方式结合的服务队伍培训。一是在线上线下结合的培训方式中，河南既利用了互联网技术的便捷性，又保证了培训的深度和效果。这种灵活多样的培训方式，为志愿者提供了多元化的学习选择。二是2023年共青团河南省委权益和社会工作部在省级层面大规模开展业务培训，共培训了3300余人次的青少年心理健康服务志愿者。这表明河南对志愿者队伍的专业化建设非常重视，并为此投入了大量资源。三是在线下培训过程中，为了最大限度地方便志愿者参与培训，共青团河南省委权益和社会工作部采取了分片培训的方式。分设4个片区举办4场为期3天的线下培训班，不仅减轻了志愿者的交通和时间成本，还提高了培训的覆盖面和效果。全省共有1021名心理健康服务志愿者参加了培训①，进一步提升了志愿者队伍的整体素质和服务能力。

三 当前河南青少年心理健康工作存在的主要问题

从整体来看，由于河南青少年心理健康工作处于起步阶段，在当前的服务中仍存在重视程度不够、工作方法不够科学、从业者数量和质量不足、服务社会化进程尚未完成等几个方面的问题。

一是对青少年心理健康问题重视程度不够。首先，学校教师缺少对学生基本心理需求的了解，缺少对有心理问题学生的及时关注，教师的心理健康教育意识和专业能力不足，学校心理健康课被占用的情况时有发生。其次，不健康的亲子关系往往是孩子走向极端的导火索。在家庭教育环境中，有的家长不重视孩子的心理健康，教师也不清楚孩子的家庭教育和氛围，未能及时发现、及早介入学生的负面情绪。最后，对于青少年本人来说，心理健康知识的匮乏是制约心理健康素养提升的短板。社会各方对青少年心理健康相关知识的认知也具有不平衡性，在预防、识别和早期干预青少年心理健康问题等方面存在不足。

二是青少年心理健康工作的方法不够科学。心理健康问题已逐渐从成人、职业群体拓展至大、中、小学生群体，青少年心理问题的预防、干预刻不容缓，但在青少年心理行为问题的发现、识别和早期干预方面缺少科学研究的专业支持。现行的监测工具、方式、评价指标、结果应用等还没有统一的标准，缺乏对有效的干预方法、技术的了解和掌握。河南青少年心理健康状况体现在抑郁的高风险群体、心理健康问题呈低龄化趋势、农村地区青少年心理健康问题日益凸显等几个方面，且父母离异或外出打工后，留守孩子缺乏关爱，因此特别需要主动识别和关注重点高风险群体的相关监测，以防

---

① 《"实事惠民生，聚力谋出彩"系列新闻发布会（第二场）》，河南省人民政府网站，2024年2月4日，https://www.henan.gov.cn/2024/02-04/2898608.html。

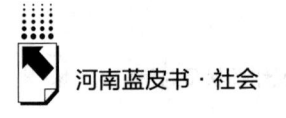

发生不可挽回的悲剧。

三是心理健康工作从业者的数量和质量不足。河南目前仍面临青少年心理健康专职教师缺口大、专职化程度低、缺乏完善有效的心理健康教育评价机制以及统一的课程教学大纲，缺乏经费保障等问题。已经从事心理健康教育的工作者多数没有受过系统和专业化的培训，导致工作的严谨性和科学性不够。与此同时，由于对心理教师的专业要求高，学校编制有限，难以保证心理健康教师数量充足。常态化缺乏专职心理健康教师，兼职心理健康教师的选聘也没有形成制度化，较为偏远的乡镇学校师资力量短缺问题更加严重，这已经成为困扰河南青少年心理健康工作展开的普遍性问题。

四是青少年心理健康工作社会化进程尚未完成。一方面，学校、家庭、社会和相关部门协同联动的学生心理健康工作格局尚未成熟，具体活动中的流程衔接、不同责任主体间的分工协作等还缺少科学规范的工作机制，难以满足当前广泛而紧迫的实际需要。另一方面，在多方合作为青少年心理健康"保驾护航"的过程中存在资源结构化、不均衡的问题。城市和重点院校在青少年心理健康工作的开展上相对偏远和乡村地区具有教育覆盖面更广、普及度更高，活动形式更多样，专业人员力量更雄厚等优势。

四　完善河南青少年心理健康服务的对策

（一）推广青少年心理健康教育普及

教育是培育青少年心理健康的土壤，土壤肥沃植物才能旺盛。因此，扩大青少年心理健康知识科学普及覆盖面，是当下社会不容忽视的重要任务。要针对青少年所面临的各种心理健康风险问题，如学业压力、人际关系困扰、自我认知偏差等，采取多角度、多渠道的方式进行知识普及。

一方面，学校教育应当继续深化"五育并举"的教育理念，将心理健康教育融入日常教学中。不仅要注重知识的传授，更要加强对青少年的人文关怀和心理疏导，为他们营造一个温馨、包容的学习和生活环境。通过丰富的心理健康教育活动，如召开心理健康教育课、主题班会、心理健康讲座等，引导青少年树立积极向上的价值观，培养他们良好的心理素质和坚忍的意志品质。另一方面，教师是青少年心理健康教育的重要实施者。因此，必须加强对在校全体教师的心理健康知识普及和培训，提升其专业素养和对发现学生心理健康问题的敏感度。这样，教师才能更好地在学科教学、班级管理和家校协同中运用心理健康教育策略和方法，及时发现并有效解决学生的心理问题。同时，教师还要学会读懂学生、理解学生，以更加贴近学生心灵的方式去帮助他们，成为他们成长道路上的引路人。

（二）加强科学工具和技术的辅助功能

科学工具和技术不仅是及时预警和"对症下药"的必要手段，更是推动青少年心理健康工作迈向精准化、高效化的关键。首先，为了构建坚实的技术基础，需要大力推进高质量的科研项目，鼓励并促进心理学、医学、教育学、人工智能、大数据等学科的深度高效融合。这一跨学科的努力将加速开发出适应当前社会青少年心理特点的测评工具与配套技术，使早期筛查与干预工作更加精准有效，同时推动防治一体化技术的创新与应用，为青少年心理健康的全程管理提供有力支撑。

其次，针对青少年群体中普遍存在的抑郁、焦虑、学业倦怠、社交冲突、自伤行为等重点问题，应以问题为导向，深入开展专题研究。通过深入分析这些问题的成因、表现及影响，结合实证研究与实践探索，形成一系列具有针对性和可操作性的系统性解决方案。这些方案不仅关注问题的有效解决，还致力于构建预防与促进相结合的心理健康模式，为学校、家庭及相关机构提供科学、可持续性的策略支持，助力青少年健康成长。

最后，信息技术在青少年心理健康服务中的应用同样不可或缺。应充分利用信息技术手段，搭建便捷、高规格的心理健康服务平台，整合专业权威的专家资源，建立专家数据库，为公众提供便捷的心理咨询与指导服务。同时，通过广泛宣传心理健康科普知识，提高全社会对青少年心理健康问题的认识与重视程度，营造关注青少年心理健康的良好氛围。在传播渠道上，可以利用高收视率的地方电视台的节目播出间隙播放心理健康主题系列公益广告，以生动形象的方式普及心理健康知识；在主流媒体平台设立官方账号，定期发布与青少年心理健康相关的资讯与科普活动，通过文字、图片、视频等多样化的形式吸引青少年及家长的关注，促进互动与交流，共同为青少年的心理健康保驾护航。

（三）强化人才队伍的建设和培养

强化人才队伍的建设和培养，是确保青少年心理健康工作持续、高效推进的核心动力。专业能力的高低直接决定了青少年心理健康服务的质量与成效。为此，需要从多个维度出发，全面加强人才队伍建设。

首先，从源头抓起，强化"供需对接"的培养模式。高校作为心理健康应用型人才的摇篮，应紧密对接社会需求，调整和优化培养方案，确保输出的毕业生既具备扎实的理论基础，又具备解决实际问题的能力，能够迅速适应并胜任一线心理健康服务工作。同时，鼓励和支持科研人才深入实践，将科研成果转化为实际应用，为青少年心理健康工作提供强有力的智力支持。

其次，重视入职后的再培养模式，确保"技能持续更新"。通过组织召开全国或区域性的研讨会、专题培训班等形式，为心理健康工作团队成员提供持续的专业成长机会。这些活动应聚焦最新的理论进展、实践案例分享以及技能提升，帮助团队成员不断更新知识结构，提升专业水平。同时，建立长效的学习机制，鼓励团队成员自主学习、相互学习，形成良好的学习氛围。

再次，增强岗位认同感，激发"内在动力"。认同感是人才留任与发挥潜能的关键因素。为此，需要从多个方面入手，增强心理健康工作人员的岗位认同感。一方面，通过项目支持、专业培训、同行经验交流等方式，帮助工作人员提升专业技能和职业素养；另一方面，完善绩效工资政策、深化职称制度改革、健全评价体系并畅通晋升渠道，让工作人员看到职业发展的广阔前景，从而提高工作积极性、获得职业归属感。

最后，加强对兼职心理健康工作人员的监督和管理，确保"规范有序"。鉴于兼职人员可能存在的专业背景不一、经验不足等问题，需要制定严格的准入标准和服务规范，对其专业技能、经验背景、个人素质和价值观进行全面考察。同时，加强日常监管和定期评估，确保兼职人员能够按照规范提供服务，保障青少年心理健康工作的质量和安全。此外，还应建立有效的反馈机制，及时收集和处理服务对象的意见和建议，不断优化服务流程和服务内容。

（四）以社会治理模式优化服务系统的整体布局

青少年心理健康工作与社会治理同样强调多元主体的参与和互动，家庭、学校、社会、政府等主体在青少年心理健康工作中扮演着不同的角色。

首先，青少年心理健康工作需要依赖一系列的政策和制度来规范和引导青少年社会行为。如心理健康服务体系的建设、心理健康教育的普及、心理咨询与干预机制的完善等，政府和相关部门应随着社会现实需要持续出台一系列的政策和制度，以确保青少年能够获得及时、有效的心理健康服务。

其次，社会治理要求高效地整合和利用社会资源，以应对各种社会问题和挑战。因此，在青少年心理健康工作中，需要充分利用现有的心理健康服务资源，如心理咨询机构、心理健康热线、心理健康教育课程等，同时还需要积极调动社会资源，如志愿者队伍、社会公益组织等，共同为青少年提供心理健康服务。"家、校、社"的共育模式需要不断优化，河南需要持续加强青少年心理健康服务。例如，将更多资源注入"青翼家园"，确保提升阵地活性，实现资源利用最大化。不仅要在数量上提高青少年心理健康科普、团辅活动场次，个案咨询以及12355青少年服务热线工作者的培训人数，而且要对工作的内容质量进行优化提升。青少年的心理健康是动态发展的连续体，各种心理疾病、学习问题、适应不良和社交冲突等问题经常合并出现，在具体工作中需要针对不同年龄、不同问题类型进行分类系统管理，明确"家、校、社"协同机制、流程和相应规范文件，制定心理发展策略，建立青少年心理健康管理服务方案。尤其是加强未成年人心理健康成长辅导的中

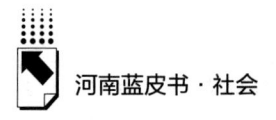

心建设，在涉未成年人的工作中推行"督促监护令"及强制报告制度，全面开展家庭教育指导工作。

最后，社会治理的一个重要任务是进行风险防控和危机干预，以维护社会的稳定和安全。在青少年心理健康工作中，也需要建立风险防控和危机干预机制，及时发现和解决青少年的心理问题，避免问题恶化并引发更严重的后果。

B.23
郑州市银发经济产业可持续发展研究

河南省社会科学院　郑州市民政局（郑州市民政事业发展中心）课题组*

摘　要： 积极应对人口老龄化、助推银发经济产业发展事关民生福祉和社会治理。本文以郑州市银发经济产业可持续发展为切入点，深入分析推进郑州市银发经济产业可持续发展的有利条件、不利因素和薄弱环节。在对银发经济产业做出界定的基础上，科学研判银发经济产业发展趋势，提出郑州市推进银发经济产业可持续发展的总体思路、空间布局、发展目标、重点任务、实现路径及对策建议，提出促进郑州市银发经济产业可持续发展的前瞻性思考，以期更好地为郑州市委、市政府决策提供参考。

关键词： 银发经济产业　可持续发展　郑州

当前，郑州市迫切需要化解老龄化引发的经济增长压力、打破人口结构转变的桎梏。一方面，积极应对人口老龄化、助推银发经济产业发展，事关民生福祉和社会治理；另一方面，银发经济孕育着产业新机遇，必将成为新的经济增长点和动力引擎。2024年是大力发展银发经济的关键一年，为深入贯彻"健康中国"和"应对人口老龄化趋势"两大发展

---

* 课题组成员：王宏源，河南省社会科学院党政办公室主任、研究员，主要研究方向为公共管理学；王振铎，郑州市民政局养老服务处处长，主要研究方向为民政事业管理；刘亚安，郑州市民政事业发展中心书记、主任，主要研究方向为民政事业管理；陈东辉，河南省社会科学院人口与社会发展研究所所长、研究员，主要研究方向为政治社会学；李国英，河南省社会科学院农村发展研究所研究员，主要研究方向为农业农村现代化；崔学华，河南省社会科学院人口与社会发展研究所副研究员，主要研究方向为城乡社会治理；宋俞辰，河南省社会科学院统计与管理科学研究所助理研究员，经济学博士，主要研究方向为银发经济与老年人力资源开发。执笔人：宋俞辰。

战略，进一步落实《国务院办公厅关于发展银发经济增进老年人福祉的意见》有关部署和要求，推动郑州市银发经济高质量、可持续发展，促进银发经济产业链协同创新、均衡发展，不断满足人民群众多层次、多样化的康养需求，需要对郑州市银发经济产业的可持续发展问题进行深入研究。

一 银发经济产业可持续发展的研究背景

我国人口老龄化加深，在此背景下，银发经济产业面临新的发展机遇。国家也出台了大量政策文件支持银发经济产业的可持续发展。因此，需对银发经济产业的概念以及涉及领域做出详细界定。从国际国内研究来看，学者们对银发经济产业的概念界定较为宽泛，各国各地对银发经济的内涵要义、概念界定在不断完善，但还没有形成统一的界定标准。另外，银发经济产业涉及领域比较广泛，已实现第一、第二、第三产业全覆盖。

（一）人口老龄化的现实趋势

国务院发展研究中心发布的《中国发展报告 2023》提出，当前我国的人口总量已达到峰值，未来较长时间内将继续呈现下降趋势。由第七次全国人口普查数据可知，我国60岁及以上老年人占比为18.7%，总规模超2.64亿人次，比第六次全国人口普查上涨5.44个百分点。2022年，中国人口出现负增长，当年的人口自然增长率为-0.6‰，2023年，延续了人口负增长态势，人口自然增长率进一步下降到-1.5‰左右。从年龄结构上看，我国劳动年龄人口减少和老龄化速度也在加快。2021年，我国65岁及以上老年人口占比即老龄化率达到14.2%，2022年，该比重进一步提高到14.9%[①]，我国已完全进入中度老龄化社会。

---

① 国家统计局第七次全国人口普查网站，https://www.stats.gov.cn/zt_18555/zdtjgz/zgrkpc/dqcrkpc/。

联合国发布的《世界人口展望2022》预测2035年中国65岁及以上人口规模约31519万人，占全国总人口的22.5%；2050年这一规模将达到39497万人，约占全国总人口30.1%。这意味着中国在2030年左右将进入超级老龄化社会，2050年将进入重度老龄化社会。[①] 总体上看，我国人口老龄化呈现总量扩张、增长提速的发展态势，也有权威机构预测2030年、2040年、2050年我国60岁以上老年人口分别将达到3.71亿人、4.37亿人、4.8亿人。中国老龄化趋势加速，劳动人口数量随着老龄化速度的加快也在不断减少，社会劳动力供应能力逐渐下降，劳动力成本逐步上升，人口红利将提前消失。

根据中国老龄科学研究中心发布的《2023年中国老龄产业发展报告》预测，2050年中国老年人口消费潜力或将达到106万亿元，占GDP的比重将会攀升至33.0%左右。银发经济的规模将相当可观，必将为经济、社会高质量发展注入新活力，有望成为支撑经济增长的新引擎。

（二）银发经济产业的概念界定与政策支持

国际社会普遍将银发经济产业定义为依据大众化、个性化需求，专门为不同老年群体提供产品或服务的产业部门。欧盟将银发经济定义为和50岁以上人群（包括老年人群和备老人群）有关的公共和消费支出所产生的所有经济活动。我国银发经济相关研究起步较晚。银发经济相关的概念和内容主要出现在各级政府的政策文件中。学者们使用过老年产业、养老产业、老龄产业、银发产业、老年经济等概念和说法。总之，银发经济产业是一种涉及领域广泛的新型产业形态，是与银发群体以及备老群体密切相关的所有经济活动的总和。

对银发经济产业涉及领域，不同学者有着不同的见解。银发经济产业具体板块分为日常消费、医疗保健、休闲娱乐、生活保障、康复护理、养

[①] 联合国网站，https://www.un.org/zh/desa/UN-projects-world-population-to-peak-within-this-century-zh。

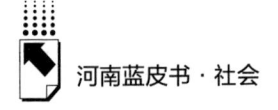

老金融、房地产开发等。① 有学者按照老年人口需求将其划分为精神产业、物质产业、健康产业三个类别，具体细分为银发经济产品、银发经济服务与银发经济基础设施等。② 也有学者从老有所养、老有所医、老有所为、老有所学、老有所乐"五个老有"的老龄社会建设目标出发，将其划分为老年居住业、老年用品业、老年服务业、老年教育业、老年旅游业、老年保险业等六大行业类别，涉及金融理财、生活用品、休闲娱乐、健康保健等多个领域。③ 还有学者将我国银发经济产业划分为基础产业、延伸产业和战略产业三大类别。《中国老龄产业发展报告（2014）》将老龄产业（银发经济产业）划分为四大板块，即老龄用品产业、老龄服务产业、老龄金融产业以及老龄房地产业。④ 国家统计局发布的《养老产业统计分类（2020）》将养老产业涉及领域范围确定为老年健康、老年社保、老年教育、养老金融、养老科技等，还包括老年产品制造、销售和租赁，养老设施建设等12个大类。⑤ 其中，养老金融涵盖了养老金金融服务、银发服务业金融以及银发产业金融三大模块。⑥ 总体而言，国内学者关于银发经济产业的分类标准不一，但其涉及领域广泛是不争的事实。

2022年，《河南省养老服务条例》颁布实施，标志着河南省养老服务被正式纳入法治轨道。同年8月，河南省人民政府印发了《河南省"十四五"老龄事业发展规划》，明确了"十四五"时期的发展目标，部署了9个方面31项具体任务。此外，郑州市也专门研究出台了《关于建立城市社区"银发顾问"制度的实施意见》等文件，明确了郑州市养老服务体系建设的发展目标和具体要求。

---

① 穆光宗：《银发经济的发展机遇与方向》，《人民论坛》2024年第13期。
② 彭希哲、陈倩：《中国银发经济刍议》，《社会保障评论》2022年第6期。
③ 舒燕飞、黄婧：《中国与亚太发达国家银发经济比较研究》，《亚太经济》2023年第1期。
④ 《中国老龄产业发展报告（2014）》，中国老龄科学研究中心网站，2021年4月27日，http：//www.crca.cn/index.php/academic/bluebook/98-2014.html。
⑤ 《国家统计局令第30号》，中国政府网，2020年2月4日，https：//www.gov.cn/gongbao/content/2020/content_5503559.htm。
⑥ 朱春华、史晓丹：《商业银行助力银发经济高质量发展路径探析——基于养老产业发展视角》，《西南金融》2024年第7期。

二 银发经济产业的特征与时代意义

总体来看，银发经济产业具备产业广泛性、年龄指向性、产业与事业双重性以及发展动态性等特征。无论是在社会价值层面还是经济价值层面，大力发展银发经济产业具有重大的时代意义。

（一）银发经济产业核心特征

一是产业广泛性。银发经济产业涉及多种业态，延伸至第一、第二、第三产业，综合性强、涉及面广。二是年龄指向性。从服务对象看，银发经济产业不仅限于60岁及以上的老年人群体，还包含其他涉及养老准备的人群，对应老龄阶段的老年经济以及未老阶段的备老经济。三是产业与事业双重性。银发经济不仅仅是产业，还是事业。事业具有福利性、公益性和公共性；产业要突出竞争性、营利性，二者相互联系、彼此协同，共同构成银发经济产业的有机整体。所以，银发经济产业兼具经济性、公益性和福利性的特点。四是发展动态性。随着科技创新不断融入银发产业链和供应链，银发经济产业也处于不断升级改造的发展过程中，不断涌现新的产品和服务、不断孕育新的商业模式。

（二）发展银发经济产业的时代意义

大力发展银发经济产业具有深远的意义，它不仅是对人口老龄化的积极响应，也是推动经济社会可持续发展的关键。发展银发经济产业，既是应对人口老龄化、实现人民对美好生活向往的必然要求，也是推动郑州市经济社会高质量发展的必经之路。在经济价值层面，发展银发经济产业并将其作为拉动经济增长和带动社会发展的战略性新兴产业，不断满足老龄人群以及备老人群的多样化、个性化需求。在社会价值层面，发展银发经济产业在提升老年人生活品质、促进社会和谐稳定、改善基本民生、营造尊老敬老社会氛围等方面具有重大意义。

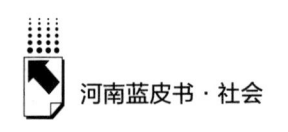

三 郑州市银发经济产业发展现状

近年来，郑州市委、市政府深入贯彻习近平总书记关于应对老龄化工作的重要论述精神，把养老服务和银发经济产业发展摆在突出的位置，在全国率先形成"五级书记抓养老"的联动贯通新格局。郑州市作为河南的省会城市，拥有庞大的老年人口基数，人口老龄化明显，银发经济产业的发展状况对于其经济社会发展具有重要影响。近年来，虽然郑州市相继出台了一系列促进银发经济产业可持续发展的政策措施，但银发市场仍然存在市场发育不完善、市场发展不规范、消费潜力挖掘不充分等现实问题。总之，郑州市银发经济产业还处于孵化期，未进入良性发展阶段。

（一）郑州市人口老龄化的特点分析

从整体上看，郑州市人口老龄化主要呈现四大特点，即规模量大、增长率快、城乡差异以及未富先老。截至2023年底，郑州市60岁及以上老年人口达166.89万人，占全市总人口的17.9%左右，占比较高。当前，郑州市正处于由轻度老龄化向中度老龄化转换的关键时期。从历史数据看，2018年，郑州市人口自然增长率为7.0‰左右，2022年则下降至3.0‰左右，4年时间下降了4.1个千分点。2023年，人口自然增长率继续下降至2.6‰左右，人口出生率仅为7.6‰左右。[①] 另外，人口出生率的持续走低进一步加剧了郑州市的老龄化压力。郑州市老年人口规模大且老龄化速度较快，与人口出生率下降态势相叠加，不仅导致家庭规模日渐缩小，也导致郑州市老年抚养比[②]大幅上升。

此外，郑州市尚未实现共同富裕却进入老龄化社会，未富先老。郑州市人均GDP远低于国内经济发达城市。从地域视角来看，全国除北京、上海、

---

① 《2023年郑州市国民经济和社会发展统计公报》，郑州市统计局网站，2024年4月7日，https://tjj.zhengzhou.gov.cn/tjgb/8324080.jhtml。
② 老年抚养比是指65岁及以上人口与劳动年龄人口的比。

浙江等个别省（市）处于边富边老的状态，大部分省（区、市）均为未富先老。此外，郑州市老龄化在空间格局上呈现城乡差异。根据第七次全国人口普查结果，郑州市农村60岁及以上人口和65岁及以上人口的占比高于城镇相对应的人口占比，反映了郑州市农村地区的人口老龄化水平高于城镇，且先于城镇进入老龄化阶段。

（二）郑州市银发经济产业的发展趋势及存在的主要问题

1. 郑州市银发经济产业的发展趋势

人口老龄化给郑州市银发经济产业带来了良好的发展机遇。日益增加的老年人口所产生的巨大需求，注定了银发经济产业具有广阔的前景和可持续性。银发经济产业不是单一的产业部门，而是涉及多领域的产业体系，其业态交织、行业并存、错综复杂，郑州市银发经济产业具有巨大发展潜力。这首先得益于郑州市巨大的备老和养老需求，共同支撑起银发经济产业发展的基本盘，而且呈现多层次、多样性和异质性的需求特征。根据郑州市人口老龄化的发展趋势以及养老需求的不断释放，银发经济产业规模将相当可观，必将为推动银发经济产业升级和高质量发展注入新动能。从需求侧来看，郑州市老龄人口具有高度异质性，代际差异显著，核心需求层次多、多样性明显。随着"60后"的逐渐退休，银发群体的消费观将发生大的变化，不断向追求高质量的消费方式和生活方式转变，更加注重精神需求，不再简单满足于传统的"衣、食、住、行、用"，这些银发群体将成为推动银发经济产业可持续发展的后备军。银发经济产业发展前景广阔，有望成为郑州市拉动内需、促进消费、支撑经济高质量发展的新增长极。

2. 郑州市银发经济产业发展过程中存在的主要问题

与人口老龄化产生的重大需求相比，郑州市银发经济产业发展相对滞后，产业链不完整，产业整体竞争力不强，老龄市场容量偏低，消费潜力没有完全释放、市场挖掘也不够充分。主要存在优质普惠服务供给短缺、专业护理人员匮乏、科技创新和智慧养老有待加强、老年精神文化服务供应不足、养老金融制度不完善、社会保障体系不健全等问题，而且公共区域以及居家环境适老化改造进展缓慢，普遍存在基本养老服务设施供给不足与闲置共存的现象。现阶段郑州市银发经济产业发展呈现有效需求乏力、供给不足、结构失衡等特征，再加上银发经济产业微利性的特点，会造成社会资本信心不足、市场主体内生动力不够、社会投资积极性不高。此外，郑州市银发经济产业链不强、产业集群效应不显著、技术创新相对落后，缺乏自主研发、自主设计的地方性品牌。实现郑州市银发经济产业的可持续发展，亟须解决这些突出问题。

四 促进郑州市银发经济产业可持续发展的对策建议

银发经济产业是一个潜力大、后劲足的新领域，具备巨大的后发优势。当前，郑州市银发经济产业正处于快速发展的关键时期，亟须补齐短板，进一步提升银发产品与服务的质量和效率。需在政策引导、鼓励社会资本投入、构建完整产业链条、科技创新融入、从业人员引进与培训五个方面下大功夫。本文立足于郑州市银发经济产业发展的实际，提出郑州市银发经济产业下一步工作的指导性意见和工作思路，并采取符合市情实际、可操作性强的工作举措，具体建议如下。

（一）加强政策引导：制定和完善银发经济产业相关政策，提供税收优惠、资金支持

首先，政府需要对银发经济产业发展方向进行合理引导和规划，制定出台一系列标准化、规范化的规章制度，并严格细化银发经济产业相关产品和服务的认证标准。郑州市亟须进一步加快养老产业的规划和建设，重点培育或打造一批领先的产业品牌，更好地发挥模范带头作用。其次，出台支持银发经济产业可持续发展的优惠政策，加大对机构或个人投资者在土地审批、财政支持、金融服务、税收优惠以及社会投资等方面的倾斜力度，特别是加大对养老服务、老年文教等方面的税收优惠力度，吸引相关机构、社会团体

和个人投资郑州市银发经济产业，争取把郑州市打造成国内银发经济产业可持续发展的先进示范区或产业集聚区。最后，要加强政府的宏观指导，建立健全政策法规体系，发挥政府机构的监管作用，规范商业道德，加强行业自律。政府需要适时、适度运用宏观经济调控手段，为银发经济产业发展创造良好的政策环境和营商环境，在扩大社会福利、增加公共投资、实施产业政策、优化产品和服务等方面更好发挥作用。

（二）鼓励社会资本投入银发经济产业：形成政府、企业、社会组织和个人共同推动的格局

银发经济产业具备循环周期长的特征，资本投资动力不足，投资主体单一。郑州市应按照"政府主导、社会支持、企业参与、个人补充、市场推动"的发展思路，规划好银发经济产业发展蓝图，积极鼓励社会资本投资银发经济产业。推动郑州市银发经济产业的可持续发展，既要依靠政府的主导作用，保证银发经济产业的民生性和公共性，又要依赖市场的资源配置作用，尊重银发经济产业的趋利性和市场性，事业与产业二者必须协同推进。首先，政府应承担兜底责任。兜底贫困老人、失能老人、失依老人、独居老人的养老，使其享有基本的养老福利，保障其基本生活水平，做到老有所养。其次，必须发挥市场配置资源的基础性作用，提高银发经济产业的发展效率，积极参与市场竞争。最后，既要强调社会公平和社会效益，满足老年群体的基础性、生存性养老需求，又要注重生产效率与经济效益，为市场有效提供多样化、个性化的产品与服务。只有实现有为政府和有效市场双轮驱动，才能更好地推进郑州市银发经济产业的可持续发展。

（三）构建从生产到服务的完整银发经济产业链：推动第一、第二、第三产业融合发展，形成产业集群

银发经济产业覆盖第一、第二、第三产业，形成了第一、第二、第三产业融合发展体系。银发经济产业既有属于第一产业的老年食品，也有属于第二产业的老年用品，还有属于第三产业的养老服务。不同产业领域的劳动就

业、商业模式、发展水平、产业布局等各有差异，相互依存、相互补充、相互促进。要充分利用产业政策工具，在供给侧运用财政、税收、信贷等宏观手段，缩短银发经济产业链和供应链的形成周期，做到产业协同发展和多领域均衡发展，优化产业空间布局，促进产业升级。一是要不断提升银发经济产业链的业态创造和融合发展，顺应老龄化趋势，实现产业链和供应链的有效衔接和融会贯通。例如，充分利用当地资源优势，打造一批旅居康养基地，推出"游学+康养"等体验式旅游产品，创新打造多种养老场景。二是要发挥比较优势，不断扩大郑州市银发经济相关产业规模，形成产业集群。例如，发挥郑州市在纺织、食品、生物医药等生产加工领域的产业优势，在老年服务、老年日用品、老年食品、抗衰老药物等方面打造国内知名品牌。三是要构建从生产到服务、从上游到下游的完整产业链，推动第一、第二、第三产业融合发展，细化分工，注重产业共享互利和协同合作，不断壮大郑州市银发经济产业链和产业体系。例如，开展银龄用品贸易博览会和展销会，开设银龄用品专柜、老年用品专卖店，不断提升银龄产品市场的影响力，将现存需求转化为现实需求。

（四）加大科技创新力度：利用现代科技手段，提升银发经济产业的服务质量和效率

银发经济产业相关领域能够最大限度地利用互联网、大数据、人工智能等现代科技，通过与数字经济的深度融合，提升银发经济产业领域的技术含量，提高涉老产品和服务的供给质量。要加大对银发经济产业的科研技术投入，进一步加强应用基础研究，以创新引领老年用品制造业和服务业发展。例如，针对银发群体的医疗、健康、理财需求，加强科技赋能，研发智能老年手机或贴心软件等科技产品，满足老年人用药提醒、血糖血压监测、功能定位、一键救助、远程呼叫以及理财推荐等需求。进一步加快物联网、区块链、人工智能等数字技术融入银发经济产业的步伐，使数字经济成为推进银发经济产业升级和可持续发展的关键力量。例如，建立银龄用品互联网平台，推广性价比高的老年用品，定期举办老年消费购物节。也可大力推广

"互联网+医疗保健"商业模式，提供网上看病、网上配药、网上结算等服务。此外，不能仅仅把目标群体锁定在高龄老年人上，还应迎合低龄活力老年群体的个性化、多元化需求，该群体对智能化、科技化产品或服务接纳程度更高。总之，通过技术创新向银发经济产业的渗透，既要降低银发经济产业的交易和生产成本，也要扩大要素资源的配置领域，协同好多元化的生产主体，使老龄产业集群竞争力得到进一步提升。

（五）加强银发经济产业从业人员的培养和引进：提高从业人员的服务质量和效率

当前，银发经济产业的从业人员规模小且人员分布不均衡，主要集中在养老服务、医疗服务等领域。此外，养老护理人员福利待遇相对较低、社会认可度不高，造成银发经济产业从业人员的内生动力不足。首先，郑州市应加大相关从业人员的培养力度，设立规范、严格的培训制度。同时，要提升从业人员的综合素养，提升工作环境的硬件水平，以高福利提高产业吸引力，增强从业人员的归属感和职业认同感。其次，需建立严格的行业规范，打造一批专业化、高素质的从业人员队伍，在工作中做到自始至终善待银发群体。最后，要引导银发经济产业企业为低龄老年人提供适老化工作机会，积极鼓励低龄老年人结合自身优势继续发挥余热，进一步激发低龄老年人的工作潜能，不断提升低龄老年群体的社会价值。

参考文献

蔡昉：《以发展银发经济拓展经济循环链条》，《中共中央党校（国家行政学院）学报》2024年第22期。

高颖：《银发经济的发展机遇及其布局》，《人民论坛》2024年第10期。

林宝：《发展银发经济满足多样化养老需求》，《人民论坛》2024年第13期。

Abstract

The Annual Report on Social Development of Henan (2025) is compiled under the auspices of the Henan Academy of Social Sciences, systematically summarizes the main achievements in the field of social construction in Henan in recent years, particularly in 2024. It comprehensively reviews the current situation and characteristics of social development in Henan, analyzes its hotspots, difficulties, and focal issues. And it further analyzes the trends of social development in Henan in 2025, offering countermeasures and suggestions.

Based on the spirits of the 20th National Congress of the CPC, the Third Plenary Session of the 20th CPC Central Committee, the 11th Provincial Party Congress, the 7th Plenary Session of the 11th Provincial Committee, and the provincial "Two Sessions", the *Annual report on social development of Henan (2025)* takes the improvement of the social governance system as a main line, comprehensively and systematically interpreting the significant theoretical and practical issues in livelihood construction, social governance, rural revitalization, and population aging in Henan.

The book comprises five major parts: the General Report, Urban Governance Topics, Rural Governance Topics, Public Service Topics, and Case Topics. The General Report is written by "the Research Group of Annual Report on Social Development of Henan" which comes from Henan Academy of Social Sciences, it represents the fundamental perspectives of the book on analyzing and assessing the social development trends in Henan. In 2024, it was the 75th anniversary of the founding of New China, and it was a pivotal year for fully implementing the spirit of the 20th CPC National Congress and sprinting towards the goals outlined in the 14th Five-Year Plan. In the past year, Henan has been vigorously advancing critical reforms in the field

Abstract

of social construction and continuously stimulating socio-economic vitality, which Guided by Xi Jinping Thought on Socialism with Chinese Characteristics for the New Era and under the strong leadership of the provincial party committee and government. This resulted in sustained economic improvement, high-quality progress in social undertakings, steady enhancement of people's livelihoods, further refinement of the social governance system, and new strides in modernization drive in Henan. Nevertheless, the social development in Henan still confronts issues and challenges that cannot be overlooked, such as insufficient consumption-driven economic momentum amidst unbalanced income and expenditure, escalating labor supply issues stemming from the combined effects of low birth rates, aging populations and population outflows, persistent structural employment pressures, and multifaceted challenges to public safety. In 2025, confronted with the profoundly changing external environments and arduous development tasks, Henan will anchor its efforts on "two guarantees" and thoroughly implements "ten strategies" and "ten constructions", thus continually deepening reform of the income distribution system, improving support and service system of population development, promoting employment with high-quality and sufficient, enhancing public services and social security system, and refining public safety governance mechanisms. It will strive to write a new chapter in the practice of modernization drive in Henan with Chinese characteristics fueled by historical responsibility and strategic resolve.

The parts of Urban Governance Topics, Rural Governance Topics, Public Service Topics, and Case Topics in this book are written by experts and scholars from inside and outside of Henan. They conduct in-depth analysis of significant issues in the process of modernization drive in Henan from various research perspectives, which objectively reflect the basic status, problems, and challenges in Henan in recent years, particularly in 2024. And they provide an outlook for social development trends in Henan in 2025, coupled with countermeasures and suggestions to improve the social governance system, promote high-quality development of social undertakings, and facilitate the modernization drive in Henan.

Keywords: Social Construction; Social Governance; The Modernization in Henan

Contents

I General Report

B.1 Continuously Improving the Social Governance System and Solidly Advancing the Modernization Drive in Henan

—*Annual report on social development of Henan in* 2024-2025

Research Group of Annual Report on Social Development of Henan / 001

Abstract: In 2024, it was the 75th anniversary of the founding of New China, and it was a pivotal year for fully implementing the spirit of the 20th CPC National Congress and sprinting towards the goals outlined in the 14th Five-Year Plan. In the past year, Henan has been vigorously advancing critical reforms in the field of social construction and continuously stimulating socio-economic vitality, which Guided by Xi Jinping'Thought on Socialism with Chinese Characteristics for the New Era and under the strong leadership of the provincial party committee and government. This resulted in sustained economic improvement, high-quality progress in social undertakings, steady enhancement of people's livelihoods, further refinement of the social governance system, and new strides in modernization drive in Henan. It is also obvious that the social development in Henan still confronts issues and challenges which cannot be overlooked, such as insufficient consumption-driven economic momentum amidst unbalanced income and expenditure, escalating labor supply issues stemming from the combined effects of low birth rates, aging populations and population outflows, persistent structural employment pressures, and multifaceted challenges to public safety. In 2025, confronted with the profoundly changing external environments and arduous development tasks, Henan will anchor its efforts on "two guarantees" and thoroughly implements "ten strategies" and "ten constructions", thus continually deepening reform of the income distribution system, improving support and service system of population development, promoting employment with high-quality and sufficient, enhancing public services and social security system, and refining public safety governance mechanisms. It will strive to write a new chapter in the practice of modernization drive in Henan with Chinese characteristics fueled by historical responsibility and strategic resolve.

Keywords: Social Construction; People's Livelihood Undertakings; Social Governance; the Modernization in Henan

Ⅱ Urban Governance Topics

B.2 Research on Strategies and Paths for Enhancing Rural Governance Capacity in Henan Province

Hong Peidan, Cui Xuehua / 039

Abstract: As a major agricultural province, the comprehensive revitalization of rural areas is of paramount importance in Henan Province. Enhancing rural governance capacity is the key to achieving comprehensive revitalization. In recent years, rural governance in Henan Province has achieved significant results in terms of governance subjects, governance methods, and governance mechanisms. However, outdated governance concepts, insufficient effective support, and lagging legal construction have become bottlenecks that restrict Henan Province from further improving its governance capacity. To solve the above problems, this article draws on advanced governance experience at home and abroad and proposes the following strategies and paths: firstly, provide effective leadership and increase the execution power of the system; The second is to build a close community and enhance the synergy of governance; The third is to expand the application field of technology and enhance the support of intelligence.

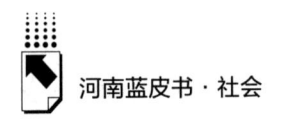

Keywords: Rural Revitalization; Governance Effectiveness; Implementation Path

B.3 Research on the Classification Guidance Path of Modernizing Social Governance to Promote Safe Construction in Henan Province　　　　*Li Wenjiao* / 050

Abstract: Advancing the modernization of social governance is an important foundation for the construction of safety in Henan Province. It is imperative to innovate and carry out modern classification guidance for social governance at the levels of city, county, township (street), village (community). The city needs to gather comprehensive experience in social governance to explore new models for safe construction. Counties innovate new measures for safe construction by creating prominent highlights of social governance. Townships (streets) should shape first-class models of social governance to build new blocks for safe construction. The last mile of social governance in villages (communities) is to improve the construction of a new line of defense for safety.

Keywords: Modernization of Social; Safe Construction; Henan Province

B.4 The Practice Status, Opportunities, Challenges, an Improvement Path of Community Worker Team Construction in Henan Province in the New Era

Pan Yanyan / 064

Abstract: In recent years, the construction of community worker team in Henan Province has achieved remarkable results, policy support has been continuously increased, team structure has been continuously optimized, ability and quality have been further improved, and professional identity has been significantly enhanced. The construction of community worker team in the new era faces both important development opportunities and realistic challenges. To promote the construction of a high-quality community worker team, we should take overall planning as the guide, capacity building as the core, standardized management as the key, and incentive guarantee as the focus, and strive to build a high-quality professional community worker team, so as to provide strong support for the development and growth of the backbone of grassroots governance and the construction of a new pattern of grassroots governance featuring joint construction, co-governance and sharing.

Keywords: Grassroots Governance; Community Worker; Talent Team Construction; Henan Province

B.5 Practice Exploration and Optimization Path Research of Constructing Digital Social Governance System in Henan Province　　　　　　　　　　*Deng Huan* / 077

Abstract: The digitalization of social governance is an important part of the modernization of the national governance system and governance capacity. In recent years, Henan Province has actively adapted to the development trend and requirements of the digital age, continuously promoted the digital and intelligent construction of public services, grass-roots social governance, social conflict resolution, social security prevention and control, and made important progress and remarkable results. At the same time, it is also necessary to see that there are still some shortcomings in the current digital social governance of Henan Province in the aspects of digital governance concepts, institutional rules, multi-subject business collaboration, and element support. It is suggested to improve the digital social governance system from the aspects of cultivating the digital governance thinking of governance subjects, improving the system construction, constructing the multi-subject collaborative governance pattern, and strengthening the element support, so as to effectively improve the modernization level of social governance system and governance capacity, and enhance the people's sense of gain, happiness, and security.

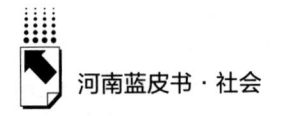

Keywords: Digital Governance; Practice; Social Path; Henan Province

B.6 Research on the Challenges and Paths of Youth Volunteers Participating in Community Governance in Henan Province's Universities　　　　*Ye Yaping* / 089

Abstract: Community is the main venue for volunteer service and a crucial channel for young volunteers to engage in grassroots social governance. Henan Province has made significant efforts in promoting the involvement of young volunteers from universities in community governance, effectively driving new achievements in grassroots governance innovation within the province. However, in practical operations, challenges persist, including inadequate self-construction, limited service content, imperfect support mechanisms and low social recognition. To address these issues, it is imperative to enhance organizational management and volunteer capacity building, broaden the scope of community volunteer services, establish a comprehensive support and guarantee system, and intensify publicity and promotion efforts. These measures are crucial to facilitate a "two-way collaboration" and promote mutual development between communities and universities.

Keywords: Universities; Youth Volunteer; Community Governance

Contents

III Rural Governance Topics

B.7 The Era's Dilemma and Future Development of Rural Governance in Henan Province *Tian Fengshao, Wang Xinyi / 101*

Abstract: In recent years, the creation of Five-Star Branches in rural areas of Henan Province has received widespread attention under the guidance of some policy documents, such as "the Five-Year Action Plan for the Revitalization of Rural Organizations in Henan Province" and "the Guiding Opinions on the Creation of Five-Star Branches to Lead Rural Governance". The Henan model, about the grassroots construction of the CPC, leading rural governance with the creation of "five-star" branches has basically taken shape, and the leadership of rural governance, the construction of rural governance system, and the construction of rural governance platforms and mechanisms have all achieved remarkable results. However, in the context of the new era, we still face the following problems: "Ability panic, and insufficient ability", "the situation of pluralistic co-governance has not yet been formed", "the degree of integration of multiple governance is not high", "the level of rural governance empowered by digital intelligence is low", "the degree of standardization of rural governance is still low", "the degree of standardization of rural governance is still low". "The degree of standardization of rural governance still needs to be improved" and other dilemmas. In the future, it is still necessary to adhere to the principles of party building leadership, people's main body, multi-governance fusion, and outstanding service orientation, to further improve the mechanism of party building leadership in rural governance, to enhance the economic security of rural governance, to focus on giving full play to the function of village organizations in rural governance, to focus on the innovation of social synergy mechanisms, to strengthen the construction of institutional rules, etc., to comprehensively improve rural governance. and strengthening the construction of systems and rules, so as to comprehensively enhance the modernization of the rural governance system and governance capacity.

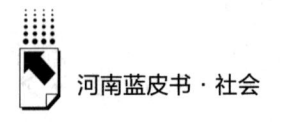

Keywords: Rural Governance; Rural Revitalization; Rural Organization; Henan Province

B.8 Exploration and Research on the Practice of Digital Technology Empowering Rural Governance in Henan Province　　　　　　　　　　*Li Sanhui* / 114

Abstract: In the digital era, promoting rural digital governance is the basic way to improve the modernization of rural governance, and it is also the basic guarantee for achieving high-quality rural economic and social development. In practice, many places in Henan have made creative explorations around empowering rural governance with digital technology, forming some practical experience. However, it should also be noted that the promotion of rural digital governance still faces constraints in terms of concept cognition, mechanism construction, and action capacity. It is necessary to accelerate the improvement of the rural digital governance mechanism under the leadership of Party organizations, improve the digital literacy and ability of rural governance subjects, improve the guarantee system for rural governance empowered by digital technology, and constantly deepen the coupling of "digital technology" and "governance actions" in rural governance.

Keywords: Rural Governance; Digital Village Construction; Rural Digital Governance

B.9 "Social Work Space" Construction: A New Approach to Provide Social Services in Rural Henan Province
　　　　Yin Yuru, Zhang Qiping, Zhang Zonghao and Zhang Xuyang / 126

Abstract: The new process of building a socialist modernized country and rural revitalization requires new development of social work. Although there have been many practices of social work in rural areas, there are still shortcomings in how to participate in rural governance and provide social services. By studying the "likeness social work Space" model in Henan Province, a new model of "social work Space" can be established to cultivate local social work talent, efficiently participate in social services, and effectively promote rural revitalization in Henan Province. This can achieve the goal of achieving a good interaction between government governance, social regulation, and resident self-governance in rural areas of Henan, promoting efficient grassroots social governance, and driving comprehensive rural revitalization.

Keywords: Rural Revitalization; Social Work; Social Services

B.10 Practice Exploration and Research of Promoting Rural Cultural Governance in Henan Province *Wang Siqi* / 141

Abstract: Rural cultural governance is an important link in the modernization drive to realize the coordinated development of material civilization and spiritual civilization, and is of great significance to meet the spiritual and cultural needs of farmers, cultivate rural civilized customs and promote the modernization of rural governance. However, with the development of urbanization and industrialization and the continuous outflow of rural population, rural cultural governance is faced with problems such as the weakening of rural cultural disorder, the lack of rural cultural governance subjects, and the insufficient development of rural cultural industries. Therefore, the promotion of rural cultural governance must focus on the protection of traditional cultural resources to promote excellent rural traditional culture, promote the development of cultural industries to build a solid foundation for rural governance, train cultural talents to improve the ability of rural cultural governance, and promote the formation of a positive feedback pattern of rural civilization and effective governance, so as to promote the comprehensive revitalization of rural areas.

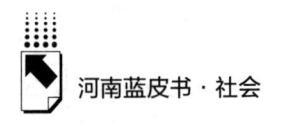

Keywords: Rural Cultural Governance; All-round Rural Revitalization; Modernization of Rural Governance; Henan Province

Ⅳ Public Service Topics

B.11 Research on the Construction of Henan Grassroots Public Cultural Service System Under the Background of Rural Revitalization　　　　　　　　　　　*Wang Jingyi* / 154

Abstract: Quality cultural life is an important part of people's better life. The establishment of a direct access mechanism for high-quality cultural resources to the grassroots level is of great significance for meeting the growing spiritual and cultural needs of the people and promoting the common prosperity of people's spiritual life. In recent years, with the great attention and unremitting efforts of the provincial Party Committee and the provincial government, the basic cultural rights and interests of the rural grass-roots people in Henan have been effectively protected. However, grassroots public cultural services still face challenges in terms of infrastructure, cultural supply and talent team. To this end, it is necessary to strengthen ideological and theoretical understanding, increase investment in public cultural undertakings, sink high-quality public cultural resources, improve the public cultural service system and other aspects to promote the high-quality development of public cultural services at the grassroots level, so as to ensure the basic cultural rights and interests of the grassroots people.

Keywords: Rural Revitalization; Grassroots Public Cultural Services; Henan

Contents

B.12 Research on the High-quality Development of Volunteer Service in Henan Province

Research Group of Zhengzhou University / 168

Abstract: Volunteer service is an important symbol of social civilization and progress. Since the 18th National Congress of the Communist Party of China, the Party Central Committee has attached great importance to the development of China's volunteer service, and the 20th National Congress of the Communist Party of China has emphasized the improvement of the volunteer service system and work system. The volunteer service team has gradually grown and become an important force in socialist modernization construction. This study investigates the development of volunteer service in Henan Province, and finds that volunteer service in Henan Province has made good progress in terms of government support, social participation, service field expansion and service form innovation, but there are also problems such as imperfect construction of volunteer team, insufficient deepening of volunteer service spirit, imperfect operation of service mechanism and low overall service efficiency. Based on this, this study deeply analyzes the root cause of the problem through investigation and combines with the actual situation of Henan Province, and explores ways to focus on the construction of talent team, deepen the spirit of volunteer service, improve the operation management system, and strengthen project publicity and guidance, so as to promote the high-quality development of volunteer service in Henan Province and promote the standardization, quality, sustainability and normalization of volunteer service in Henan Province.

Keywords: Volunteer Service; High-quality Development; Henan Province

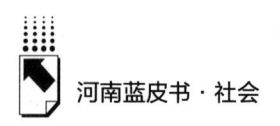

B.13 Report on Educational Governance and Development in Henan Province　　　　　*Zhang Kan* / 186

Abstract: The year 2024 marks a critical juncture in the implementation of the "14th Five-Year Plan." This year also heralds the initiation of the construction of a a strong province in term of education for Henan Province. Over the past year, this province has made every effort to advance the modernization of its educational governance systems and capabilities. As a result, this province has seen ever-improving education quality, ever-deepening educational reforms, and a significantly enhanced capacity for educational services. Remarkable accomplishments have been achieved in education of various levels and types, with ongoing progress achieved in educational modernization. However, the educational development in this province is also experiencing unprecedented changes in a century. Against the backdrop of a massive population scale, the reversal of population trends, and the transition to a "post-universal education" phase, Henan is confronted with new and significant challenges in its pursuit of high-quality educational governance. Its educational development requires consideration of the dual impact of a still-large educated population and the sprawling decline in birth rates, making it essential to improve education quality, with a greater emphasis on educational equity. With the reversal of population trends as an opportunity, Henan Province must focus on the high-quality development of its educational governance.

Keywords: Educational Governance; High-quality Development; A Strong Province in Terms of Education

B.14 Investigation and Suggestions on the Integrated Development of Culture, Sports, and Health in Henan Province　　　　　*Feng Qinglin* / 204

Abstract: The integrated development of "culture, sports, and health" not only prevents diseases and keeps fit, but also cultivates the mind and body, reflecting the organic combination of excellent traditional culture and modern humanistic care. As a brand-new lifestyle, it has become an effective way to implement the two national strategies of "actively responding to population aging" and "Healthy China". Based on the investigation and reflection of typical cases of the integrated development of "culture, sports, and health", this paper proposes to create a social psychological atmosphere conducive to the integrated development of culture, sports, and health, strengthen social policy support to promote institutions and social organizations to intervene in communities to carry out integrated development activities of culture, sports, and health, introduce the outline of the provincial development plan for the integrated development of culture, sports, and health, and scientifically define and classify the guidance for the elderly to participate in the integrated development activities of culture, sports, and health.

Keywords: Culture, Sports, and Health; Integrated Development; Henan

B.15 Analysis of the Current Situation, Problems and Countermeasures of Promoting the Construction of a High Standard Human Resources Market System in Henan Province

Zhang Xiaoxin, Chen Xiangying and Han Xiaoming / 216

Abstract: Employment is an important foundation for social stability and economic development, and the human resources market system is a comprehensive system involving employment. The high standard human resources market system is a comprehensive upgrade of the existing human resources market system. Its efficient construction will inevitably promote the orderly flow of human resources elements, fully play the decisive role of the market in human resources allocation, and leverage the role of the government to promote the efficiency improvement of the human resources market. This article first accurately defines the basic connotation and characteristics of the high standard human resources market system, sorts out the various theories, methods, policies and regulations involved, and objectively evaluates the effectiveness of the construction of the high standard human resources market system in Henan Province. It is found that there are still serious human resources market segmentation, incomplete human resources market institutional system, frequent illegal and irregular problems of operating human resources service institutions, insufficient construction of human resources market software and hardware facilities, and insufficient supervision capacity of the human resources market in Henan Province. Finally, it proposes to take multiple measures to crack the segmentation of the human resources market, further improve the supporting laws, regulations and policy system, standardize the market behavior of operating human resources service institutions Policy recommendations include strengthening the construction of software and hardware facilities in the human resources market, and comprehensively improving the regulatory capabilities of the human resources market.

Keywords: Human Resources; Market System; Hunan Resource Service

B.16 Research on the Current Situation and Countermeasures of Henan Province Grass-roots Emergency Management Capacity Building *Hao Yingying / 228*

Abstract: Improving the ability of emergency management at the grass-roots level is an important part of promoting the modernization of Henan Province's governance system and governance capacity. At present, the grass-roots emergency management in Henan Province is faced with the problems that the grass-roots emergency coordination mechanism needs to be optimized, the professional ability of the emergency team needs to be strengthened, and the emergency material support needs to be improved. It is urgent to create a new pattern of multi-governance of grass-roots emergency, and then under the leadership of party building, we should build a multi-community to promote the improvement of grass-roots emergency ability, constantly make up for the shortcomings of grass-roots emergency management ability, speed up the promotion of grass-roots emergency management to information, intelligent and scientific development, build a higher level of grass-roots emergency management system, and create a safer and more harmonious development environment for Henan 's economic and social development.

Keywords: Grass-roots Emergency; Emergency Management Capabilities; Henan Province

V Case Topics

B.17 Innovative Research on Resolving Mode of Urban Community Conflicts and Disputes in Henan Province
—Take Zijin Community in High-tech Zone of Zhengzhou as an Example   Xu Jingbo, Rong Yingying / 239

Abstract: Timely discovery and effective resolution of grassroots contradictions and disputes are related to the modernization of national governance and long-term social stability. At present, conflicts and disputes in urban communities are increasingly complex and diverse, posing severe challenges to social governance at the grassroots level. As an important cornerstone of maintaining social stability and improving residents' happiness, the construction of safe community is of self-evident importance. This paper takes Zijin Community in Zhengzhou High-tech Zone as an example, through participatory observation and semi-structured interview, in-depth analysis of the innovative practice of Zijin community in resolving community conflicts and disputes. The study found that Zijin community formed a new model of "Party-building+Grid+Mediation" to resolve diversified contradictions and disputes. The specific manifestations are the lead of party building and the activation of the subjectivity of the "Peace five old people", the play of the head goose effect and the creation of the "Secretary conflict and dispute mediation room", the extensive participation of volunteers and the expansion of the conflict and dispute mediation network, the embedding of digital technology and the integration of conflict and dispute mediation resources. Under this model, the quantity and quality of conflict and dispute resolution in Zijin community have been significantly improved, community residents' willingness to participate and autonomy have been improved, community conflict and dispute resolution system and mechanism have been further improved, and community harmony and stability have been further maintained and consolidated. The experience of Zijin community to achieve such results lies in adhering to the guidance of party building and strengthening organizational guarantee; Fine grid governance, to achieve accurate investigation; Multiple participation in mediation to promote harmonious coexistence; Process dynamic resolution, to achieve source governance. The new model of resolving conflicts and disputes in Zijin community provides experience and inspiration for other urban communities, helps to improve the ability to respond to the demands of the masses and serve the people, and promotes the construction of safe communities and the harmonious development of society.

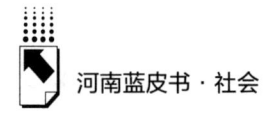

Keywords: Community Governance; Conflict Resolution; Model Innovation

B.18 The Characteristics and Regulatory Path of Online Rumors
—*Taking the Rumors Spread on Henan's Debunking Platform as an Example* Yin Lu / 251

Abstract: Online rumors have the general characteristics of rumors, but their forms, carriers, dissemination modes, and dissemination methods have undergone significant changes. Online rumors are rootless, but their creation and dissemination have social characteristics. Understanding the relationship between actors, media, and social environment is essential to grasp the essence of online rumors. The immediacy, openness, and speed of the internet provide convenience for the publication and dissemination of rumors, as well as the possibility of quickly clarifying them. How to leverage the positive effects of the internet and curb negative impacts is a proposition in the context of governance.

Keywords: Online Rumors; Rule and Regulation; Online Communication

B.19 A Study on the Practice of Social Organizations Participating in Grassroots Social Governance in Henan

—A Case Study of Zhengzhou City

Wang Ying, Li Hang, Gao Di and Zuo Jiahuizi / 259

Abstract: This paper selects three different types of social governance: social work institutions to undertake government purchase social governance services, the party leading community governance practice of the Tongxinhuayuan community and the "happy home" village mutual aid project of Erqi district, through the interview method and field investigation of social organizations to participate in community governance. This paper summarizes the path and effectiveness of Zhengzhou social organizations participating in community governance. At the same time, there are some problems in the governance process: the path of social organizations to participate in grassroots social governance needs to be broadened; the role of social organizations participating in grassroots social governance is not clear; the financial guarantee of social organizations to participate in grassroots social governance is insufficient; and the ability of social organizations to participate in grassroots social governance needs to be improved. And put forward corresponding promotion suggestions: further broaden the path of social organizations to participate in the grassroots social governance; further clarify the role positioning of social organizations in participating in grassroots social governance; further enrich the sources of funds for social organizations to participate in the grassroots social governance; further enhance the ability of social organizations to participate in the grassroots social governance.

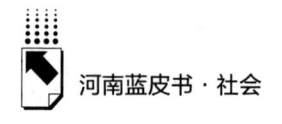

Keywords: Social Organization; Community-level Social Governance; Community Involvement; Social Services

B.20 A Study on the Construction Path of Collective Consciousness in Large-scale Poverty Alleviation Relocation Communities

——*Taking W Community in Lushi County as an Example*

Liu Feng, Guo Yanbo and Wang Bokun / 273

Abstract: The Communist Party of China and the government are paying more attention to continuing to vigorously promote resettlement work at the community level. Large-scale poverty alleviation relocation communities have their own complexity, and the difficulty in governance and content is relatively greater. Especially the community structure of "large mixed living and small clustered living" makes the community collective consciousness weakened, to a certain extent, increasing the difficulty of governance. The article constructs a three-dimensional analysis structure of "public-common-private", and tries to analyze the problems of public shared space segmentation, low level of community organization, and residents' relationship sorting in large resettlement communities in W Community, Lushi County, Henan Province, from the three levels of public space, community collective action, and social relationship network. Through field investigation and analysis, it was found that there are three paths to build the collective consciousness of large-scale poverty alleviation relocation communities: strengthen the emotional construction of public space, increase the organization of collective action, and pay attention to the expansion of social networks.

Keywords: Large-scale Poverty Alleviation Relocation Communities; Collective Consciousness; Collective Identity; Collective Action

B.21 Research on the Transformation of Home-based Care Services from the Perspective of Collaborative Governance
—Based on the practice of Henan Province　　Yan Ci / 288

Abstract: The implementation of the strategy of actively responding to the aging population was elevated as a national strategy for the first time in the Fifth Plenary Session of the 19th Central Committee of the Party, which is a timely move in the face of two major development trends of modern society-population aging and digital intelligence, and provides a general platform for promoting the construction of the pension system and improving the level of pension services. Subsequently, in the "14th Five-Year Plan" National Aging cause Development and elderly care service system Planning, it is necessary to promote the technological and intelligent upgrading of elderly products. It is an important topic to study the transformation of home-based care services by embedding technology in response to the needs of The Times and the expectations of the people, and with the deepening of the aging of the population and the comprehensive popularization of intelligent technologies such as "Internet +", it has attracted wide attention from the academic community. Taking the construction of family elderly care beds as an example, the paper aims to analyze the integration possibility of technology embedding and home-based elderly care service transformation through collaborative governance theory, and provide theoretical reference for innovative home-based elderly care service methods in the digital society.

Keywords: Technology Embedding; Home Care Services; Collaborative Governance

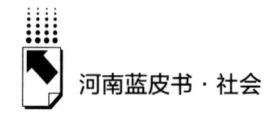

B.22 A Study on the Current Situation and Countermeasures of Adolescent Mental Health Work in Henan Province in 2024 .... Zhang Shu / 299

Abstract: With the rapid development of social economy and the increasing competitive pressure, the mental health problems of adolescents have become an important and indispensable content in the process of perfecting and improving the social governance system. In recent years, a new pattern of youth mental health work in Henan Province is taking shape, targeted and regular work is being carried out, and there is a certain material and personnel guarantee base. However, there are certain deficiencies in the overall social attention to youth mental health, the scientific of work methods, the number and quality of professional practitioners, and the degree of socialization. Therefore, in order to improve youth mental health work, it is necessary to promote the popularization of youth mental health education, strengthen the scientific tools and technologies for service, expand the professional talent team, and activate the overall layout of the service system with the governance model, constantly improving the youth mental health system, and building a new picture of social governance.

Keywords: Adolescent; Mental Health; Social Governance; Henan Province

B.23 Research on Sustainable Development of Silver Hair Economy Industry in Zhengzhou City
.... Research Group of Henan Academy of Social Sciences and Zhengzhou Civil Affairs Bureau (Zhengzhou Civil Affairs Development Center) / 313

Abstract: Actively responding to population aging and promoting the development of the silver haired economy industry are related to people's well-being. This article takes the sustainable development of the silver hair economy industry in Zhengzhou as the research entry point, and deeply analyzes the favorable conditions, unfavorable factors, and weak links for promoting the sustainable development of the silver hair economy industry in Zhengzhou. Based on the definition of the silver hair economy industry, scientifically analyze the development trend of the silver hair economy industry, propose the overall ideas, spatial layout, development goals, key tasks, implementation paths, and countermeasures for promoting the sustainable development of the silver hair economy industry in Zhengzhou, and put forward forward-looking thinking to promote the sustainable development of the silver hair economy industry in Zhengzhou, in order to provide better reference for the decision-making of the Zhengzhou Municipal Party Committee and Government.

Keywords: Silver Hair Economy Industry; Sustainable Development; Zhengzhou City

社会科学文献出版社

皮 书
智库成果出版与传播平台

✤ 皮书定义 ✤

皮书是对中国与世界发展状况和热点问题进行年度监测，以专业的角度、专家的视野和实证研究方法，针对某一领域或区域现状与发展态势展开分析和预测，具备前沿性、原创性、实证性、连续性、时效性等特点的公开出版物，由一系列权威研究报告组成。

✤ 皮书作者 ✤

皮书系列报告作者以国内外一流研究机构、知名高校等重点智库的研究人员为主，多为相关领域一流专家学者，他们的观点代表了当下学界对中国与世界的现实和未来最高水平的解读与分析。

✤ 皮书荣誉 ✤

皮书作为中国社会科学院基础理论研究与应用对策研究融合发展的代表性成果，不仅是哲学社会科学工作者服务中国特色社会主义现代化建设的重要成果，更是助力中国特色新型智库建设、构建中国特色哲学社会科学"三大体系"的重要平台。皮书系列先后被列入"十二五""十三五""十四五"时期国家重点出版物出版专项规划项目；自2013年起，重点皮书被列入中国社会科学院国家哲学社会科学创新工程项目。

权威报告・连续出版・独家资源

皮书数据库
ANNUAL REPORT(YEARBOOK) DATABASE

分析解读当下中国发展变迁的高端智库平台

所获荣誉

- 2022年，入选技术赋能"新闻+"推荐案例
- 2020年，入选全国新闻出版深度融合发展创新案例
- 2019年，入选国家新闻出版署数字出版精品遴选推荐计划
- 2016年，入选"十三五"国家重点电子出版物出版规划骨干工程
- 2013年，荣获"中国出版政府奖・网络出版物奖"提名奖

皮书数据库　　"社科数托邦"微信公众号

成为用户

登录网址www.pishu.com.cn访问皮书数据库网站或下载皮书数据库APP，通过手机号码验证或邮箱验证即可成为皮书数据库用户。

用户福利

- 已注册用户购书后可免费获赠100元皮书数据库充值卡。刮开充值卡涂层获取充值密码，登录并进入"会员中心"—"在线充值"—"充值卡充值"，充值成功即可购买和查看数据库内容。
- 用户福利最终解释权归社会科学文献出版社所有。

数据库服务热线：010-59367265
数据库服务QQ：2475522410
数据库服务邮箱：database@ssap.cn
图书销售热线：010-59367070/7028
图书服务QQ：1265056568
图书服务邮箱：duzhe@ssap.cn

社会科学文献出版社　皮书系列
卡号：572545853752
密码：

S 基本子库
SUB DATABASE

中国社会发展数据库（下设 12 个专题子库）

紧扣人口、政治、外交、法律、教育、医疗卫生、资源环境等 12 个社会发展领域的前沿和热点，全面整合专业著作、智库报告、学术资讯、调研数据等类型资源，帮助用户追踪中国社会发展动态、研究社会发展战略与政策、了解社会热点问题、分析社会发展趋势。

中国经济发展数据库（下设 12 专题子库）

内容涵盖宏观经济、产业经济、工业经济、农业经济、财政金融、房地产经济、城市经济、商业贸易等 12 个重点经济领域，为把握经济运行态势、洞察经济发展规律、研判经济发展趋势、进行经济调控决策提供参考和依据。

中国行业发展数据库（下设 17 个专题子库）

以中国国民经济行业分类为依据，覆盖金融业、旅游业、交通运输业、能源矿产业、制造业等 100 多个行业，跟踪分析国民经济相关行业市场运行状况和政策导向，汇集行业发展前沿资讯，为投资、从业及各种经济决策提供理论支撑和实践指导。

中国区域发展数据库（下设 4 个专题子库）

对中国特定区域内的经济、社会、文化等领域现状与发展情况进行深度分析和预测，涉及省级行政区、城市群、城市、农村等不同维度，研究层级至县及县以下行政区，为学者研究地方经济社会宏观态势、经验模式、发展案例提供支撑，为地方政府决策提供参考。

中国文化传媒数据库（下设 18 个专题子库）

内容覆盖文化产业、新闻传播、电影娱乐、文学艺术、群众文化、图书情报等 18 个重点研究领域，聚焦文化传媒领域发展前沿、热点话题、行业实践，服务用户的教学科研、文化投资、企业规划等需要。

世界经济与国际关系数据库（下设 6 个专题子库）

整合世界经济、国际政治、世界文化与科技、全球性问题、国际组织与国际法、区域研究 6 大领域研究成果，对世界经济形势、国际形势进行连续性深度分析，对年度热点问题进行专题解读，为研判全球发展趋势提供事实和数据支持。

法律声明

"皮书系列"（含蓝皮书、绿皮书、黄皮书）之品牌由社会科学文献出版社最早使用并持续至今，现已被中国图书行业所熟知。"皮书系列"的相关商标已在国家商标管理部门商标局注册，包括但不限于LOGO（ ）、皮书、Pishu、经济蓝皮书、社会蓝皮书等。"皮书系列"图书的注册商标专用权及封面设计、版式设计的著作权均为社会科学文献出版社所有。未经社会科学文献出版社书面授权许可，任何使用与"皮书系列"图书注册商标、封面设计、版式设计相同或者近似的文字、图形或其组合的行为均系侵权行为。

经作者授权，本书的专有出版权及信息网络传播权等为社会科学文献出版社享有。未经社会科学文献出版社书面授权许可，任何就本书内容的复制、发行或以数字形式进行网络传播的行为均系侵权行为。

社会科学文献出版社将通过法律途径追究上述侵权行为的法律责任，维护自身合法权益。

欢迎社会各界人士对侵犯社会科学文献出版社上述权利的侵权行为进行举报。电话：010-59367121，电子邮箱：fawubu@ssap.cn。

社会科学文献出版社